ZHUANLI ZHISHI 100 WEN

专利知识100问

专利菜鸟入门手册

成都市郫都区知识产权促进服务中心
国家知识产权局专利局专利审查协作四川中心 ◎组织编写

刘冀鹏 ◎ 主编

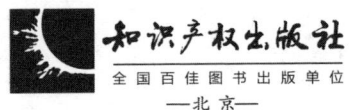

全国百佳图书出版单位
—北京—

图书在版编目（CIP）数据

专利知识100问：专利菜鸟入门手册/刘冀鹏主编；成都市郫都区知识产权促进服务中心，国家知识产权局专利局专利审查协作四川中心组织编写. —北京：知识产权出版社，2020.8（2022.11重印）

ISBN 978-7-5130-7053-9

Ⅰ.①专… Ⅱ.①刘… ②成… ③国… Ⅲ.①专利—基本知识—问题解答 Ⅳ.①G306.3-44

中国版本图书馆CIP数据核字（2020）第125517号

内容提要

本书采用主题设问的方式，试图用聊天式的语言漫谈创新主体在日常经营过程中所涉及的各个场景下的知识产权问题，包括基础概念、专利申请前后的注意事项、研发中的信息利用、成果转移转化许可、职务发明、纠纷处理、合作中的注意事项、风险管理等，通过"主题问答对话"作一次较全面的科普，供读者查询。

读者对象：专利管理人员、专利工程师、专利咨询师、研发人员、高校知识产权管理人员、相关政府机构工作人员。

责任编辑：程足芬	责任校对：王　岩
封面设计：回归线（北京）文化传媒有限公司	责任印制：刘译文

专利知识100问：专利菜鸟入门手册

成都市郫都区知识产权促进服务中心
国家知识产权局专利局专利审查协作四川中心　　组织编写

刘冀鹏　主　编

出版发行：知识产权出版社有限责任公司	网　　址：http://www.ipph.cn
社　　址：北京市海淀区气象路50号院	邮　　编：100081
责编电话：010-82000860转8390	责编邮箱：chengzufen@qq.com
发行电话：010-82000860转8101/8102	发行传真：010-82000893/82005070/82000270
印　　刷：三河市国英印务有限公司	经　　销：新华书店、各大网上书店及相关专业书店
开　　本：720mm×1000mm　1/16	印　　张：20
版　　次：2020年8月第1版	印　　次：2022年11月第2次印刷
字　　数：350千字	定　　价：86.00元
ISBN 978-7-5130-7053-9	

出版权专有　侵权必究
如有印装质量问题，本社负责调换。

本书编委会

编委会主任：

杨　帆　国家知识产权局专利局专利审查协作四川中心副主任

编委会副主任：

王晓雪　成都市郫都区知识产权促进服务中心主任

李秀琴　国家知识产权局专利局专利审查协作四川中心副主任

杨　刚　成都市郫都区知识产权促进服务中心副主任

李志辉　国家知识产权局专利局专利审查协作四川中心副主任

主　编：刘冀鹏

副主编：赵　硕　马永福　巴　特　张晓丽　郭　颖

参　编：冷　鲁　李东洋　蔡神喜　肖凌云

序 言

近年来，在创新驱动发展的大环境下，越来越多的企业通过知识产权投入、运营和市场化创造价值，从而发展壮大。成都市郫都区区委、区政府一直高度重视知识产权工作，2019年按照机构改革相关部署，成立了郫都区知识产权促进服务中心，为郫都区政府直属事业单位，全面负责辖区知识产权创造、运用、服务和宣传教育事宜。

自郫都区知识产权促进服务中心成立以来，我们一直深耕辖区知识产权文化土壤。但在长期的工作和调研过程中，发现企业研发人员知识产权素养不够，且市面上没有针对研发人员的知识产权类科普书籍；而单纯依靠组织专家，定期对企业进行知识产权培训和指导的方式，又很难实现辖区企业知识产权运营的全覆盖。鉴于实际情况，我们与国家知识产权局专利局专利审查协作四川中心共同编撰《专利知识100问：专利菜鸟入门手册》，旨在提升辖区企业知识产权综合运用水平，为企业培养高素质的知识产权人才，筑牢知识产权事业的文化根基。

一本好书，不仅仅是让人有兴趣翻开这本书，更要让人记住这本书。《专利知识100问：专利菜鸟入门手册》是一本主要针对科研人员的科普类书籍，和其他知识产权著作相比，本书有三个特点值得关注。

其一，体系健全。由浅入深，覆盖了专利所有重点、难点、热点知识，即使是零知识产权基础的初学者，也能很快学懂专利全生命周期知识。

其二，实务性强。紧密结合当前国内外产业发展和技术创新现状，书中凝练形成的可复制、可推广经验，能直接适用于现代企业及高校的知识产权管理运营。尤其在专利保护上，涵盖了法律和非法律的各种情景，即使对于知识产权专业人员来说，通过本书也可开拓视野。

其三，趣味性强。本书采用问答的形式，能够促进读者与书本知识的交流，激发读者积极思考的能力；另外，采用大量的案例来叙事，避免了大篇幅晦涩难懂的理论叙述，提高了阅读的趣味性。

最后，希望本书能为读者提供一种答疑解惑、解决问题、提升自身知识产权素养的渠道或途径，同时希望读者能够以本书为起点，不断探索，为全社会营造更为浓厚的知识产权氛围，厚植知识产权文化沃土，激发创新发展动力做出自己的一份贡献。

王晓雪

成都市郫都区知识产权促进服务中心

2020 年 8 月

前　言

专利审查协作四川中心作为国家知识产权局在全国各区域布局的直属机构之一，除进行专利审查之外，向社会提供知识产权服务也是其重要职能。得益于大家对我们的信任，在过去的近7年中，我们有幸和数百个不同类型的创新主体进行了近距离的交流，了解他们的专业服务需求并为他们的技术创新、知识产权创造与保护提供咨询服务，为政府政策规划制定、基层知识产权管理工作人员的能力提升提供支撑。

与此同时，我们也有更多的机会跳出专利审查的视角，了解到不同发展程度的主体、不同职能的人员在知识产权创造、保护、运用以及管理的过程中对于专业服务的需求和要求有很大差异，也切实地感受到我们的服务内容、服务方法应该因人而异，单纯探讨专业问题不能回应、满足多层次的社会服务需求。多元的服务需求不仅体现在对于专业知识的关注点、关注角度不同，还在于不同发展阶段的创新主体、不同职能岗位的工作人员对于服务内容、呈现形式、难易程度等要求也各有不同。

这也促使我们思考和尝试提供差异化的专业服务以满足不同主体的多元服务需求，我们不仅要能使用"法言法语"进行专业层面的深度探讨，也应该可以把高冷的专业知识讲得通俗易懂，让广大社会公众更有意愿去了解和学习专利知识、利用专利信息、提升专利保护技能，帮助更多在专利生命周期各环节参与的"非专业"人员更全面地了解相关专利知识，用更多的"非专业"语言来传播专利知识，从而促进专利的高质量创造、保护和运用。

成都市郫都区知识产权促进服务中心长期为地方创新主体服务，在工作中可以更近距离地看到和体会不同创新主体的困难和工作挑战，对创新主体的需求以及服务接受能力更为了解。因此，我们双方沟通后，决定合作撰写《专利知识100问：专利菜鸟入门手册》这样一本专利基础知识科普书籍。通过模拟不同人员的工作场景以及他们面临的知识产权问题，采用设问的方式来漫谈相关主题的专利知识并基于编写团队的工作积累、心得体会尝试对相关问题提出工作建议。

本书在设置主题时主要考虑了创新主体在日常经营过程中可能会涉及的场景，并就选题向部分企业知识产权管理人员、研发人员、政府管理人员等征求了意见，最后确定了八个板块。首先是一个全面的概念了解，第一章向读者介绍专利的一些基本概念，让读者走近专利制度，了解专利的那些事儿；然后走进专利创造环节，第二章讲述专利申请、授权；第三章进一步介绍专利信息的利用；之后走进专利价值的实现，第四章讲述专利的转让和许可；第五至八章回归到企业的管理工作，即纠纷处理、职务发明管理、合作中的专利问题以及风险管理。

本书撰稿人分工如下：刘冀鹏承担书籍框架设计和审稿工作，执笔第二章，执笔第三章；巴特执笔第一章；赵硕执笔第四章；马永福执笔第五章、第六章；郭颖执笔第七章，参与第三章内容的撰写；张晓丽执笔第八章，参与第三章内容的撰写以及承担书籍的统稿工作。

经过多次讨论和碰撞，撰写团队最后放弃了在八个板块之间建立严谨的逻辑连接，决定就各个主题和大家"随意"聊一聊，就像我们经常在会议间歇时的聊天那样，抛开晦涩的法条法理，聚焦您的问题和关注，给您出出主意、提点建议。本书的语言表述比较平实，内容通俗易懂，它更像是一本我们的聊天对话集。如果您在工作中也遇到相关的问题，那么就可以找到相应的主题，来回放一下我们的对话。

在本书的编撰过程中得到了诸多业界专家、领导、同事的帮助和支持，在此一并致谢。特别感谢成都市郫都区知识产权促进服务中心对此书出版的支持，诸位同仁结合管理工作中的经验对于主题设置、语言表达等提出了非常宝贵的建议和意见；感谢王晓雪主任为本书作序。感谢成都康弘药业集团股份有限公司知识产权总监吴红丽、专利副总监王晓洪，四川长虹科技管理部知识产权处处长代德建，成都光明光电股份有限公司技术中心副主任刘慧等为本书主题选取、内容撰写等提出的宝贵建议和意见。本书虽倾尽编者们之心血，然个人水平和经验积累有限，仍难免有所疏漏、偏差，敬请各位领导、专家和广大读者不吝批评指正！

编　者
2020 年 7 月

目 录

第一章 专利基础概念 / 001
  1 专利有什么价值 / 002
  2 专利制度是如何发展而来的 / 004
  3 如何获得专利 / 007
  4 什么情况下会失去专利权 / 009
  5 什么创新可以申请专利 / 011
  6 什么内容不能申请专利 / 015
  7 专利申请怎么提交 / 018
  8 有没有国际专利 / 020
  9 谁能申请专利 / 024
  10 专利都会涉及哪些人 / 026
  11 专利信息有什么用 / 032
  12 专利涉及哪些时间信息 / 035
  13 专利涉及哪些地点信息 / 039
  14 专利涉及哪些参与者的信息 / 041
  15 专利布局怎么做 / 044
  16 如何看待上市企业的专利竞争 / 047
  17 如何开展专利合作 / 049
  18 什么是专利分析 / 053
  19 怎么查询专利 / 059
  20 专利的关键词怎么查 / 064
  21 专利分类号怎么用 / 066
  22 专利的检索逻辑是什么 / 069

第二章　专利申请与获权 / 73

23　专利申请文件都包含哪些资料 / 074
24　什么是说明书 / 077
25　权利要求是什么 / 080
26　什么是实施例 / 083
27　什么是附图、摘要 / 085
28　初步审查审什么 / 087
29　实质审查审什么 / 090
30　什么是专利预审 / 093
31　什么是新颖性 / 095
32　什么是创造性 / 099
33　什么是实用性 / 103
34　什么是单一性 / 105
35　怎么做分案 / 108
36　什么是优先权 / 110
37　怎么做申请文件的答复与修改 / 113
38　专利授权之后申请人应该做什么 / 117
39　什么是专利权质押 / 119
40　什么是专利复审 / 122
41　什么是专利无效 / 124
42　如何进行审查沟通 / 127

第三章　专利文献信息利用 / 131

43　是专利还是专利信息 / 132
44　专利文献信息有什么作用 / 134
45　什么是专利引文 / 136
46　怎么利用专利引文信息 / 139
47　什么是同族专利 / 142
48　什么是查准 / 145
49　各国专利文献信息资源如何查找 / 148
50　非专利文献信息资源包括哪些 / 150

第四章 专利转让和许可 / 153

51 专利转让中到底转让了哪些权利 / 156
52 专利转让中如何给专利定价 / 159
53 专利转让合同应该包括哪些内容 / 163
54 专利转让怎样才算生效 / 166
55 专利许可与转让有哪些不同 / 169
56 专利许可有哪些类型 / 172
57 谁可以给出专利许可 / 175
58 专利许可合同应该包括哪些内容 / 177
59 专利权人尚未实施专利，该怎样选择许可策略 / 183
60 专利权人已经实施专利，该怎样选择许可策略 / 186
61 许可人可以通过合同任意限制被许可人的权利吗 / 189
62 为什么要对专利许可合同进行备案 / 192
63 自己的专利一定就可以自由实施吗 / 194
64 什么是专利强制许可 / 197
65 标准必要专利的许可有什么特殊要求 / 200

第五章 专利纠纷处理 / 203

66 收到了侵权警告信（律师函），我应该怎么办 / 204
67 别人侵犯了我的专利权，我该怎么办 / 207
68 我想无效别人的专利，应该怎么做 / 210
69 别人想无效我的专利，我该怎么办 / 214
70 哪些法院可以受理专利诉讼 / 217
71 除了向人民法院起诉，还能找谁解决专利侵权纠纷 / 220
72 什么是诉前保全 / 223
73 侵犯专利权的赔偿金额该如何确定 / 225
74 我应该应诉还是和解 / 229

第六章 职务发明创造 / 233

75 什么是职务发明 / 234
76 谁才是真正的发明人 / 236
77 授权专利的奖励和报酬一般怎么计算 / 238

78　专利技术应用后有奖励吗 / 240
79　专利许可或转让给他人了，我有奖励吗 / 242
80　离职了是否就可以自己申请专利呢 / 244
81　跳槽到同行申请了专利，老东家会不会找麻烦 / 246
82　退休了能不能自己申请专利 / 247

第七章　合作专利中的"是是非非" / 249
83　专利归属——是申请专利的权利还是专利申请权或专利权 / 251
84　合作者中谁拥有"申请专利的权利" / 253
85　怎么判断技术合同中的专利权归属 / 256
86　合作产生的发明创造是否应该申请专利 / 261
87　一起研发的合作者，都可以申请专利吗 / 264
88　合作过程中就专利申请产生分歧了，怎么办 / 266
89　职务发明专利可以依靠约定原则确定专利归属吗 / 270
90　当专利归单位时，我还能用吗 / 273

第八章　风险管理 / 277
91　什么是专利风险管理 / 278
92　产品符合技术标准侵权吗 / 281
93　申请专利有没有风险 / 285
94　技术引进有哪些专利风险 / 288
95　专有技术引进有哪些风险 / 291
96　什么是 FTO / 294
97　"出海"风险有哪些 / 297
98　什么是"337 调查" / 300
99　日常工作中会涉及风险管理吗 / 303
100　人是否也是风险 / 306

第一章 专利基础概念

引　言

在百度搜索引擎中输入"专利",显示的结果是 100 000 000 个,超出了百度显示的上限,电视剧中的台词也不时会来一句"这事儿又不是你的专利",新型冠状病毒疫情的暴发也带来了关于特效药的专利风波。这些都说明专利现在越来越受关注了,不过在其热度上升的同时人们也对其产生了很多误解。比如刚才那句"这事儿又不是你的专利",就隐含着你的专利只有你可以用但我不能用,但这个意思只对了一半儿,"你的专利"别人确实不能用,但作为专利拥有人的"你"也未必能用。拥有专利确实可以禁止他人使用自己的技术,但并不意味着自己就一定能用,因为一件专利的实施有可能要依赖他人的在先专利技术,这种情况下如果专利的拥有者,也就是专利权人想使用自己的专利技术,还要得到在先专利权人的同意。也就是说,有专利的人自己未必能用专利,专利权是所谓的消极权利。这就是神奇的专利,有很多特别的概念,本章就先从基础概念开始,聊聊专利那些事儿。

1
专利有什么价值

专利专利，专有之利，一者利民，一者利国。

这是专利制度建立的初衷，《中华人民共和国专利法》（以下简称《专利法》）第 1 条就表明了立法目的：为了保护专利权人的合法权益，鼓励发明创造，推动发明创造的应用，提高创新能力，促进科学技术进步和经济社会发展，制定本法。

首先是利民。过去很多传统技术都是家族式的，就像有些家传秘方，传里不传外，传子不传女，传着传着可能就传不见了。就算能延续下来，这种家族式的传承也难有进步。对于社会来说这种技术更是一个黑箱，改进无从谈起。但要说把自家的创新无偿地拿出来给大家使用和改进也不现实，这样就没有人做创新了，都等着抄别人的创新就好了。如何能够既促进创新的延续又保护创新者的利益，专利制度给出的方式就是有限的垄断权。想要获得这个垄断权，就要申请专利，申请专利就要公开自己的创新，根据公开的技术和要求的权利，国家会授予申请人关于这个技术的有期限的垄断保护，在这个时间内可以禁止其他人使用该专利技术。这样创新者得到了相应的回报，同时期限届满之后这个技术就能被任何人无偿使用，由此个人的智慧就成了社会的财富，是所谓利民。

其次是利国。创新者要想获得专利就要公开自己的发明成果，这样社会上的其他人通过专利文件就可以了解到这个技术领域最新的进展，有利于大家共同改进相关的技术。而且因为做出创新的人能够得到专利的垄断回报，大家就更有动力进行创新，这样就提高了整个社会的创新水平，进而提高国家的创新能力，是所谓利国。

这就是专利的利国和利民，也是现代专利制度的立法本意。现代的专利制度正是在公众利益与个人利益之间建立了一个平衡：一方面给公众知情权，让技术信息广为传播，推动整体科技的进步；另一方面给创新者垄断权，在一定的时间和范围内防止别人抄袭自己的创意，给创新者以回报，激励创新者。

正如图1所示，可以说专利见证了人类的创新变革。尤其是以1781年瓦特蒸汽机专利为起点，专利制度快速发展的这200多年，也是人类科技快速发展的200多年，这种吻合并非巧合，恰恰是专利制度对于社会发展推动作用的有力见证。

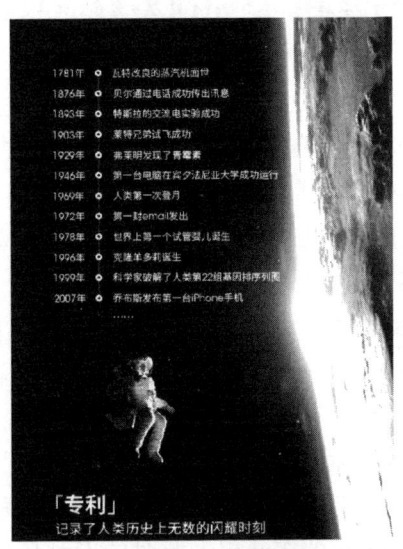

图1　专利见证科技发展

自专利制度建立以来，已经有上亿件专利诞生，每件专利都是一个故事，有故事的起止时间，有发生的地点，有其中的人物，还有这些人物在对应的时间和地点发生的种种情节，后面就来讲述这其中的种种故事。

2
专利制度是如何发展而来的

中国的专利一词可追溯到两千多年以前的西周，《国语·周语》中"匹夫专利，犹谓之盗，王而行之，其归鲜矣"，是说周厉王在位期间，实行"专利"政策，将山林湖泽收归天子直接控制，不准国人擅自进入谋生，百姓无论采药砍柴，还是打鱼狩猎，均需缴纳"专利税"。英文的"专利"——Patent 一词来自拉丁文 Literae Patens，是英国中世纪国王分封爵位、任命官职及授予各种特权时常用的一种文书，这种文书盖有国王印章，并且并不封口，内容公开。

专利作为一种制度最早可追溯到公元前 500 年，当时的意大利人曾授予一种烹调方法 1 年的垄断经营权，到了 1236 年英王亨利三世曾授予波尔多的一个市民制作各色布的 15 年的垄断权，此时的专利依然是封建特权的一种形式，并非现代意义上的专利。

世界上第一件近现代意义上的专利诞生于 1421 年，建筑设计师 Filippo Brunelleschi 为修建教堂穹顶❶，发明了起重机和石料运输船并且申请专利保护，得到了威尼斯政府为期 3 年的专利授权。建筑设计师 Filippo Brunelleschi 和他申请的专利如图 1 所示。此后专利进入法制时代，1474 年威尼斯专利法诞生，这是第一部具有现代专利法特点的法律。1623 年英国垄断法的制定，奠定了现代专利法的基础，德国法学家 J. 柯勒曾称之为"发明人权利的大宪章"。其后美国（1790）、法国（1791）、荷兰（1817）、西班牙（1820）、日本（1826）、德国（1877）等工业国家相继制定了本国的专利法，到了 20 世纪 80 年代初期，已有 150 余个国家和地区建立了专利制度。至此世界各国的专利定义趋向一致，一般是指受法律规范保护的发明创造，通过向国家审批机关提出专利申请，经审查合格后向专利申请人授予的在规定的时间内对该

---

❶ 崔西·弗恩，保·埃斯特拉达. 圆顶怪杰：佛罗伦萨最美教堂诞生记 [M]. 葛岩，译. 北京：清华大学出版社，2015.

发明创造享有的专用权。

图 1　建筑设计师 Filippo Brunelleschi 和他申请的专利

专利法制化的统一为专利的国际化进程奠定了基础，此后一系列的国际合作，如 1884 年生效的《巴黎公约》、1970 年签订的《专利合作条约》、1971 年签订的《国际专利分类斯特拉斯堡协定》、1973 年签订的《欧洲专利公约》、1975 年订立的《欧洲共同体专利公约》及 1977 年签订的《关于建立非洲知识产权组织及修订〈建立非洲—马尔加什工业产权局协定〉的班吉协定》等，将专利制度由国内之法拓展为国际关系的重要组成部分。

我国近现代意义上的专利制度可以追溯至 1881 年，清朝政府授予了图 2 中晚清著名的实业家郑观应上海机器织布局的机器工艺 10 年专利。到了 1898 年 7 月 12 日，清政府颁布了第一部专利法规《振兴工艺给奖章程》，该章程共 12 条，其第 1~3 条分别规定了为期 50 年、30 年、10 年的专利。1912 年 6 月 13 日北洋政府农工商部制定了《奖励工艺品暂行章程》，1912 年 12 月 12 日，由参议院通过予以施行，对"发明之制造品"授予 5 年以内的"营业上的专卖权"，对外国人不授予专利权。1923 年 4 月 5 日北洋政府农商部重新颁布了修订版的《暂行工艺品奖励章程》及实施细则，增加了对发明的方法的保护，并对专利的申请、继承、转让、取消、查禁在实施细则中予以明文规定。

图2　郑观应

我国现行的《专利法》于1985年4月1日开始实施，分别于1992年、2000年、2008年进行过三次修正，对鼓励和保护发明创造、促进科技进步和创新发挥了重要作用。本书主要内容以第三次修正版为准。

在《专利法》的基础上，我国还制定了《中华人民共和国专利法实施细则》（以下简称《专利法实施细则》）进行细化规定，并公布了《专利审查指南》，作为专利审查工作的具体操作规范。现行的《专利法》《专利法实施细则》和《专利审查指南2010》如图3所示。

图3　现行《专利法》《专利法实施细则》和《专利审查指南2010》

《专利法》言简意赅，《专利法实施细则》各条款也比较概括，涉及专利审查的具体问题时，往往需要以《专利审查指南2010》为指导，因此该指南对于专利代理师和企业专利人员也是重要的参考，可以说是中国专利的蓝宝书。

3
如何获得专利

获得专利分两步，首先创新者要提出专利申请，接下来该申请要经过专利审查员的审查，符合条件就可以由国家知识产权局授予专利权。

一、提出专利申请

在我国，实行"先申请制"，它有两个要素，一个是先，另一个是申请。

"先"指的是时间要素，就是谁先提出申请，谁就能在这一步占先。这个"先"指的就是申请这个动作本身，与谁先想到创意，谁先做出设计，谁先有了产品都没关系。甚至即便申请专利的人不是提出创意的人，只要申请在先，都可以占得先机。这样就有一个公平问题，就是提出创意的人可能遭到他人的恶意抢注反而丧失了自己的权利。因此，之前以美国为代表的部分国家实行与之相对的另一种制度，就是"先发明制"。"先发明制"顾名思义就是谁先做出发明创造谁就占先。但这个制度也存在一些明显的问题，就是怎么认定谁先做出的发明创造，有什么证据能证明，这些证据的出现时间是何时，是谁做出的，这些证据与发明之间有没有对应关系，由此造成专利申请权的认定旷日不决、界限不清、纠纷不断，反而给专利确权造成了障碍。因此，目前包括美国在内的多数国家都统一实行"先申请制"。这样既有利于本国专利的权利确定，也有利于在全球化背景下的全球专利制度的统一。

"申请"是指如果要获取专利权，需要向目标国家的专利管理部门提出申请。这意味着专利在各国都是需要审批的，负责审批的是目标国家的专利管理部门，比如中国的国家知识产权局、美国的专利商标局和欧洲的专利局。所谓目标国家是指申请专利的人想要获得保护的国家，如想要得到美国的专利保护就要得到美国专利商标局的批准，得到了美国的专利保护并不意味着在欧洲有专利权，需要另行申请。

二、专利审查

先申请制锚定了专利的确权基础，要想获得专利首先要满足先申请的条

件，至于申请之后能否获得授权，还要看专利审查的结果。专利法是民商法的一个分支，民商法的一个基本原则就是"法无禁止即可为"，也就是法律会明确一些禁止的行为，除此之外的内容属于法律允许的行为。就专利而言，不符合《专利法》规定的申请会被驳回，反之没有发现驳回理由，就会授予专利权。

专利审查员的职责就是审核专利申请是否符合《专利法》的规定，此时，专利审查员化身为"所属技术领域的技术人员"，以这个虚拟人作为判断专利申请创新水平高低的标杆，从而统一专利审查标准，尽量避免审查员主观因素的影响。

4
什么情况下会失去专利权

专利申请的授权是一个分水岭,授权之前称为专利申请,其权利称为专利申请权;授权之后才可以称为专利,其权利称为专利权,本节讨论的主要是后者。

从获得专利权到专利期届满之前,专利权人有可能由于主动或被动的原因失去专利权。丧失权利对权利人来说是一种损失,对专利的收购者来说是可能承担的风险,而对侵权方来说则可能是利益,因此专利权的丧失是专利的核心事件。共有四种情况可能让已经生效的专利丧失效力:专利期届满、专利权被宣告无效、未缴费和主动放弃。

一、专利期届满

专利是有期限的,比如电影《我不是药神》中的"神药"格列宁,现实中的原型药是图1所示的格列卫,它最早的化合物专利权就已经过期了,这就意味着该专利已经没有垄断效力,也就不能据此专利禁止其他人制造和销售该化合物。

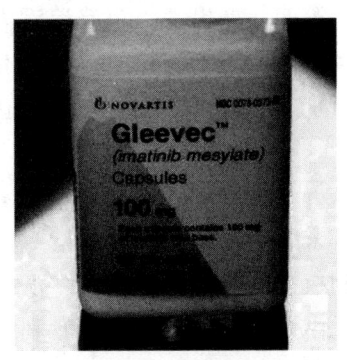

图1 电影《我不是药神》中"神药"的原型格列卫

专利的期限是专利法专有的一个概念,发明专利权的期限为20年,实用新型专利权和外观设计专利权的期限为10年,均自申请日起计算。这个期限是一个上限,对于发明专利来说,其存续时间最多是20年,对于实用新型和外观设计专利而言,这个上限是10年。

这就有个问题,专利的期限与专利权受到保护的时间是不一样的,专利的期限是从申请日开始到失效为止,而一件专利受到保护的时间是授权之后到失效之前。也就是说,发明专利真正受到保护的时间是不到20年的,要扣

除从申请到获得授权这段时间，这段时间是不固定的，取决于案件的复杂程度、各领域案件的多少和审查进度等诸多因素。

二、专利权被宣告无效

专利权被宣告无效是指专利在有效期内被其他人提起无效请求，经国家知识产权局审查，如果该无效请求成立，那么该专利也会在期限届满前终止。其中需要注意以下四点：

第一，提出无效请求的人可以是"任何单位或者个人"。也就是说，无论是单位还是个人，不管与这个专利有没有关系，只要有证据，都可以提出无效请求。

第二，被宣告无效的专利权视为"自始即不存在"。也就是说，该专利自申请日起就不具有专利权，在授权之后和无效之前这段已经生效的既成事实也被推翻了。

第三，虽然无效宣告的效力是专利权"自始即不存在"，但这个结果却"不具有追溯力"。也就是说，对专利授权之后到被无效之前这段时间已经发生的专利权转让、许可等行为不具有追溯力，这一规定是为了维护这段时间的行政、司法和交易等行为的稳定性。

第四，如果"不具有追溯力"的行为造成的事实存在明显不公平，或者专利权人实施专利权的行为具有明显恶意，比如明知道专利可能被无效还转让给别人，可以通过法律途径追溯行为造成的损失。

三、未缴费或主动放弃

未缴费或主动放弃是指专利权人没有按时缴纳专利费或者书面提出放弃专利权，此时专利权也会终止。

由此我们可以看到，专利的期限与专利的保护期是不同的概念，期限是一个法定的固定的时间，而保护期可能会提前结束。

5
什么创新可以申请专利

经常有人会问，我这个技术可以申请什么专利啊？这个问题可以称为专利的类型。这个问题也可以反过来问，什么创新可以申请专利。因为创新包罗万象，其中一部分可以用知识产权来保护，而专利只是知识产权的一种。

如图1所示，知识产权总体来说有三类：

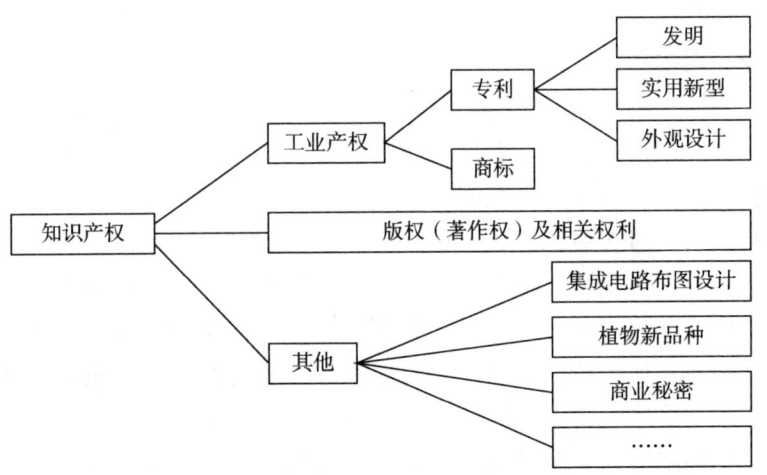

图1 知识产权的分类

第一类是工业产权，包括专利和商标，商标保护的是名号，便于消费者区分不同企业的产品和服务；专利保护的是技术和设计，其保护的是创新的思想而非创新的表达。

第二类是版权，也称为著作权，保护的对象是文学、艺术和科学作品，如计算机程序的代码、文学著作、音乐作品、照片、游戏和电影等，版权只保护思想的表达形式，而不保护思想本身，这点与专利刚好相反。对于某些产品，两种保护方式可以同时使用，如对计算机软件的保护，可以申请软件相关专利，也可申请软件的版权，形成对软件的专利和版权知识产权组合，

提高保护力度。

第三类是集成电路布图设计、植物新品种和商业秘密等,对于某些产品,这些保护也可以与专利保护同时使用。例如,版权、专利和集成电路布图设计可以组合保护电子电路的软硬件,商业秘密与专利可以组合保护技术秘密和形成市场垄断,植物新品种与专利可以组合保护植物品种本身和育种方法。

中国的专利分三类:发明、实用新型和外观设计。这个分类各国有所不同,如美国就没有实用新型。这三种类型也是允许申请专利的客体,反之不属于这三种类型的内容在中国就不属于专利保护的范畴。《专利法》第2条规定:"本法所称的发明创造是指发明、实用新型和外观设计。发明,是指对产品、方法或者其改进所提出的新的技术方案。实用新型,是指对产品的形状、构造或者其结合所提出的适于实用的新的技术方案。外观设计,是指对产品的形状、图案或者其结合以及色彩与形状、图案的结合所作出的富有美感并适于工业应用的新设计。"

《专利法》中提到了三组概念:产品、方法或其改进;形状、构造或者其结合;形状、图案或者其结合以及色彩与形状、图案的结合。这三组概念明确了专利能保护的内容,也就明确了什么创新可以申请专利,并且也明确了一种创新可以申请发明、实用新型还是外观设计专利。

第一种,发明专利,涵盖产品、方法或其改进,图2所示为一件关于手机镜头结构的发明专利。产品,在专利里一般是指某物的核心技术,是能够表明此产品与其他产品不同的发明构思,如药品的配方或手机的摄像头的结构,而非一个具体的物本身,比如药片或者手机的摄像头。方法一般是指一个过程,比如制造药的工艺或者制造摄像头的流程。改进是指这个产品和方法不必是全新的,如果是对现有产品或者方法的改进也可以。

第二种,实用新型专利,涵盖形状、构造或者其结合,图3所示为一件关于手机镜头结构的实用新型专利。形状可以理解成产品外部的构造,构造可以说是产品内部的形状,结合是指一个专利中可以同时有内部和外部关于形状的改进,通常是一种机械结构或产品的外形。这说明实用新型是不保护方法的,也不能保护药品的配方,因为方法和配方无所谓形状或者构造。

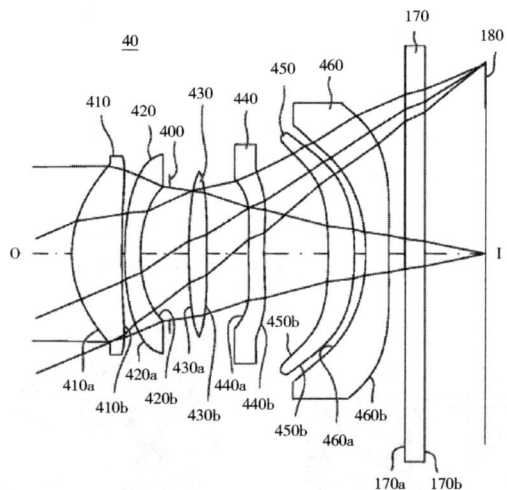

图 2　手机镜头结构发明专利

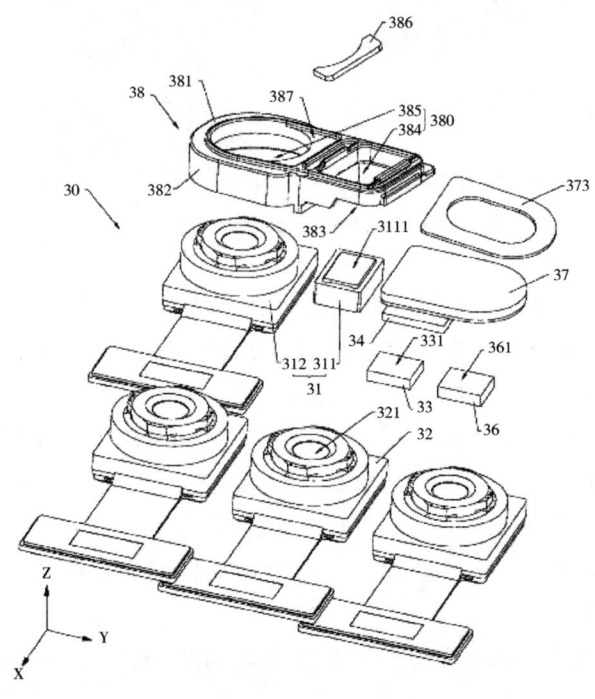

图 3　手机镜头结构实用新型专利

第三种，外观设计专利，涵盖形状、图案或者其结合以及色彩与形状、图案的结合，图 4 所示为一件关于手机的外观专利。形状、图案或者其结合以及色彩与形状、图案的结合是指对于产品新的外观设计的六种情况：形状、图案、形状+图案、色彩+形状、色彩+图案和色彩+形状+图案。首先，外观的客体是产品，不含方法。其次，单纯的色彩不是外观专利的保护客体，比如某人调出来一种以前没有的颜色，是不能就这种颜色申请外观设计专利的。最后，富有美感意味着这种创新是用来看的，如果一个形状的改进产生了技术上的效果，如把轮子从方形的改成圆形的，车跑得更快，这就不应该申请外观设计专利，更适合的是申请发明或者实用新型专利。

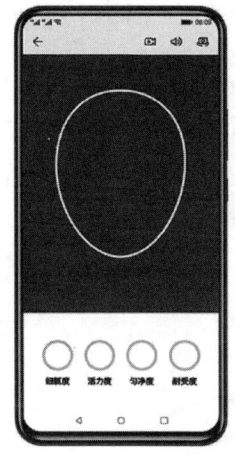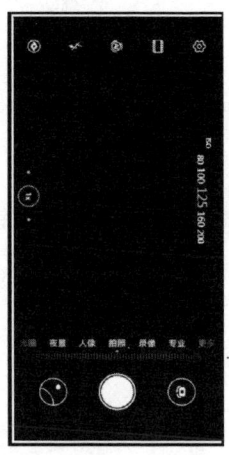

图 4　手机外观设计专利

　　这三种专利涵盖了工业设计的多种创新，从产品到方法，从内部到外部，从技术到美感，都有了相应的保护方式。其中，发明和实用新型都可以保护产品关于形状的改进，保护范围有所重叠，这种设置给了申请人更多的选择。实用新型与发明相比，审查程序简单，审查速度较快，授权难度较小，维持费用较低，但保护时间短了一半且稳定性相对较差，申请人可以根据保护需求的不同选择不同的保护类型。例如，如果认为一个技术方案需要快速授权以应对市场变化或者不想花费太多，可以选择申请实用新型专利，并非一定要申请发明专利。

　　根据各种专利类型的特点，结合其他类别的知识产权，更能对创新形成立体的全面保护。

6
什么内容不能申请专利

前文介绍了什么可以申请专利,其实专利法还规定了什么不能申请专利。它是指有一部分创新虽然符合专利的定义,但却因为各种原因不能作为专利进行保护,称为不授予专利权的客体。不授予专利权与专利申请没有授权是两个概念:前者是指根本就不属于专利保护的范围,申请了也不可能获得授权;后者是指属于专利保护的范畴,可以申请,但是因为不符合《专利法》的其他规定,没能达到授权的标准。这里先说前者,后者我们后面再进行详细介绍。此规定与前面的三种专利类型是正反双向的规制,进一步明确专利涵盖的内容。

《专利法》中不能授予专利权的情况主要有三种:保密需要不能授权,违法失德妨害公众利益,特殊客体排除在外。

1. 保密需要的客体

专利法规定,对于类似新型战斗机等涉及国家安全或者重大利益的发明创造不能申请普通专利,而应当申请国防专利,其不向社会公众公开。另外一种情况是指不属于上述情况的普通技术,如果是在中国境内发明的,要向国外申请专利,必须经过保密审查,以防国内技术未经核查就流向国外。如果逃避国内审查在国外申请了专利,再想在中国申请专利,申请便会因为违反了中国保密审查规定而不能授权。这里的中国境内发明的技术的定义是关键,是指无论是中国人还是外国人,只要是在中国的国土上做出的发明都属于中国境内发明的范畴,哪怕是外国人在中国做出的发明也不能私自拿到国外去申请专利。

2. 违反法律、社会公德、妨害公众利益的客体

这个主要是从社会利益的角度来考虑,如果一项发明虽然有很好的效果,但是不符合法律道德和公众利益的需求,也是不能获得保护的,即所谓的"技术再高,作恶不取"。比如,一种赌博用具、一种宣传反动文化的外观设计或一种会破坏臭氧层的制冷技术,都属于这种情况。但是,如果发明本身

不违法，而其滥用或者实施是违法的，这种发明是可以申请专利的。例如，麻醉药如果滥用可能成为毒品，但麻醉药本身可以申请专利。

还有一种比较特殊的情况就是违法违规利用遗传资源完成的发明创造，比如一项利用濒危野生动物进行的基因研究，如果该研究是未经正当程序审批的，那么该研究成果是不能获得专利保护的。

3. 特殊客体

专利法规定了六种特殊的客体，由于其本身的特性不可以被授予专利权。

（1）科学发现。比如各种物质、现象、过程和规律，其本身可以说是自然界的发明，人类只是它的发现者。例如硫元素，其本身是一种化学元素，是自然形成的，是不可以申请专利的，但是硫元素的各种应用以及这些应用所制成的产品可以申请专利。比如将硫添加到橡胶中可以使橡胶的强度增加，这种用法可以申请用途专利，而这种添加了硫元素的橡胶可以申请产品专利，这种橡胶制成的轮胎也可以申请产品专利。

（2）智力活动的规则和方法。智力活动虽然是人类的发明，但因为用的人太多，如果被专利垄断了不利于社会进步，因此在专利中将其排除了。例如，企业的管理方法、交通规则、围棋的规则、算数方法、语言语法、锻炼方法等，除此以外尤其要注意的是计算机程序本身。

计算机程序是专利中的一个热点，其不同于一般意义上的软件，专利中的计算机程序本身是指为了能够得到某种结果而可以由计算机等具有信息处理能力的装置执行的代码化指令序列，或者可被自动转换成代码化指令序列的符号化指令序列或者符号化语句序列，包括源程序和目标程序。例如，一种汉语字根编码方法软件，其方案还是关于语言文字本身的，就难以获得专利权。反之，假如一个程序执行的是如何实现螺钉的精准制造，涉及制造过程中的各个技术步骤，就有可能获得专利权。

要注意的是，如果一项权利要求，不是单纯的智力活动的规则和方法，而是既包含智力活动的规则和方法，又包含技术的特征，就有获得专利权的可能。例如，前面所述的汉字编码方法，如果将其与特定键盘相结合，形成特定的汉字输入方法，使计算机能够更方便地处理汉字，就可能获得授权。

（3）疾病的诊断和治疗方法。这里是指以有生命的人体或者动物体为直接对象，进行识别、确定或消除病因或病灶的过程。这条规定主要是出于人道主义和社会伦理的原因，医生在诊断和治疗过程中应当有选择各种方法和条件的自由。但是，用于实施疾病诊断和治疗方法的仪器或装置，以及在疾病诊断和治疗方法中使用的物质或材料属于可被授予专利权的客体。例如，X光透视诊断方法本身不能申请专利，但是X光机和与其配套的胶片是可以申请专利的。

（4）动物和植物品种。这里所说的动物是指不能自己合成而只能靠摄取自然的碳水化合物及蛋白质来维系其生命的生物，但不包括人。所称的植物，是指可以借助光合作用，以水、二氧化碳和无机盐等无机物合成碳水化合物、蛋白质来维系生存，并通常不发生移动的生物，植物新品种可以通过《植物新品种保护条例》给予保护。

虽然品种本身不能申请专利，但对动物和植物品种的生产方法可以申请专利权。但这里所说的生产方法是指非生物学的方法，不包括生产动物和植物的生物学的方法的情况。一种方法是否属于"主要是生物学的方法"，取决于在该方法中人的介入程度。如果人的介入对该方法所要达到的目的或者效果起了主要的控制作用或者决定性作用，则这种方法不属于"主要是生物学的方法"。例如，通过改变饲料降低河豚的毒性和人工饲养从而生产更卫生的小龙虾的方法等是可以申请专利的。

还有微生物发明，是指利用各种细菌、真菌、病毒等微生物生产一种化学物质（如抗生素）或者分解一种物质等的发明。微生物和微生物方法都可以获得专利保护，如乳酸菌和利用乳酸菌生产酸奶的方法是可以申请专利的。

（5）原子核变换方法和用该方法获得的物质。这些发明事关国家的经济、国防、科研和公共生活的重大利益，如核聚变和核裂变方法，不论对于核电站还是核武器都是关键，不宜为单位或私人垄断，因此不能被授予专利权。但是辅助的方法和设备，比如粒子的加速方法和粒子加速器，都是可以申请专利的。

（6）平面印刷品的图案、色彩或者二者的结合作出的主要起标识作用的设计。这是为了将外观设计与商标等区分开来。如果一件外观设计专利申请同时满足下列三个条件，则认为所述申请属于不授予专利权的情形：

①外观设计的产品属于平面印刷品。

②针对图案、色彩或者二者的结合而作出。由于不考虑形状要素，所以任何二维产品的外观设计均可认为是针对图案、色彩或者二者的结合而作出的。

③主要起标识作用，功能类似商标。但要注意的是壁纸、纺织品不属于本条款规定的对象。

以上内容就是所谓的不授予专利权的客体，专利法通过这样的排除性规定，进一步明确了专利所涵盖的创新的范畴。

7
专利申请怎么提交

提交专利申请是进入正式程序的起始环节,虽然只是一个程序动作,但是地位至关重要:第一,确定申请文件范围,一旦提交,所有的申请文件就成了原始的证明,也就划定了这件申请的原始范围,之后对这件申请的一切改动都不能逾越这个范围,这也是专利审查所依据的事实基础;第二,确定申请日,申请日就是专利申请的出生日期,专利期限以申请日作为起点,不可更改;第三,锚定证据时间,一旦确定申请日,就相当于确定了创新诞生的时间,那么这个日期之后产生的文件资料就相当于在这件专利申请之后完成的创新,很难作为直接证据威胁到这件专利申请,只能作为反向证据或者补强证据;第四,确定申请号,一旦专利申请提交成功,就称为被受理,专利局就会为这件申请确定一个独一无二的申请号,相当于这件专利申请的身份证号。

专利的提交方式共有三种:面交、邮寄和电子申请。

面交就是直接当面交到图 1 所示的国家知识产权局专利局的受理大厅或者各地方的代办处,面交以申请被受理的当天为申请日。受理大厅就在国家知识产权局的办公所在地,代办处相当于是受理大厅在地方的分理处,一般设在各省省会城市。但代办处只能受理国内申请文件,不能受理申请后的其他文件,也不能受理 PCT 申请。

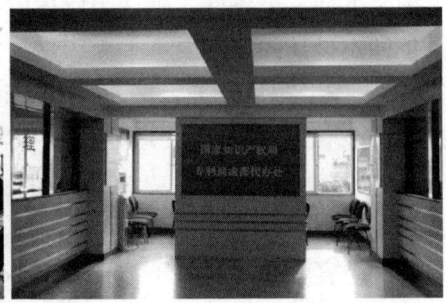

图 1 受理大厅与代办处

相关链接	直属单位	专利代办处

拉萨代办处	郑州代办处	银川代办处	西安代办处	乌鲁木齐代办处	武汉代办处	天津代办处	石家庄代办处	西宁代办处	太原代办处	沈阳代办处
深圳代办处	苏州分理处	上海代办处	青岛分理处	南宁代办处	南京代办处	南昌代办处	昆明代办处	兰州代办处	杭州代办处	济南代办处
海口代办处	呼和浩特代办处	合肥代办处	哈尔滨代办处	广州代办处	贵阳代办处	福州代办处	长沙代办处	重庆代办处	成都代办处	长春代办处
北京代办处										

图 1 受理大厅与代办处（续）

邮寄是指以邮件的形式邮到专利局，如果是以邮政方式发出的则以寄出的邮戳日为准，如果是以其他快递方式发出的则以专利局收到快递的时间为准。

电子申请是目前最主要的提交形式，占了申请的九成以上，每个符合条件的申请人都可以申请电子账户，申请成功后可以直接在网上提交专利申请，网上申请以文件到达专利局的数据库为准。中国专利电子申请网的网址为 http://cponline.cnipa.gov.cn，如图 2 所示，"只此一家，别无分号"。

图 2 中国专利电子申请网

8
有没有国际专利

在生活中经常会看到各种"国际专利",这里要明确一下,确实有一个专利机构与国际挂钩,叫作世界知识产权组织,其标志如图1所示。WIPO(World Intellectual Property Organization)是管理知识产权的一个国际合作机构。但是这个机构并没有授予专利权的职能,也就是说并不存在由世界知识产权组织授予的世界专利权或者所谓的"国际专利",而只有"国家专利"。

图1　世界知识产权组织标志

专利权具有地域性,每个国家都有权对自己国家受理的专利申请予以审查并决定其是否能授权,比如中国国家知识产权局负责授予中国专利,美国专利商标局负责授予美国专利。受理和授予专利权是国家主权的一部分,不受其他国家干涉,所以说专利是"各管各家"。

如果想向外国提出专利申请,就需要依据各国签订的合作条约走涉外途径,如《巴黎公约》《专利合作条约》(PCT)和专利审查高速路(PPH)。

一、《巴黎公约》

随着国际贸易的扩大,各国之间对于跨国专利申请和保护的问题激增,为了协调各国的专利事务,包括法国在内的最初的11个成员方于1883年签订了图2所示的《巴黎公约》,用来约定包括专利、商标和制止不正当竞争等在内的国际合作事项。

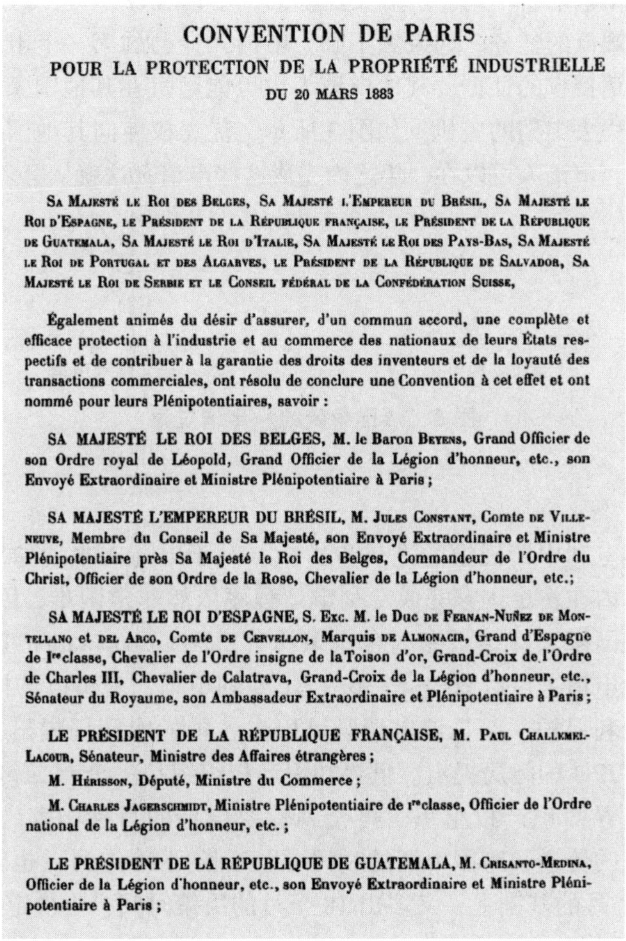

CONVENTION DE PARIS

POUR LA PROTECTION DE LA PROPRIÉTÉ INDUSTRIELLE

DU 20 MARS 1883

SA MAJESTÉ LE ROI DES BELGES, SA MAJESTÉ L'EMPEREUR DU BRÉSIL, SA MAJESTÉ LE ROI D'ESPAGNE, LE PRÉSIDENT DE LA RÉPUBLIQUE FRANÇAISE, LE PRÉSIDENT DE LA RÉPUBLIQUE DE GUATEMALA, SA MAJESTÉ LE ROI D'ITALIE, SA MAJESTÉ LE ROI DES PAYS-BAS, SA MAJESTÉ LE ROI DE PORTUGAL ET DES ALGARVES, LE PRÉSIDENT DE LA RÉPUBLIQUE DE SALVADOR, SA MAJESTÉ LE ROI DE SERBIE ET LE CONSEIL FÉDÉRAL DE LA CONFÉDÉRATION SUISSE,

Également animés du désir d'assurer, d'un commun accord, une complète et efficace protection à l'industrie et au commerce des nationaux de leurs États respectifs et de contribuer à la garantie des droits des inventeurs et de la loyauté des transactions commerciales, ont résolu de conclure une Convention à cet effet et ont nommé pour leurs Plénipotentiaires, savoir :

SA MAJESTÉ LE ROI DES BELGES, M. le Baron BEYENS, Grand Officier de son Ordre royal de Léopold, Grand Officier de la Légion d'honneur, etc., son Envoyé Extraordinaire et Ministre Plénipotentiaire à Paris ;

SA MAJESTÉ L'EMPEREUR DU BRÉSIL, M. JULES CONSTANT, Comte DE VILLENEUVE, Membre du Conseil de Sa Majesté, son Envoyé Extraordinaire et Ministre Plénipotentiaire près Sa Majesté le Roi des Belges, Commandeur de l'Ordre du Christ, Officier de son Ordre de la Rose, Chevalier de la Légion d'honneur, etc.;

SA MAJESTÉ LE ROI D'ESPAGNE, S. EXC. M. le Duc DE FERNAN-NUÑEZ DE MONTELLANO et DEL ARCO, Comte DE CERVELLON, Marquis DE ALMONACIR, Grand d'Espagne de Ire classe, Chevalier de l'Ordre insigne de la Toison d'or, Grand-Croix de l'Ordre de Charles III, Chevalier de Calatrava, Grand-Croix de la Légion d'honneur, etc., Sénateur du Royaume, son Ambassadeur Extraordinaire et Plénipotentiaire à Paris ;

LE PRÉSIDENT DE LA RÉPUBLIQUE FRANÇAISE, M. PAUL CHALLEMEL-LACOUR, Sénateur, Ministre des Affaires étrangères ;

M. HÉRISSON, Député, Ministre du Commerce ;

M. CHARLES JAGERSCHMIDT, Ministre Plénipotentiaire de Ire classe, Officier de l'Ordre national de la Légion d'honneur, etc. ;

LE PRÉSIDENT DE LA RÉPUBLIQUE DE GUATEMALA, M. CRISANTO-MEDINA, Officier de la Légion d'honneur, etc., son Envoyé Extraordinaire et Ministre Plénipotentiaire à Paris ;

图 2　1883 年法语版本的《巴黎公约》

《巴黎公约》关于专利确立了三个原则，这三个原则影响深远，并且也为后续的其他合作方案所沿用：

第一，国民待遇，各缔约方之间对其他国家国民的专利申请一视同仁。

第二，独立原则，就是前文所述的专利各管各家。

第三，优先权，这是《巴黎公约》最突出的贡献，其规定申请人可以在第一个国家申请专利之后的半年（外观）或一年（发明或实用新型）之内，到其他的缔约方去申请专利，但是申请日都按最早的申请日算，相当于一国申请，多国都提前占据了申请日。如果没有优先权，申请人要想在不同的国家保护同一个技术，就要在同一天向所有国家提出申请，而每个国家只负责接受本国的申请，各国的申请语言不同，申请文件不同，申请程序不同，这对于申请人来说无疑是一项艰巨的任务。如果做不到，申请人自己的第一个申请可能会成为自己后面的申请授权的证据，其他申请人也可能趁机在其他国家申请专利，那么申请人就会失去申请的先机。如图 3 所示，优先权使向其他国家申请的期限延长到了一年，申请人可以在一年之内完成这些申请，这就从容多了。

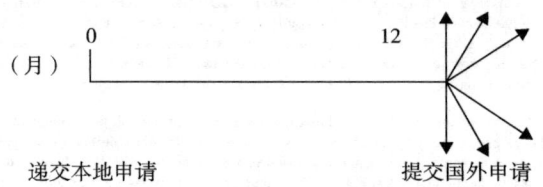

图 3 《巴黎公约》申请过程

二、PCT

随着跨国专利申请规模的进一步扩大，对于申请人来说如果需要在一年的优先权时间内在多个国家完成专利申请程序依然非常困难，因此 1970 年各主要专利相关国家又缔结了专利合作条约（Patent Cooperation Treaty，PCT）。通过这个条约申请人可以只提交一份 PCT 专利申请，就可以选择在 PCT 所有成员方寻求专利保护。并且该申请既可以向各国的专利局提出，也可以向设在日内瓦的 WIPO 国际局提出。世界知识产权组织是一个"二传手"，PCT 的申请先交给世界知识产权组织，再交到想要申请的目标国家。如图 4 所示，通过这个组织的传递，跨国申请的时间可以延长到 30 个月。也就是说在《巴黎公约》12 个月的基础上，又多出 18 个月的决策时间，去决定向哪国提出申请和准备申请材料。

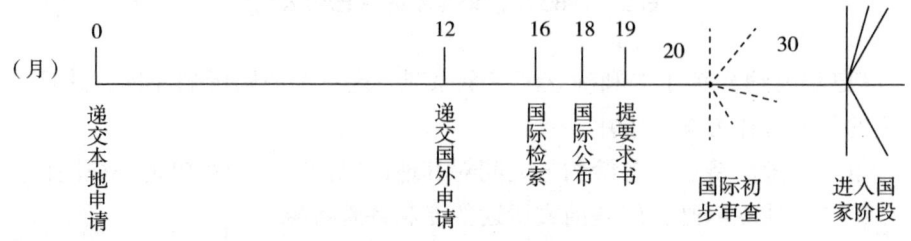

图 4 PCT 申请过程

三、PPH

目前全球专利量已经过亿，每年的申请量近千万，各国的专利审查工作不堪重负,审查人员对于审查结果的确定时间压力巨大。为了便于申请人尽早获得专利的确权,各国之间又达成了一个升级版的协议——专利审查高速路(Patent Prosecution Highway,PPH)。其核心思想是部分认同其他国家的审查结果,如果一国专利局认为一项专利申请可以授权,申请人可以该结果为基础向另一国申请加快审查。当然这么便捷的途径其适用条件也比较严格:第一,前面一国的审查结果必须是授权;第二,后面的国家必须能够得到前面国家的审查结果;第三,前后两个国家专利申请文件的权利要求严格对应;第四,申请人要主动提出PPH申请。条件虽然严格,但是效果很突出,对于国家而言节约了行政成本,对于申请人而言可以节约费用、节省时间,并且在一定程度上增加了外国授权的机会,而且PPH与《巴黎公约》和PCT完全兼容,可以在先通过《巴黎公约》和PCT进行申请的基础上再提出PPH申请。如图5所示,中国也是PPH的积极推动者之一,各国的共同努力为申请人的外国申请提供了更多的选择。

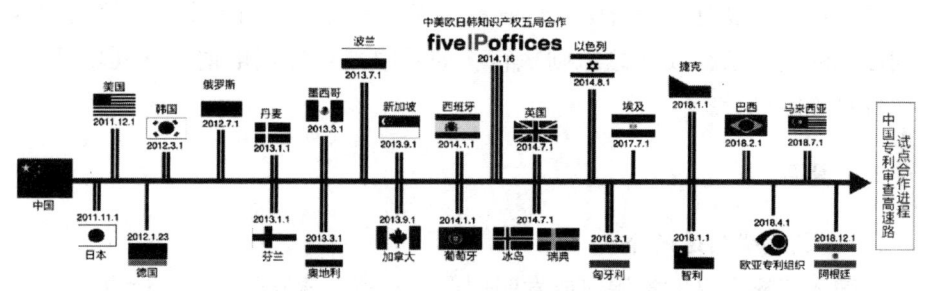

图5 中国PPH合作进程

还有一种途径称为直接申请,如果申请人希望在《巴黎公约》或PCT成员方以外的国家/地区申请专利,如向中国台湾地区申请专利,可以按照双方签订的知识产权协议或对等原则处理。直接申请需要在国家知识产权局做保密审查,保密审查通过后,再向希望获得专利的国家/地区专利局提交专利申请。

几种申请途径对比来说,《巴黎公约》的主要优点是速度快,可以应对需要迅速取得专利授权的需求,但是在向多个国家申请时手续繁杂;PCT的好处是手续简单,利于修改,决策时间长,但是获权速度慢、国际阶段需支付额外的费用;PPH速度快、费用低、授权率高,但是要求严格。各种专利申请途径特点不同,并无绝对的优劣之分,需要根据实际情况具体选择。

9 谁能申请专利

专利申请权是指提交专利申请和进行后续申请步骤的权利。专利申请权可以转移或放弃。成为专利申请人有两个要求：资格+事实。

一、资格

中国的公民/法人都具有申请资格。如果是外国人、外国企业或者其他外国组织，并且在中国有经常居所或者营业地，可以直接申请，但要委托中国代理机构；如果没有经常居所或营业地，则依照其所在国同中国签订的协议、共同参加的国际条约或互惠原则执行；如果中国和外国申请人共同申请，则参照各自规定执行。

二、事实

1. 完成发明创造的个人

发明人依靠自己的资源完成发明创造，专利申请权归其个人所有。

2. 完成受委托的发明创造的个人或单位

受其他个人或单位委托完成了发明创造，在没有相反约定的情况下，专利申请权归受托人所有。

3. 单位的员工完成了职务发明创造

员工依托单位的资源、执行工作任务完成的发明创造称为职务发明创造，此时，申请权归单位所有。

4. 继承了申请权

专利申请权可以继承，方式与继承其他权利类似。因继承提出变更请求的，应当提交经公证的继承权证明。

5. 受让了申请权

申请阶段就可以转让而不必等到授权后，但申请权权属转移需要满足一定条件：

（1）权属纠纷。通过协商、调解、判决、仲裁等途径解决专利申请权权属纠纷，发生专利申请权转移的，要有相应证明。

（2）转让或赠与。应提交转让或者赠与合同，涉及单位要有公章，涉及公民要有签章，申请人是多人的应得到全体申请人的同意。

（3）涉及外国人、外国企业或者外国其他组织的，转让方没有中方，只要合同签字盖章；转让方有中方，还要再加以下证明中的至少一个：国务院颁发的《技术出口许可证》和《自由出口技术合同登记证书》，或者地方商务主管部门颁发的《自由出口技术合同登记证书》。

（4）申请人是单位，因其合并、分立、注销或者改变组织形式提出变更请求的，应当提交登记管理部门出具的证明文件。

（5）因拍卖提出变更请求的，应当提交有法律效力的证明文件。

（6）专利申请权质押期间的专利权转移，还有质押双方当事人同意变更的证明。

三、放弃

专利申请权也可以放弃，如在申请阶段主动撤回申请，但只能在授权之前提出。

10 专利都会涉及哪些人

对专利本身而言，会涉及三方：正方、反方和第三方。

正方是希望专利权成立的人，如申请人、发明人、代理师、联系人、代表人等。

反方是不希望专利权成立的人，如公众意见的提出者、竞争对手、无效请求人和侵权人。

第三方是根据正、反双方的意见作中立判断的人，如审查员、法官和仲裁人等。

这三方就是专利故事的"主角"，根据专利所处的阶段不同，角色承担着各不相同的任务，并且各方的角色随时可能发生转变。

一、申请阶段

如图 1 所示，申请阶段正方有申请人、发明人和代理师，反方是潜在的公众意见提出人，第三方是审查员。

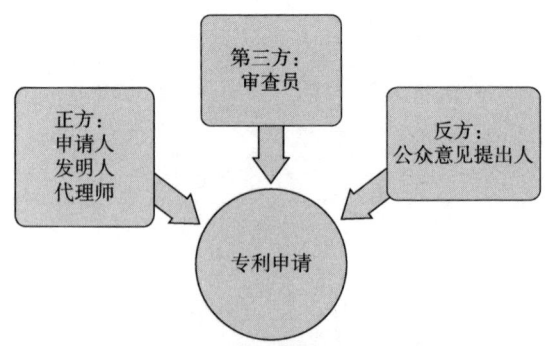

图 1 申请阶段的各方代表

1. 申请人

申请人是指专利申请的提出者，专利申请程序的启动者。

2. 发明人

发明人是指对发明创造的实质性特点作出创造性贡献的人，要求是个人，不能是单位。

发明人有署名权和受单位奖励并分享收益的权利。比如，企业里的工程师因执行工作任务而发明了一项技术，那么按照《专利法》的规定，工程师虽然没有申请权，但是有署名权，可以表明自己是发明人。此外，发明专利授权之后，发明人可以获得至少 3000 元的奖励，而如果专利技术投产，发明人可以获得不低于 2% 的营业利润。

3. 专利代理机构及代理师

专利代理机构及代理师是指帮助申请人申请专利的机构和人员。专利代理机构是经省专利管理局审核，国家知识产权局批准设立，可以接受委托人的委托，在委托权限范围内以委托人的名义办理专利申请或其他专利事务的服务机构。专利代理必须以代理机构的名义承接，代理师个人不能代理，代理机构必须指定本单位的专利代理师从事具体的专利代理事务，故一件委托了代理的专利必须同时有专利代理机构和专利代理师。专利代理师是申请人选择的代为行使其申请权利或其他权利的代理人，代理师不具有专利所有权、使用权和收益权，只有按照申请人的要求执行代理和获得报酬的权利。

4. 联系人和代表人

联系人和代表人都是申请人一方的。联系人是负责与专利局联络的人，只能有一个。申请人是单位并且又没有委托专利代理机构的，应当填写联系人，联系人是代替该单位接收专利局所发信函的收件人。联系人应当是本单位的工作人员。申请人为个人且需由他人代收专利局所发信函的，也可以填写联系人。

申请人有两人以上并且没有委托专利代理机构的，除另有规定或请求书中另有声明外，以第一署名申请人为代表人。请求书中另有声明的，所声明的代表人应当是申请人之一。除直接涉及共有权利的手续外，代表人可以代表全体申请人办理在专利局的其他手续。

5. 公众意见提出人

这个公众是狭义的，指在专利申请审查结束之前，任何人都可以公众的身份向专利局提出公众意见，对竞争对手的专利申请发起挑战，审查员会参考公众意见做出判断，并且这个意见的提出人对申请人来说是匿名的。

6. 审查员

审查员负责专利申请的审查。专利申请需要经过形式审查，如果是发明还要经过实质审查。负责发明申请实质审查的审查员的姓名和电话会被记载在通知书中，方便申请人进行沟通。

二、复审阶段

如图 2 所示，复审阶段正方有申请人、发明人和代理师，反方是作出审查决定的审查员、公众意见提出人，第三方是专利局的复审和无效审理部。

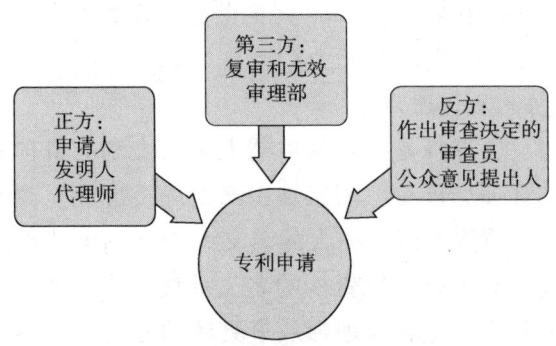

图 2　复审阶段的各方代表

专利的审查是一个论辩的过程，审查员的这个第三方的身份也可能会被挑战。比如专利申请被判定驳回了，如果申请人对审查员的驳回决定不服，可以向专利局提出复审请求。此时，专利局复审和无效审理部就会对申请人的复审请求作出判断。如果申请人的请求成立，则会撤销驳回决定，或者申请人可以做出修改，修改之后克服了驳回理由，也可以撤销驳回决定；如果申请人的请求不成立，则会判定维持驳回决定。

三、无效宣告阶段

如图 3 所示，无效宣告阶段正方有申请人、发明人和代理师，反方是无效请求的提出人及其代理师，第三方是复审和无效审理部。

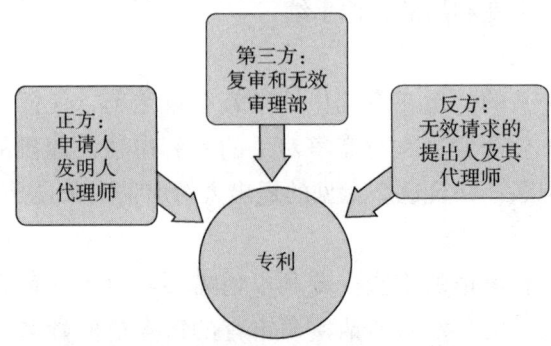

图 3　无效宣告阶段的各方代表

与公众相对,在专利授权之后,只要提出相应的证据并且说明理由,任何人都可以向专利局对已经授权的专利提出无效宣告请求。授权之前的公众意见和授权之后的无效宣告请求,可以更好地实现对专利审查过程的监督。

四、不服复审或无效宣告决定的行政诉讼

如图4所示,这个阶段正方有申请人、发明人和代理师,反方是专利局,第三方是人民法院。

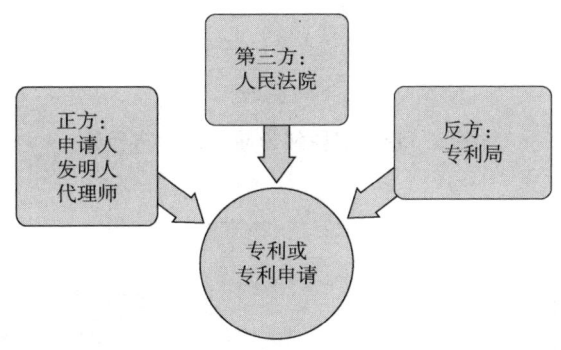

图4　不服复审或无效宣告决定的行政诉讼的各方代表

如果申请人的专利申请经过复审程序被维持驳回,或者专利被宣告无效,而申请人认为专利局的决定不正确,还可以向人民法院提起行政诉讼,诉讼对象就是专利局,专利局就成了被告,而人民法院就成为第三方。人民法院如果认可专利局的决定,就会判定该决定成立;反之,则会推翻该决定。

五、专利权属纠纷

如图5所示,权属纠纷阶段,正方一般是提出权利争议的人,反方是认为权利没有争议的原权利人,第三方是行政机关和人民法院。

专利的权属争议核心不在于专利权成立与否,而是权利归谁的问题,比如合作研发、委托开发和专利交易中产生的权属纠纷。原权利人持有权利,但是有争议方认为权利应归自己,或者部分归自己,这种情况涉及的第三方包括人民法院和行政机关。处理的一般原则:可调解、可诉讼,诉讼结果终局。也就是说如果发生纠纷,优先按照合同约定,当事人可以自己选择行政调解或者直接提起司法诉讼来解决纠纷。如图6所示,如果当事人选择进行行政调解,之后又对行政调解决定不服,还可以向人民法院提起行政诉讼,

此时做出决定的行政机关就是被告,由人民法院作为第三人裁决行政机关的行政决定是否合理。

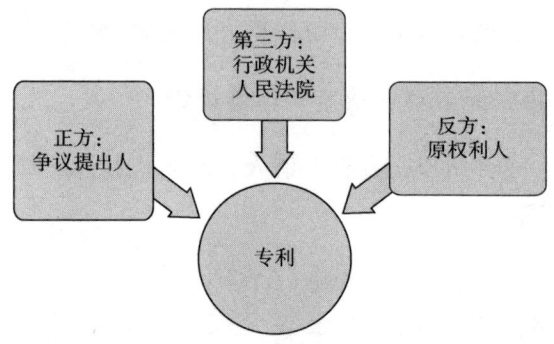

图 5　专利权属纠纷阶段的各方代表

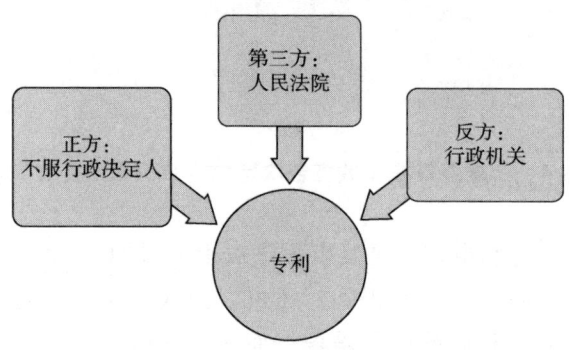

图 6　专利权属纠纷行政诉讼各方代表

六、专利侵权纠纷

如图 7 所示,侵权纠纷阶段,正方一般是专利权人,反方是侵权人,第三方是行政机关和人民法院。

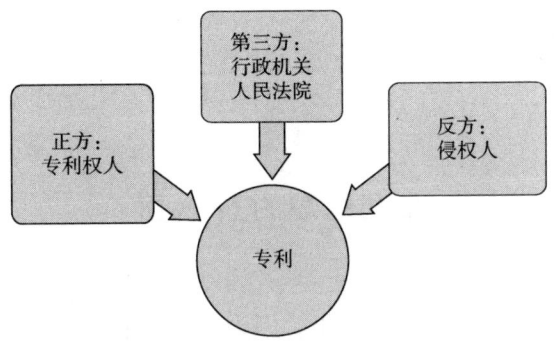

图 7　专利侵权阶段的各方代表

专利授权后就形成了专利权,此时如果未经专利权人许可,实施其专利的行为都构成侵权。这里的实施是指制造、使用、许诺销售、销售、进口其专利产品或者使用其专利方法以及使用、销售、许诺销售、进口依该方法直接获得的产品。

对于专利侵权纠纷的解决,我国实行的是双轨制,即行政和司法两条线,可以申请行政处理或者司法处理,如果对行政处理的决定不服,还可以提起司法诉讼,司法诉讼为终局决定。如图 8 所示,对行政处理决定不服提起诉讼时,行政机关为反方,人民法院为第三方。

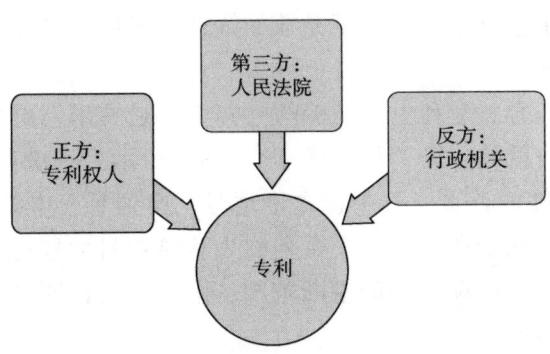

图 8　侵权纠纷阶段行政诉讼各方代表

11
专利信息有什么用

专利天生就是一种竞争性的情报,因为它是记载着技术信息的法律文件,并且直接与经济效益相关。其价值来源有三方面:

首先,立法本意。科技信息有很多,比如科技类文献之中的内容通常是科研数据的集成及分析,往往是比较前沿的科研成果,但并不要求达到工业上能够实现的标准。而专利是申请人向国家要求获得垄断保护利益的法律文本,因此要求申请人必须在专利中公开足够的技术信息作为交换,这个"足够"的标准就是该信息具有工业化可实现的技术内容,这样的内容更贴近产业需求。

其次,授权条件。专利申请如果想要获得授权,需要公开的信息要达到专利独有的标准。例如,发明专利要充分公开足以支撑发明实现的技术细节。如果达不到这样的标准,专利申请就不能获得授权。这就意味着一份获得授权的专利,其技术信息已经经过了专业的筛选,人们对于专利的信息价值已经有了初步的判断。

最后,涵盖内容。专利里面涵盖的内容不只是技术,更涉及法律信息和经济内容,其本身就是一场"信息盛宴"。图1所示为一份典型的专利文件,第1页是专利文件的首页,其中包含申请号、申请日、申请人、申请国家、代理机构、审查员和专利名称等一系列称为著录项目的登记信息;第2页是权利要求书,说明了这项专利的垄断范围;第3页是说明书,说明了这项专利所公开的技术内容。

第一章 专利基础概念

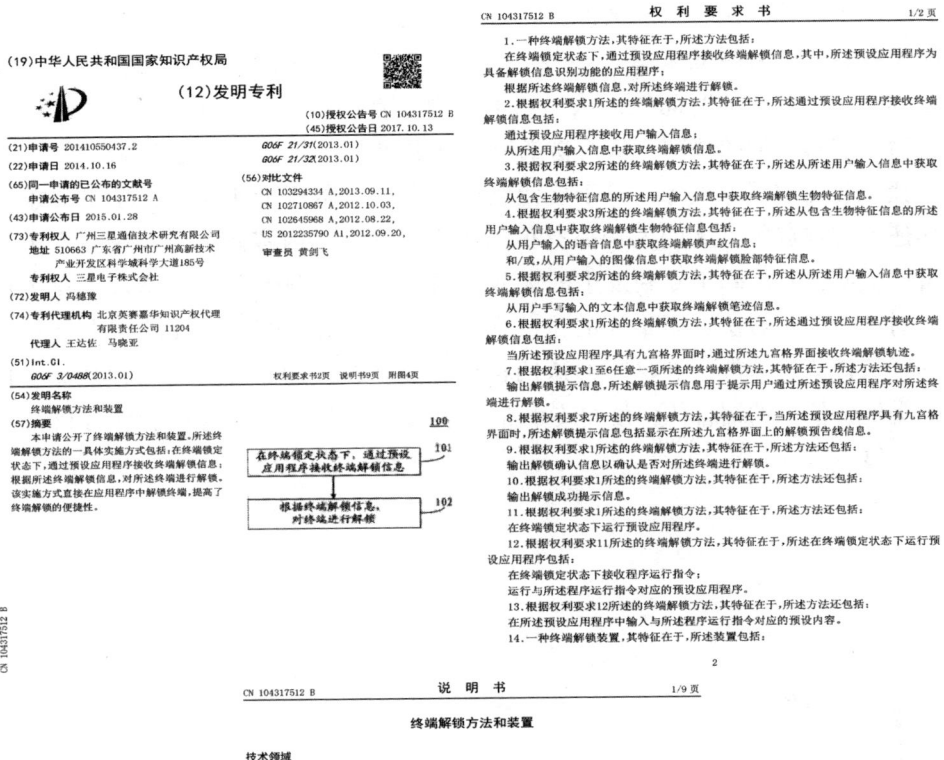

图1 专利文件首页、权利要求书、说明书

综上所述，从时间上来说，一份专利文献记载着技术产生的过程，包括技术的背景，发明的来源，申请、授权、无效和交易的时间，为该技术的发展提供一条清晰的时间线；从地点上来说，有技术形成的地点、目标市场乃至后续转移延伸的范围；从人物来说，有申请人、发明人、代理师、转让人、受让人和无效请求人等，对于希望利用专利信息的企业来说，无论是寻求合作还是排查竞争，这些人物都有很强的指向性；从内容而言，首先技术本身可以借鉴，其次基于专利发生的无效宣告请求等竞争性行为，体现了竞争对手对该专利的看法，更重要的是，许可、转让、诉讼等行为反映了专利相应的经济价值。一份专利材料的这四种信息交叠在一起，形成了一种法律、技术和经济信息的结合体，使得专利信息相比单纯的科技信息内涵和外延都更为丰富。

12
专利涉及哪些时间信息

鉴于专利的先申请制度，专利信息的第一要点就是时间。最经典的应用就是分析专利申请数量随时间的变化，从而判断技术发展的阶段。这个数量既可以是绝对值，也可以是相对值，既可以是总量，也可以是增量。不但要看已有情况，还要看未来变化趋势。沉淀的专利申请通常数以万计，如果以总量分析其技术方向和布局区域往往会被历史数据淹没，而难以发现近期的趋势。所以通常会先分析图1所示的某技术专利申请数量随着时间的变化趋势，从而判断行业发展阶段，如萌芽期、增长期、稳定期和回落期。但专利相关的时间并非是一个时间点，而是自始至终的一条时间线，本节就来讨论一下都有哪些可供分析的时间。

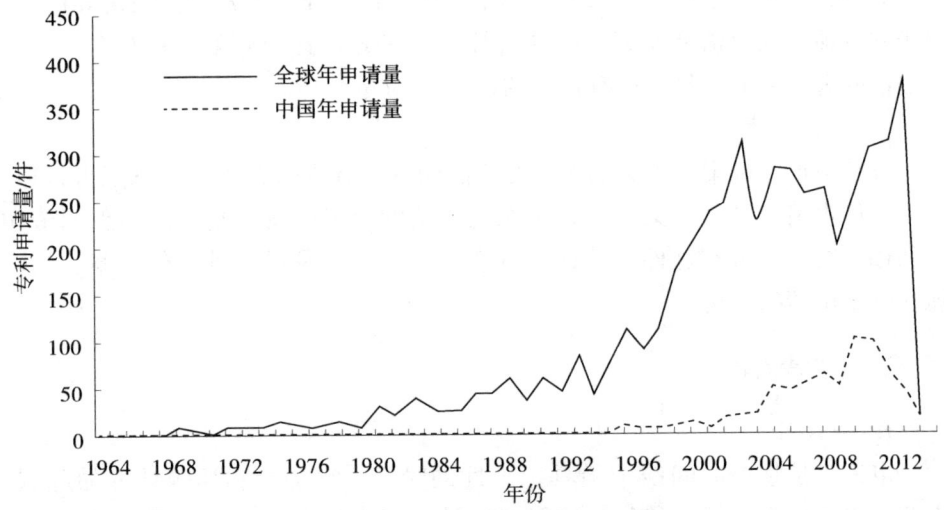

图1　某技术专利申请数量变化趋势

表1按照时间线列出了专利分析中常见的时间要素，当然专利涉及的时间不止于此，篇幅所限，此处仅就常用的时间作一阐述。

表1 专利分析中常见的时间要素

主要阶段	申请前		申请阶段				确权阶段				权利维持阶段		专利终结	
可能发生的主要事件	优先权	母案申请	申请	公开	申请权转移	撤销	授权	驳回	视为撤回	复审	运营	争议	无效	专利到期

一、申请前

1. 优先权日

优先权信息会记载在申请文件之中,优先权日早于申请日。一件申请可以有多个优先权,一个优先权可以有多件后续申请,优先权与其后续申请共同形成专利族。根据同族专利可以摸清该专利技术最早是在哪个国家出现的,之后又延伸到了哪些国家,技术方案有何种变化。掌握优先权就掌握了同族专利,而同族专利是专利布局的核心线索之一,追踪专利布局是掌握竞争对手动向的必备要件。

此外,一系列法律状态的计算都是从优先权日开始,其中,最重要的是,用于评价该专利申请创新高度的现有技术以优先权日为界限,只有在优先权日之前的公开才能够作为现有技术的证据。

2. 母案申请

分案申请、母案、子案的概念在后面的章节有具体介绍,这里不再赘述。如果一件申请本身是子案,也就是在先申请的分案申请,则可以追溯回最初的那件母案,了解到这件申请最初的布局目标,以及母案其他的分案,从而抓住分案申请的脉络。

二、申请阶段

1. 申请日

申请日是整个时间线中最具标志性的时间,它是专利期限计算的起点。因此,申请日决定了专利具体的保护时间,那就意味着他人如果想要依据专利技术合法仿制一个专利产品,就要关注此专利的申请日,推算期限结束的时间,期限结束之后的仿制行为就属于合法行为。

2. 公开日

根据《专利法》的规定,发明专利申请经初步审查合格的,自申请日起满 18 个月，即行公布，国务院专利行政部门也可以根据申请人的请求早日公布其申请。申请公布的日期即公开日，公开日意味着专利信息正式对公众开放，从申请日到公开日，法定的期限是 18 个月，但是申请人可以通过要求提前公开缩短这个时间，后续的所有程序都会相应提前。提前公开对于申请人来说是一柄双刃剑：提前公开意味着提前进入审查，提前审查则有可能早日获得授权；并且由于专利申请公开后就认为可以为公众所知，可以作为现有技术威胁公开日之后申请的目标专利，因此提前公开可以更好地遏制对手的专利申请；但提前公开也有弊端，公众可以更早地追踪到这篇专利文件，竞争对手就会更早发现申请人的布局意图，如果提前授权则竞争对手能更早明确专利保护范围并做出应对，所以很多企业掌握的核心专利在申请过程中并不会请求早日公布，反而会延缓授权进度从而迷惑对手。

三、确权阶段

确权，顾名思义就是权利确定，有三种可能，即授权、驳回、主动撤回或视为撤回，此时不同立场的相对方需要采取不同的行动。如果是驳回，意味着专利申请的中止，申请人可以提请复审请求，而复审可能会改变原审查的结果，对手则可以追踪复审进展并提交反向证据，申请权的购买方则可以根据驳回决定要求不继续履行合同。如果是授权则情况又有不同，从授权日起专利权即为有效，专利申请变成正式的专利，申请人可以依据享有的专利权直接向侵权人维权，如要求侵权人支付使用费，也可以提起侵权纠纷诉讼；而竞争对手则可以针对授权专利提起无效请求，直接挑战专利权的效力；对购买方而言，权利更有保障，可以开展进一步投资。

四、权利维持阶段

权利产生变化的时间可以源自正向的运营，如专利交易，使专利权发生转移，也可以源自反向的宣告无效，使专利权丧失。通过权利变化时间节点便于了解专利真实的经济价值，因为专利从申请到授权只是一个开始，而被挑战或者被收购更能体现出其对市场的影响。

五、权利终结

期限届满，意味着专利到达了法定的时间，发明从申请日起 20 年，或者实用新型和外观，从申请日起 10 年，算是"寿终正寝"。事实上这样的专利并不多见，因为很多专利并不具有这样长期的价值，而专利的维持费用又随着时间的增长而提高，因此多数专利在期满之前就被申请人放弃了。

宣告无效是竞争对手挑战专利权的主动行为，也是针对专利权的主要进攻武器。无效宣告请求是一种后补程序，不管是经过形式审查还是实质审查，都不能完全说明专利权的稳定性，只有经过无效宣告请求的挑战之后，还能够立于不败之地才说明专利权的稳定。值得注意的是，无效宣告请求是请求宣告专利权的无效，因此只要专利权曾经有效，就有被无效的可能。也就是说，无效宣告请求在专利权期满之后也可能发生。专利权期满之后提出的无效宣告请求，往往是因为侵权方在专利期满之前由于侵权行为需要支付专利使用费或者赔偿专利权人的损失，如果能够无效该专利，专利权自始不存在，则不存在侵权行为，有可能追回支付的相应费用。但与放弃和期满不同，国家知识产权局专利局专利复审和无效审理部作出的无效决定不见得是终局，如果专利权人不服专利局作出的无效决定，可以针对该决定向人民法院提起行政诉讼，则该专利权的结果还要等候法院的裁决。

但是一件专利的终结并不意味着它的影响被全部肃清，因为这件专利可能会作为其他专利的优先权或者是其他子案的母案而继续发挥作用，那么这个故事还将继续延续下去。以上是对专利时间线的讨论，以时间线为轴进行分析也是专利信息利用的基本特征。

13
专利涉及哪些地点信息

专利是具有地域性的，并且既有独立性又有相关性。从独立性来说，专利权是按照国家来保护的，到哪个国家去申请，经过该国授权就算是在该国有效。从相关性来说，基于同一个优先权形成的一组专利，也就是同族专利的命运是紧密相连的，这个优先权可以是一件中国申请，后续衍生出美欧日韩等各国家或地区的申请，也可以凭借外国优先权进入中国，这些专利共同成为一个专利族。地域性的两面性也为我们对专利数据的利用提供了新的方向。

一、同族专利数量

同族专利数量体现了专利的经济价值，一般来说，专利越重要，经济价值越高，在全球范围内的应用越广，就越有必要到更多的国家去申请专利，其同族专利数量也就会越多，也就更值得关注。

二、同族专利审查过程

由于各国的专利审查进度不同，审查方法也不一致，同族专利的审查时间往往差别极大，甚至出现后发先至的情况，如作为优先权的在先专利还在审查过程中，但是后续的同族专利申请已经结案。相关各方可以直接利用不同国家专利审查过程中引用的文件作为自己下一步行动的依据，申请人可以将其他国家的审查意见作为自己答辩的参考，而相对人则可以引用其他国家的审查意见中提供的文件提起公众意见或者无效宣告请求。这样可以降低检索成本，并且准确性相对较高。需要注意的是，各国的专利审查工作都是独立的，申请人最好不要将其他国家局的审查意见和结果直接作为答辩证据提交，以免适得其反。

三、专利布局国家

因为申请专利的直接目标就是市场利益，专利在申请时布局国家的选择与

申请人的市场判断是一致的，到哪个国家去申请就意味着申请人认为在哪国可能会有市场。竞争对手的布局指向就是其市场发展的序曲，因此及时对其专利进行追踪，了解其专利布局动向，也就了解了竞争对手市场布局的指向。就行业整体而言，行业全部申请人的布局趋势则代表了行业市场变化的趋势。

四、各国布局专利的类型

因为专利性质不同，涵盖的内容也就不同，所以发明、实用新型和外观设计的布局指向各有特点。例如一项汽车的技术，制造厂家可能在中国，而销售市场在欧洲和日本。对于欧洲和日本而言，因为制造侵权的可能性比较低，仿制外观的可能性更高，制造方法的专利布局就可以从缓，反而是外观设计专利的布局要充分。由此通过外观设计专利就可以控制欧洲和日本市场，从而节约申请经费和时间。

五、专利申请来源的地域

观察的维度可以是国家（或地区）、省、市乃至区县。通过各级的比较，不仅可以了解全球的行业变化，也可以了解到某一个具体的行政区域具有什么样的行业优势，适合发展什么样的产业。

因为对于一个具体的区域而言，推动产业的发展不但要迎合外部需求，还要符合自身条件。一个产业在全球发展迅速，并不意味着就适合在某一个省份发展。例如，钢铁和石墨烯两个行业相比较，发展条件完全不同。钢铁冶炼等对运输能力要求高，需要距离矿藏近，具有很强的地域要求；而石墨烯的关键制约因素是制造技术，是否靠近石墨矿可能不是关键因素。因此在针对钢铁行业的分析中，不仅要考察专利的分布，更要考虑矿藏的分布；针对石墨烯的分析则首要考虑专利储备，其他类似的高端制造业如芯片和通信器材等也是如此。

六、时间与地点的结合

时间、地点以及专利申请的数量，可以构成三维甚至多维的分析，有利于观察整个行业的发展趋势。比如5G通信技术专利申请在美国的增速低于中国，这就意味着通信技术的研究中心和手机市场的重心可能正在从美国转移到中国。

以上内容是对地域情报的分析，此类分析对于国际贸易的竞争性分析至关重要。

14
专利涉及哪些参与者的信息

专利是经济活动的一部分，而人是经济活动的主体。相对于其他经济活动，专利是一个小众行为，这也就意味着专利行为人的集中度更高。因此，追踪相关行为人是追踪专利行为最直接的方式，也是获取其后隐含的经济信息的重要途径。

常见的以人为入口的专利追踪有四种：需要什么专利，放弃什么专利，挑战了什么专利，被什么样的专利挑战。

一、需要什么专利

获得专利的方式包括自己申请、受让（收购他人的专利）和被许可（租用他人的专利）等形式，都代表着分析对象潜在的发展方向。

二、放弃什么专利

放弃的专利暗示着方向的调整，但要区分是战略方向的变化还是技术层面的处置，前者是公司发展板块的变化带来的专利资产处置，而后者只是对个别低质量专利的放弃。所以观察的角度也有两方面，即量和质。如果量大且质量不低，比如上百件的同类专利批量处理通常是战略调整，可能意味着公司放弃了对应的技术方向；相对地，如果量小且质量参差不齐则有可能只是公司在进行专利处置，只是从财务角度考虑对个别质量不当专利的不良资产处置。

三、挑战了什么专利

可以是在没有侵权的情况下主动挑战对手的专利，也可以是被诉侵权方反诉专利无效。挑战专利可以干扰竞争对手的布局，也体现了对对手专利垄断范围的担忧。公众意见形式的挑战更为隐蔽，但仅限于公开后审结前，时间窗口短暂，但因为专利申请尚未确权，所以起作用的可能性更大；无效宣告请求的全过程都是公开的,但是在授权后甚至专利失效后都可以进行无效。

四、被什么样的专利挑战

被专利挑战是指被诉侵权,这种挑战可以是通过人民法院发起的专利诉讼,也可以是通过行政机关申请的行政裁决。从宏观上来讲,被诉侵权意味着该专利技术对应的市场已经做大,值得关注;就微观来说,意味着侵权方发展迅速,是值得关注的竞争对手。专利诉讼一审是由中级人民法院审理,二审由最高人民法院审理,而行政裁决的信息则在该机关的网站可查。

对于上述内容的观察角度可以是自身、对手和第三人:可以从自身出发,作为局中人,寻找应对策略;也可以站在对手的角度,考虑对手的应对方式;更可以从第三人的角度,通过观察其他人的争端,从而发现行业的细微变化。但对人物的追踪有三个问题:非标准名称、关系机构和中介行为。

首先,非标准名称是指专利著录项目中登记的名称和姓名往往并不统一,相当于同人不同名。

其次,关系机构,比如母公司与子公司、分公司、合作企业,股东参股或开办的其他公司,高校老师的单位、参与的企业和其个人申请也有可能,这些机构即便穷尽所有名称的变形也难以发现,如果只是关注申请人的名称本身,难免挂一漏万。

例如,杜邦公司是化工行业的知名公司,股权架构复杂,检索中文名称"杜邦"作为申请人相关的专利,检索结果显示有几百个与杜邦有关的公司名称,图1中只列出了其中一部分,不但有杜邦公司本身,还有合资公司、子公司和数个难以判断业务关系的机构。

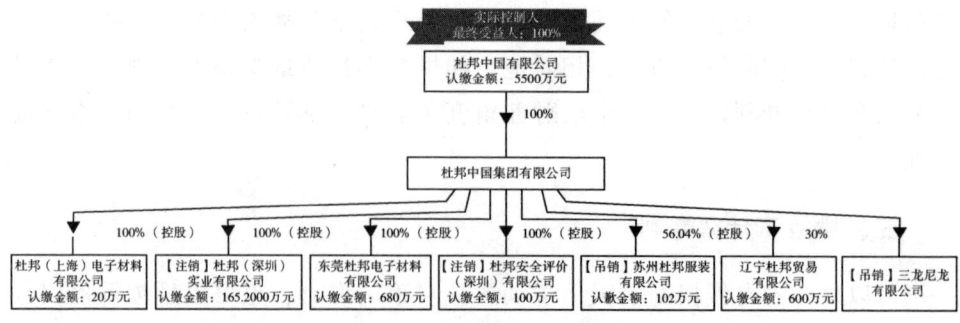

图1 杜邦中国有限公司股权关系

最后,中介行为,大量专利交易和对抗中都有中介的身影,而这种介入提高了人物追踪的难度。例如，公众意见通常都不会由实际冲突方提出，而会借用其他人的名义；很多专利交易都不是一手的，不论是出售还是购买专利，都不见得是通过其企业本身，有可能通过一个中间机构来完成。这样便于交易的顺利达成，也是为了避免暴露自己的意图。

为了排除对专利追踪的干扰信息，常见的应对方案有五种：

第一，专业数据库的专门检索工具通常会有专利申请人的归并算法，这种算法会给予大型机构及其关系人一个组合名，通过组合名可以直接查询所有相关的专利数据。

第二，对于母子公司和合资公司等关系机构可以使用"天眼查"等工具先确定关系人，再检索各关系人名下的专利。

第三，直接检索对应主体的网站，比如公司和高校的官网，可以发现合作研发和收购并购等信息。

第四，充分利用国家知识产权局的网站，专利转让需要在国家知识产权局登记才能生效，专利许可也需要在国家知识产权局进行备案才能对抗第三人，上述登记和备案在国家知识产权局的网站上即可查询，这也是最准确的方式。

第五，通过追踪交易中介发现潜在的关联交易。随着专利信息挖掘手段的升级，信息隐藏的方式也越来越多，但只要紧扣"人"的信息，一般都会有所收获。

15
专利布局怎么做

专利布局是有目的地形成专利网，但专利布局不只是每个专利的叠加，而是将专利组合作为竞争手段实现经营目标。每种技术都有其布局的策略，以医药领域为例，其新药研发周期平均达 10 年以上，投入资金超过 10 亿美元，并且研发成功率难以预期，因此其专利布局多为长期策略而且设计精巧。例如，针对新型冠状病毒的候选药物瑞德西韦，其研发者美国吉利德公司就长于此道。瑞德西韦目前还未上市，对其专利布局策略难以窥其全貌。本节以另外一款较为成熟的产品——抗艾滋病药替诺福韦为例进行探讨。该药品单品年销售额超过 90 亿美元，是抗艾滋病药的最大单品，其专利布局从 1986 年开始横跨 30 年，分为上市前的准备期和上市后的拓展期。

替诺福韦上市前的准备期如图 1 所示，主要是围绕抗艾滋病的核心用途，布局先从 1986 年的最核心的原型化合物拓展至 1993 年的通式结构化合物，保护范围进一步扩大；随着上市审批进度从 1997 年的一期临床到 2000 年的三期临床，进一步补充布局，从 1998 年的上市药物晶体形式，到 2000 年的药物的制备方法和 2001 年的原型化合物的衍生物，配合药物上市的全方位保护。上述产品上市前专利布局有两个主要作用：保护时间的延长和保护范围的延伸。2001 年药物顺利面世，此时距离 1986 年最早的原型化合物专利申请已经过了 15 年，如果没有后续的延伸布局则意味着剩余保护期只有 5 年，15 年的研发时间换取 5 年的垄断期限明显难以满足需要；而如果从 2001 年的衍生物起算，则保护期可以延伸至 2021 年，意味着上市后还有 20 年的保护期，并且该衍生物是原型化合物的改进形式，保护范围有所拓展。

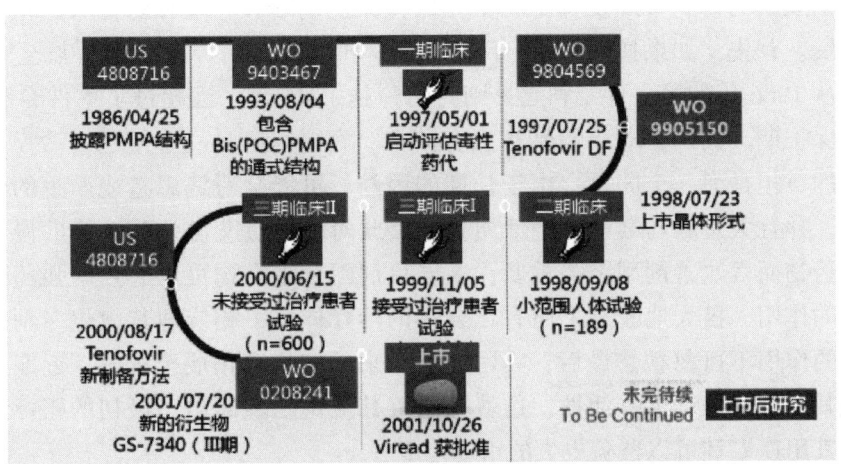

图1 替诺福韦上市前专利布局

替诺福韦上市后的专利布局如图2所示，上市后的拓展期从药物组合物开始，组合物是拓展原始化合物功能和通过协同作用增强药效的重要方式，吉利德公司于2004年布局了两个药物组合物专利 TDF+FTC/+EFV 和 GS-7340+FTC（Ⅲ期），随后在2005年布局了治疗乳癌的用途专利和阴道用凝胶的剂型专利，2006年布局了第三个品种 Atripla 的双层片剂专利，2010年布局了 Stribild 的双层片剂专利，随后又在2011年布局了 Complera 的双层片剂专利，伴随着拓展期的专利布局，原型化合物共开发了四个药物新品种。

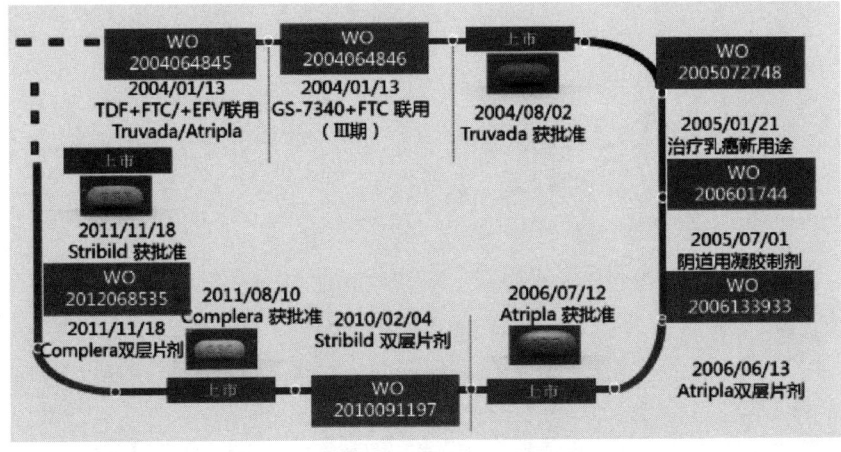

图2 替诺福韦上市后专利布局

拓展期的专利布局发挥了三个作用：保护期延长、现有药物的优化和用途拓展。首先，如果按照 2011 年布局的专利起算，保护期可以延长至 2031 年，从 1986 年的第一件专利起算则时间跨越了 45 年，远超过了单件专利 20 年的保护期。其次，对于慢性病患者而言，病痛本身是一个问题，治疗过程造成的负担是另一个问题，由于长期的服药，可能会对病患造成严重的代谢毒性，并且大量服药会影响生活质量，因此对于像抗艾滋病药这样的慢性抗病毒药物而言改善剂型至关重要；多层片剂配合组合物可以起到增强药效和缓释的作用，极大地改进了原有化合物的治疗体验，相应地其优化专利保护组合的作用不可忽视。最后，其用途从原来的抗病毒拓展至抗癌，近期更是发现其对肝炎病毒也有活性，这就意味着其应用已经超出了最初的靶标，相应地其用途专利可以覆盖更大的市场范围。

通过对该专利组合的分析，一方面可以了解抗病毒类化合物的布局策略，另一方面针对此类潜力巨大的化合物可以展开追踪研发。例如，针对晶体衍生物等实用型的方向进行迂回布局，可以从仿制药的追随者身份中摆脱出来，寻求与原研药交叉许可的可能性，在市场上占有一席之地。

16
如何看待上市企业的专利竞争

2020年3月27日《上海证券交易所科创板企业发行上市申报及推荐暂行规定》正式发布，进一步强化了专利的作用，以体现科创板服务高新技术产业和战略性新兴产业的包容性。按照该规定，拟上市企业如果形成与核心技术和主营业务收入相关的发明专利（含国防专利）合计50项以上，则可不受科创属性指标的限制，直接按照《科创属性评价指引（试行）》的规定申报科创板发行上市。此举对于希望上市的创新型企业无疑是重大利好，但是此前科创板的多起专利纠纷却显示很多企业对于专利竞争的预期尚有不足。专利竞争只是企业竞争的一个方面，并且通常并不致命，很少听说哪个企业由于专利的诉讼而直接倒闭，但这种竞争在关键节点的作用却难以忽视。

例如A公司，于2019年3月21日向上海证券交易所提交科创板上市申请，并于次日获得受理。但2019年5月10日B公司向重庆市中级人民法院对A公司及C单位提起专利诉讼，涉及表1中的8项专利。

表1 B公司诉A公司专利诉讼相关案件

案号 [（2019）渝01民初]	案由	涉及专利
394号	专利权纠纷	胶囊内窥镜（ZL 201611192694.9）
395号	侵害实用新型专利权纠纷	一种胶囊内窥镜工作系统（ZL 201621444940.0）
396号	侵害实用新型专利权纠纷	无线胶囊内窥镜（ZL 201820275046.8）
397号	侵害实用新型专利权纠纷	一种消化道诊断仪及其胶囊内窥镜图像数据处理系统（ZL 201720947925.6）
398号	侵害实用新型专利权纠纷	胶囊内镜（ZL 201220196431.6）
399号	侵害实用新型专利权纠纷	胶囊内镜外壳结构（ZL 201320386725.X）
401号	侵害实用新型专利权纠纷	一种具运动定位功能的胶囊内镜系统及其胶囊内镜（ZL 201420171032.3）

续表

案号 [（2019）渝01民初]	案由	涉及专利
402号	侵害发明专利权纠纷	一种具运动定位功能的胶囊内镜系统及其胶囊内镜（ZL 201410142372.8）

A公司于2019年5月28日向重庆市第一中级人民法院对B公司提起"因恶意提起知识产权诉讼损害责任纠纷"的诉讼，于2019年6月20日向国家知识产权局对涉案8项专利提出无效宣告请求，于2019年10月23日向上交所报送了中止审核的申请。2019年11月20日，国家知识产权局对其中6项涉案专利宣告专利全部无效，维持申请号为ZL 201410142372.8和ZL 201611192694.9的两项涉案专利有效。A公司于2019年11月25日向上交所提出撤回上市申请，同日上交所作出了《关于终止对××××股份有限公司首次公开发行股票并在科创板上市审核的决定》。自2019年3月21日至11月25日，A公司历经四轮审核问询，应对可谓迅速，但是在上市的关键时期的专利纠纷最后还是导致其上市之路走向终止。

同样是在科创板上市的D公司，其于2019年3月27日提交上市申请，期间历经五次审核问询，并于2019年6月30日得到了上交所同意上市的批复。D公司上市后也遭遇了专利纠纷，E公司于2019年7月29日起诉D公司侵犯其三项专利权，涉案标的4800多万元，直接导致D公司的3000万元银行资金遭冻结。但D公司在E公司对其发起诉讼的当天就对E公司的专利提出无效申请，并起诉E公司侵犯其两项专利权，可见其对诉讼是有充分准备的。D公司的反诉是基于其之前针对类似产品胜诉的诉讼结果，涉及的两项专利历经多次无效和诉讼而维持有效，较有说服力。

对比两者，同样是在科创板上市，同样遭遇专利纠纷，但最终走向不同，正体现了对专利竞争应对的不同效果。尤其是对于轻资本负债运行的科技企业而言，上市失败有可能就意味着企业的终结。对于专利密集型产业而言，这种竞争会更为复杂，往往表现为一种合作式竞争，一场诉讼的结束可能反而意味着合作的开始，正是不打不相识。因为对于专利的竞争而言，诉讼并不是目的，市场才是目标。

17
如何开展专利合作

合作是创新经济的常态，由于技术类创新往往都来自现有技术的改进，其产业非常依赖现有产业链，由此进一步促进了社会分工的细化。过去往往是某一个企业负责一个产品的一部分，产业链上下游的各个企业组成了产品的生产链条。而现在的分工更加深入，如表1所示，一个产品部件的研发、制造和销售也可能由不同企业负责，从而提高产业专精的程度。对于这种技术型的合作而言，专利是其中一个很重要的抓手，可以说是企业合作的信任基础之一，把产权化的技术，也就是专利切割明确，更有利于在这种技术产业链中保持稳定的合作。

表 1　产业链技术合作

内容	位置		
	上游	中游	下游
研发	上游/研发	中游/研发	下游/研发
生产	上游/生产	中游/生产	下游/生产
销售	上游/销售	中游/销售	下游/销售

说到专利合作，就要提到 IMEC（Interuniversity Microelectronics Center，微电子研究中心）。IMEC 可以说是微电子领域的隐形巨头，在国内受到大众的关注还是源自李克强总理的一次出访。在 2018 年 10 月 18 日上午，李克强总理在访问比利时并出席亚欧首脑会议的间隙，专门抽出时间，从布鲁塞尔驱车半小时来到鲁汶市，在比利时副首相兼经济大臣皮特斯陪同下参观了这家微电子研究中心。

IMEC 之所以能够受到如此关注，源于其独特的合作研发模式。IMEC 是比利时的州立研究机构，其在微电子行业开展合作研发已有 36 年的历史，图 1 就是 IMEC 在比利时鲁汶的总部。IMEC 最初由 68 人组成，分别来自产业界、当地高校研究机构和政府机构。目前，IMEC 的研究人员来自全球 71 个国家和地区，平均年龄 40 岁，其中，访问学者占 1/3，专职研究人员占 1/3，行政管理与法务人员占 1/3。IMEC 的最高决策层是理事会，为保证中立性，同时协调政府、大学和企业的关系，理事会成员由来自产业界、当地政府和当地高校的代表组成，人数各占 1/3。IMEC 邀请国际知名学者和企业高管组成科学顾问委员会，提供科技咨询建议。

图 1　IMEC 总部

IMEC 的经费构成主要包括当地政府资助、国际企业和比利时企业的合作研究收入、欧洲委员会和欧洲航天局的项目经费。1984 年创立之初，IMEC 的经费主要来自政府资助，1995 年 IMEC 依靠合作研发获得的收入已经超过了政府投资，实现了自给自足，如图 2 所示。

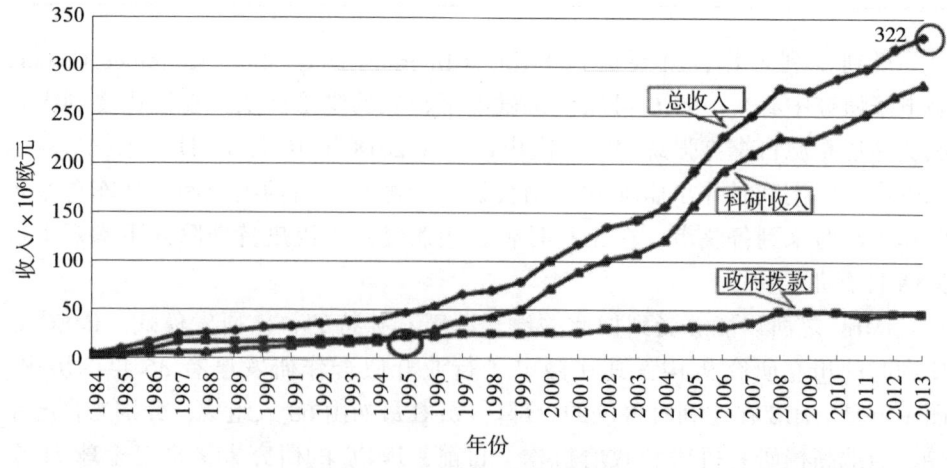

图 2　IMEC 经费发展趋势

IMEC 作为一个研究机构能够实现这样的财务自主，与其独到的专利合作方式不无关系。在合作研发项目开始前，IMEC 与每位产业合作伙伴分别签署双边协议，明确各自研发领域、知识产权归属及支付的费用。合作伙伴需向 IMEC 支付一次性项目加入费和每年度项目费，其用途包括 IMEC 基础设施与研究人员费用、项目管理费用，以及对 IMEC 基础知识产权的补偿。项目实施时，合作伙伴可以派驻研究人员到 IMEC 共同工作，一般每人为期 1 年。

由于项目参与方可能存在竞争关系，IMEC 与各公司签署协议时，充分考虑了未来知识产权的归属问题。如图 3 所示，产业联合项目将知识产权分为 R0、R1、R2 三类，分别实施相应的规则。

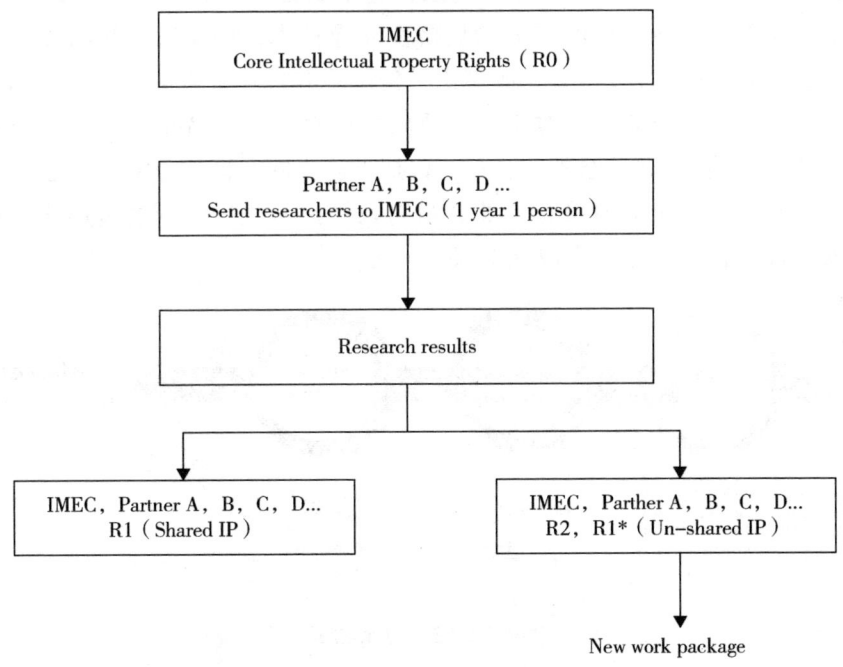

图 3　合作研发专利权分割

1. R0——IMEC 独有的知识产权

IMEC 以自己多年研发过程中积累的战略性基础技术，作为联合研发的基点，合作伙伴可通过专利许可的方式获得这些基础技术的使用权，并且每次联合研发都能使 R0 再次得到扩张。

2. R1——IMEC 与合作伙伴共同所有的知识产权

IMEC 和某合作伙伴基于 R0 共同研发出的知识产权，其所有权归 IMEC

和该合作伙伴共有。但当 R1 与该合作伙伴产品相关且不会阻碍联合研发时，该合作伙伴可与 IMEC 约定不向其他合作伙伴授权使用，这时称该知识产权为 R1*。

3. R2——合作伙伴独有的知识产权

IMEC 的规则还允许合作伙伴根据协议将对合作伙伴具有独有价值的知识产权所有权划为独有。

通过这三条专利线，IMEC 的合作者不仅可以获得 IMEC 在这一领域的 R0，还可以获得其他参与者共同创造出的 R0 和 R1，还能研发自己的专有技术 R2，充分地保证了合作者的利益诉求，提高了对合作者的吸引力。

如图 4 所示，为了进一步站稳自己作为中立合作者的立场，IMEC 将自身研究成果聚焦于产业化程度较低的战略性先导技术，即使成果可以商业化时，IMEC 也坚决通过技术转让或孵化子公司的方式将其剥离，以避免与合作伙伴或客户产生商业竞争。对于与产业联合项目无关或者市场已有的成熟技术，IMEC 通常将其转让给外部公司，包括工艺步骤、模块，甚至全套标准工艺。对于具有应用价值但没有外部公司引入的技术成果，则通过孵化公司的方式实现商业化，每年至少成立 1 家子公司。

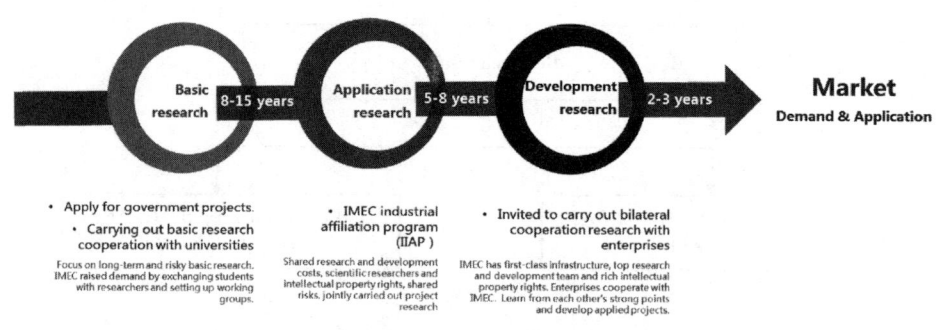

图 4　IMEC 技术布局

综上观之，IMEC 通过有效的专利利益切分，能够说服多家公司甚至是竞争对手开展合作，针对行业的共性技术难点共同研发、共同投入、共担风险、共享成果，从而引领整个行业的快速发展，这种合作方式非常值得借鉴。❶❷

---

❶　http://ip.people.com.cn/n1/2018/1019/c179663-30350940.html.

❷　IMEC Industrial Affiliation Program（IIAP）as IPR model to set up nanotechnology research and patenting, Vincent Ryckaert, Kristel Van den Broeck, IMEC, Kapeldreef 75, 3001 Leuven, Belgium, World Patent Information, 30 (2008), 101-105.

18 什么是专利分析

专利分析一般是指专利信息分析或者专利导航报告,是专利信息综合利用的一种方式,通常就是将时间趋势、地域分布、重点主体和核心技术进行组合分析。如图1所示,一般有五个分析重点:自身情况摸底、产业发展态势、区域布局、重要创新主体和关键技术分析,从而得出一个相对综合的结论,并根据该结论给出相应的建议。

图1 专利分析维度

专利分析报告的逻辑通常是"总分总",先描述问题的背景和概述,接下来聚焦目标的细节,最后得出结论和建议,如图2所示。

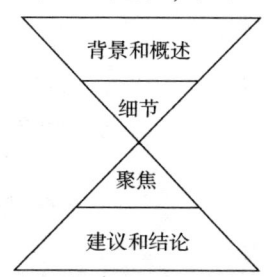

图2 专利分析报告的结构

分析结构如图3所示的针对某省4类新材料所作的专利分析架构,本节将主要以该项目为例展开。该技术分支分别按照材料种类、用途和工艺进行分解,将宏观问题分解为具体问题,便于开展分析。

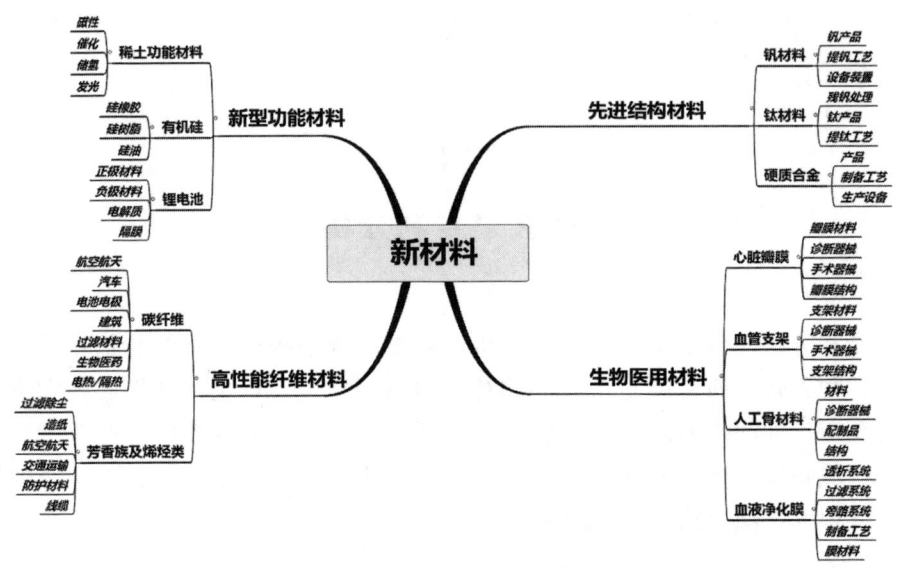

图 3 技术分解

一、自身情况摸底

分析的基础是了解自己,首先要摸清自身的专利情况,并将其作为后续判断的基础。图 4 所示为 4 类材料发展态势,以产业化程度和产业技术强度两个指标来进行解读,其中产业化程度为企业专利申请量占总申请量的百分比,全国的平均值为 39.9%。

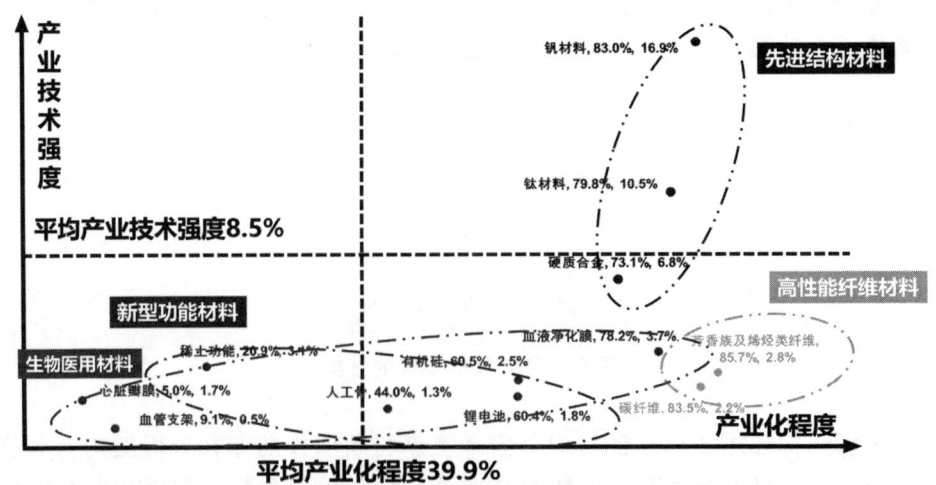

图 4 4 类材料的发展态势分析

产业技术强度为该省申请量占全国的比例，平均值为 8.5%。经过对标可以发现，首先新型功能材料和生物医用材料的技术强度和产业化程度都有待提升，高性能纤维则是产业化程度较高而技术有待补强，先进结构材料是该省最具优势的方向，其产业化程度和技术强度都表现优异。

二、产业发展态势

摸清自身情况之后应了解产业情况，尤其是产业发展方向要在自身具有的产业基础上，选择行业的风口。行业趋势大到全球热点，中到区域实力，小到企业基础，都可以进行专利分析。对于产业发展而言，并不见得前景好的就是适合自身的，反而是适合自身的才有可能是发展好的。产业发展态势分析的意义就在于选择既符合产业发展态势又符合自身特点的方向，两者相匹配才能提出有价值的建议。图 5 所示为针对 12 种材料的行业风向分析，图中横轴为 12 种材料，纵轴为专利复合增长率，称为 PDP，计算方法与 GDP 类似，为某一个区域专利的年增长率。

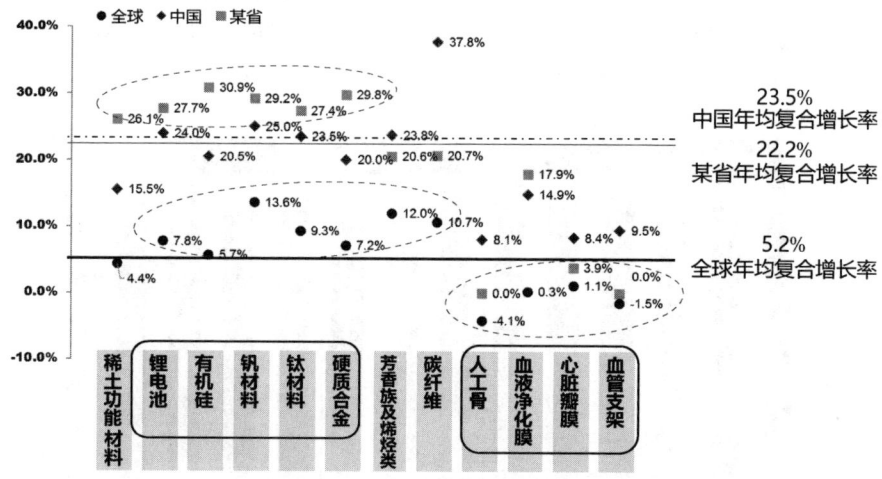

图 5　12 种材料行业风向分析

图中的三条线意味着所分析的年份全球、某省和中国相对于上一年的专利复合增长率分别为 5.2%、22.2% 和 23.5%，中国的专利增速远快于全球，某省的专利增速略低于全国平均值。通过这三条线就可以直观地对标判断出各个材料发展的情况。首先，圆点在粗实线之上意味着对应的材料处于全球的风口，包括锂电池、有机硅、钒、钛、硬质合金、芳香族及烯烃和碳纤维；

方块在细实线之上意味着对应的材料在某省具有专利优势，包括稀土功能材料、锂电池、有机硅、钒、钛和硬质合金。既处于行业风口，在某省又有发展的比较优势的产业，包括锂电池、有机硅、钒、钛和硬质合金，可以作为龙头行业重点发展。而反之，圆点在粗实线之下，方块在细实线之下，则意味着全球范围内该材料发展速度低于各行业平均值，而且这些材料在该省又发展较慢，建议对其投入保持审慎态度。

三、区域布局

可以按照区域的级别，分别考察世界、国家和省份，乃至地市县等级别的专利变化趋势。从全球来说，可以反映出行业的变化趋势。从国家而言，可以摸清市场所在和技术对比，其中专利输入数量与市场容量正相关，专利输出数量与技术实力正相关，这是由于跨国专利申请费用颇高，从投入产出比的角度而言，在某国申请量越大就意味着这个技术在该国的市场价值越大。从省以下的区域分析来说，可以为地方的经济布局提供参考。

图 6 所示为针对 4 类 12 种材料进行的目标国分析，由此可以初步判断出各类材料的市场分布差异。例如，新型功能材料中的稀土功能材料的主要目标市场为中国、日本、美国、欧洲和韩国。

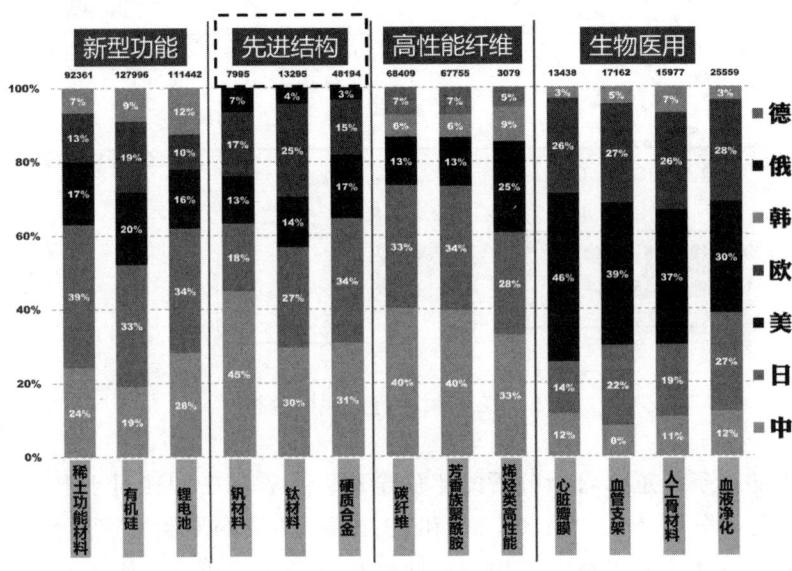

图 6　专利目标国分析

四、重点创新主体

创新主体是市场行为的主体，也是专利数据追踪的重点，是专利分析从宏观向微观过渡的接口，通过对创新主体的分析有利于摸清对手的实力并寻找潜在的合作者。从宏观来说，可以分析相关专利申请人排名和发明人排名，直观地了解创新主体的实力对比。从微观来说，有利于寻找自己的合作伙伴或者发现竞争对手。如果确定了具体的竞争对手，可以对其技术脉络进行分析，或者是通过对某一个发明人既往的研究历程的分析，探寻其目前研究的基础和未来研究的方向。前述分析项目对全部12种材料从全球、全国和该省三个层面进行分析，选取每个方向排名靠前的重点创新主体，并按照国外企业、国内企业、高校、科研院所和个人进行归类，抓取了308个重点创新主体，其中包括154个海外创新主体和45个国内高校和科研院所以及109家国内企业，这种"点对点"的信息对于后续的合作和竞争分析更有价值。

五、关键技术分析

关键技术是专利最后的落脚点，因为专利中的技术内容对于创新的借鉴意义最为突出，所以通常专利分析都要聚焦到技术细节上。技术的分析可以由宽到窄，从行业到零件，按照需求选择不同的分析级别，层层深入，直至最后的关键技术点。图7所示为针对上述4类12种50个具体材料所做的专利数量趋势分析。这里采用的是专利热度分析，是专利数量趋势的一个变形。

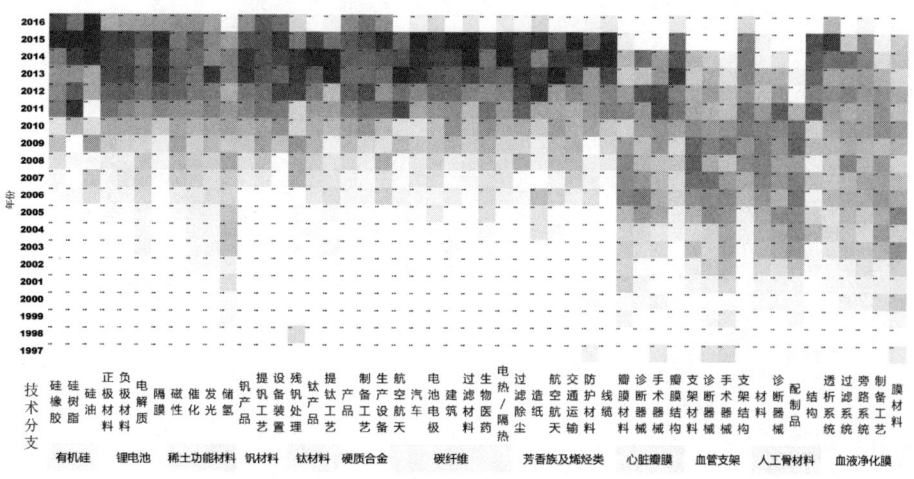

图7　专利热度分析

一般专利数量趋势主要指的是各种专利量随着时间变化的趋势，如专利申请量或专利授权量随着时间演进的情况，也可以将其细化为申请比率的变化。通常专利分析中考量的是绝对专利量的变化趋势，而图中采用了增量比例的变形，横轴为 50 个重点技术，纵轴为时间轴，每一个色块的颜色深浅说明当年申请量占 20 年总量的比率。设定 0.2 作为阈值，阈值大于 0.2 意味着当年的申请量占该技术线 20 年专利申请总量的 20% 以上，说明该技术线处于快速增长期。由此可以快速地筛选出硅橡胶、硅油和硅树脂等方向为近期的爆发点，值得重点关注。反之，人工骨、配制品和医疗器械的材料近期发展平缓，可能已经进入平台期。这些技术方向、时间和阈值的选取根据项目要求各有不同，比如项目要求是作为技术发源追踪，则时间可以不限于 20 年，从技术原型出现就开始，根据技术不同甚至可以长达百年；反之，如果只关注新技术，则选 5 年即可，因为 5 年之内即便是 PCT 申请一般也已经公开。

以上就是专利分析常见的五个维度，传统的做法一般是将这五个维度交叉使用，从宏观、微观去解剖分析，得出结论建议。专利分析也在一直进化，过去的专利分析偏向宏观政策研究，而现在的专利分析更多的是针对具体的应用场景。比如针对一个诉讼，也可以有一个专利分析，但是侧重点在于要发现目前这个诉讼的背景是什么，诉讼的争议焦点在哪里，适用哪个法条，对应的证据是什么，陈述的方式是什么。这样的方式比传统的专利分析更聚焦，又比一般的个案处理要全面，是一种中观策略性的分析。

19 怎么查询专利

查询专利是掌握专利情报的基础工作，专业术语叫作检索。专利的检索与平时在百度搜索引擎上的搜索既有相同点也有区别。相同点在于都是为了发现情报，区别在于发现的手段不同。常规的信息，不论是发公告、写文章和上热搜等都是为了让别人发现，因此写得越明白越好，关键词越多越好，内容传播得越广越好。专利信息就不同了，其具有两面性——既要公开又要保密：对于公众来说，专利信息要公开，公开程度越高越有利用价值；对于申请人而言，专利信息要保密，公开得越多对自己越不利。但是由于专利的保护范围取决于公开的信息，因此申请人会在公开与保密之间寻求一个平衡，寻求一个公开和授权之间最佳的性价比。

申请人会通过各种方式隐藏自己的专利信息，如延缓公开时间，或者将自己的专利申请分散到各个企业，或者是采取不常见的表达方式，其文本写得越难懂越好，关键词越不常见越好，看的人越少越好，对于这样的信息就需要专业的检索来应对。

一、专利检索

专利的检索专业性体现在两个方面：入口和逻辑。

1. 检索入口

入口也称检索入口，是指检索什么内容。检索入口有著录项目和文本内容两大类，前者是指日期、申请人和国家等专利的身份信息，后者是指背景技术、技术问题、技术手段和技术效果等技术信息。文本内容的检索入口主要有三个：关键词、分类号和其他。

（1）关键词

与在百度搜索引擎进行搜索时所用的关键词类似。

（2）分类号

专利有专门的分类索引，类似于专利的"邮政编码"，通过"邮政编码"

可以快速地寻找到同样技术领域的专利。

(3) 其他

其他包括图形检索与结构式检索等，如还有化合物的结构式和 CAS 号，以及外观设计的图形检索等。采用图形检索的话，通过专用的检索工具直接输入图形等信息就可以进行检索。

最后，综合各检索入口形成表 1 所示的检索要素表。

表 1 检索要素表

检索要素		癌症	中药组合物	人参
关键词	中文	癌，瘤，白血病	中药，草药，传统药	人参
	英文	cancer?, tumo?r?, carcinoma?, leucemia, leucocythemia	chinese drug?, traditional drug?, herb+	Panax, ginseng
IPC		A61P35	A61K36/258	

2. 检索逻辑

在这里，逻辑指的是专利检索的算法，比如想要查找手机摄像头，如果在百度搜索引擎上进行搜索就可以查找"手机 摄像头"，查找的对象中就既有手机又有摄像头，这种算法称为"与"。专利检索常用的布尔运算符包括三种主要的检索逻辑：与、或和非。除此之外，专利检索还可以使用临近算符、截词符等其他更为复杂的逻辑来表示检索要素之间更为复杂的关系。

关键词、分类号和检索逻辑等内容都比较复杂，这里先作一个总体介绍，详细内容将会在其他小节分别展开。

二、查询专利的渠道

查询专利的渠道有三个：官方机构、专业数据库和主体自身信息。

1. 官方机构

(1) 知识产权管理机构

知识产权管理机构有国际组织、地区组织和国家机构。如图 1 所示，国际组织如世界知识产权组织，地区组织如欧洲专利局，国家机构如中国国家知识产权局。

第一章 专利基础概念

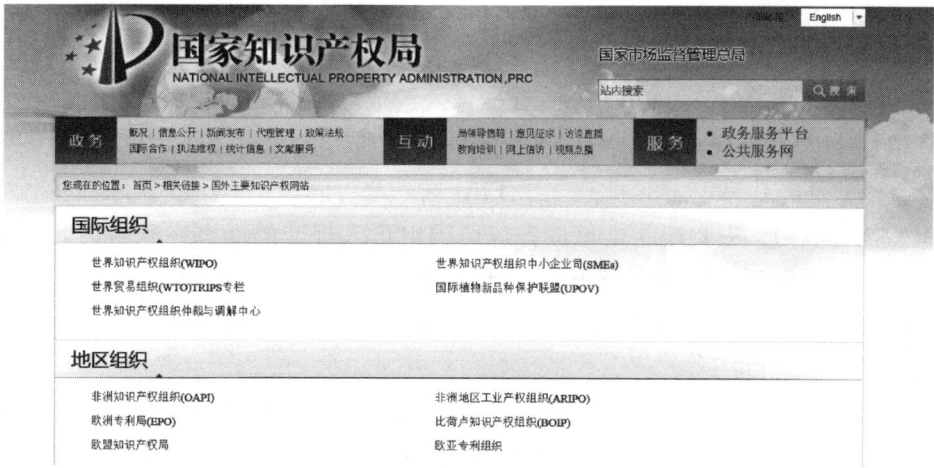

图 1 主要相关官方机构

如图 2 所示，世界知识产权组织（World Intellectual Property Organization），简称"WIPO"，是联合国保护知识产权的一个专门机构。它根据《成立世界知识产权组织公约》而设立，总部设在日内瓦，中国于 1980 年 6 月 3 日加入该组织。WIPO 负责管理国际专利事务，也是专利信息查询的重要窗口。

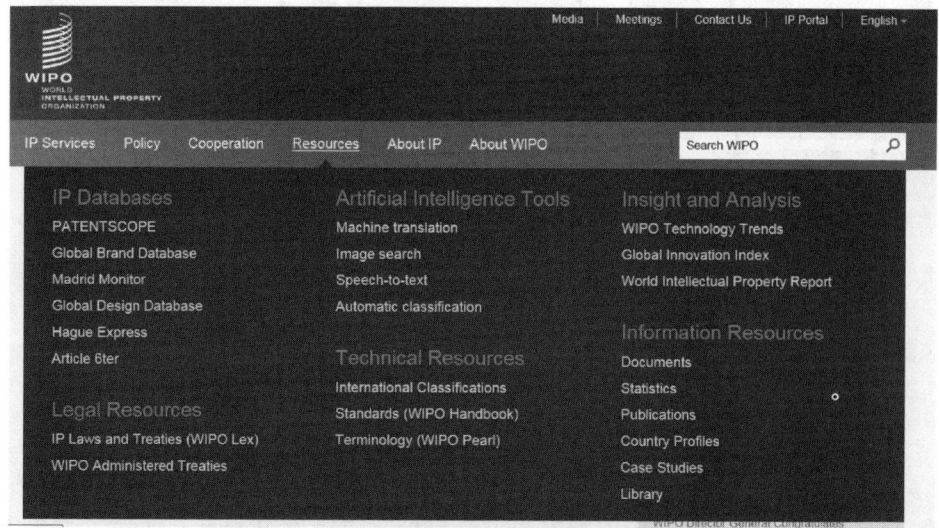

图 2 世界知识产权组织

地区组织如欧洲专利局（European Patent Office），以下简称 EPO。1973年 10 月 5 日，16 个欧洲国家在慕尼黑签订旨在加强欧洲国家间发明保护合作的《欧洲专利公约》（EPC），并根据该公约成立欧洲专利公约组织。EPC 允许根据申请人的要求将欧洲专利的保护扩展到所有缔约方。1977 年 10 月 7 日，EPC 正式生效，并据此建立了 EPO 这一政府间机构。EPO 是欧洲专利组织的执行机构，主要职能是负责各成员国申请人提交的欧洲专利申请的审批工作，其建立以 EPC 为法律基础，活动受行政管理委员会监督。EPO 的建立是欧洲经济和政治一体化的产物，其宗旨是维护成员国的利益，促进创新、竞争和经济增长。

各国的知识产权局或者专利局就是各国的专利管理部门，如中国的国家知识产权局，是国家规定的负责管理专利等工作的部门。如图 3 所示，国家知识产权局的官方网站上就有专门向公众开放的公共服务平台。各省和各市也有知识产权局，其官方网站也会有专利执法、纠纷处理和专利统计等信息。

这些官方网站数据公信力最强，但是由于网站语言不同、页面布局不同且检索方式不同，查询前需要先花些时间熟悉网站。

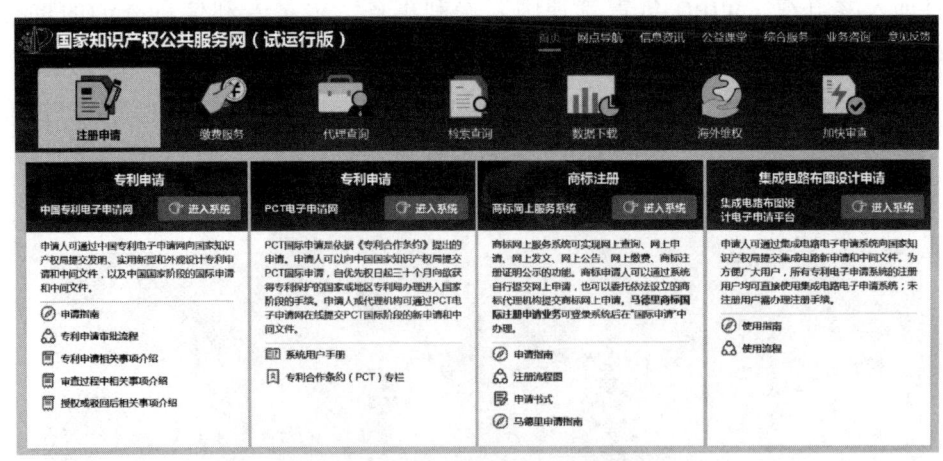

图 3　国家知识产权公共服务网

除了查询信息，官方网站还有一个重要的功能就是核实专利信息的真伪。自 2020 年 3 月 3 日起，中国国家知识产权局一律颁发电子专利证书，不再颁发纸质专利证书，如果需要纸质证书可以提出申请。这是电子化趋势的一个表现，道理就像房产证一样，房主手上可以有一个纸质的证件，但是房屋的归属以房管局的电子化记录为准。房产证与专利权都是权利，这些权利都会因为交易等原因而发生变化，如虽然已经授权，但是可能会被无效，或者因未缴费而失效，或者已经转让给他人，在这种情况下纸质的专利证书上的信息已经过时了，要以官方记录的信息为准，专利登记簿就是这个专利的电子记录，专利的法律状态以专利登记簿为准。

（2）相关信息平台

相关信息平台，如图4所示的国家知识产权局网站上公布的一些相关资源。此类网站往往会发布一些与专利相关的统计信息、经济信息和纠纷信息，可供参考。

相关链接	直属单位	专利代办处			
中国政府网	国务院部门网站	地方知识产权局网站	国外主要知识产权网站	人民网知识产权频道	
中国打击侵权假冒工作网	重点产业专利信息服务平台	中央国家机关举报网站	国务院"放管服"改革专项督查专栏		

图4 专利相关信息平台

（3）相关机构

相关机构主要是指人民法院、公安和检察院的网站，如人民法院的法律文书网。在这些网站，除了涉密的内容，与专利相关的诉讼文书都有公开，对于了解案情，掌握竞争对手信息和了解法律动向都很有帮助。

2. 专业数据库

专业数据库更为便利，因为这些数据库通常会提供各个专利局的综合信息，不必到各个局的网站去查询，而且附加了各种分析功能。不过，专利的公开信息本身是公益的，各个专利局的网站也是免费的，但商业数据是收费的。

3. 主体自身信息

主体自身信息主要是指与申请人相关的高校、科研院所和企业的自身网站。这些机构出于宣传或是财务的需要，会将与知识产权相关的信息披露在机构的网站上，如公司的财报、高校的简讯。从这些信息可以发现很多深度信息，如专利的作价入股、技术的合作开发、专利的转让收购等，对于经济型的专利分析很有帮助。

由于现在专利信息的利用已经超出了专利本身，因此对于专利信息的挖掘也已经从法律和技术进一步扩展到经济的各个方面，从而使得专利信息的检索逐渐超出狭义的专利检索渠道。

专利知识100问

20
专利的关键词怎么查

关键词是描述发明构思的技术手段的术语,这些术语可以出现在一份专利文献的任何位置(比如发明名称/摘要/说明书/权利要求)。因此,针对关键词的检索,实际上就是以发明名称、摘要、说明书、权利要求为检索范围,用选择的关键词进行检索。

当然仅仅选择还不够,还需要进行扩展,从而尽可能地找到所有相关的文献。

首先,可以从含义角度进行扩展,如检索关键词的同义词、近义词、反义词、上下位概念等。例如,要检索"手机",则关键词还可能包括:同义词——移动电话,近义词——智能电话,反义词——固定电话,上位概念——电话,下位概念——智能手机等。这里的同义、近义、反义并非一般语文意义上的意思,而是从检索的角度来定义的,反义词的作用在于可以进行反向检索以补充检索结果。

其次,可以从不同的角度进行扩展,如功能、效果和目标等。例如,要检索"5G",则关键词还可能包括:功能—上网,效果—提高传输速度,目标—在没有WiFi的情况下进行视频会议等。

然后,可以用不同形式进行扩展,如语言、词根、词性和词形变化。例如,检索"手机",则关键词还可能包括手机、phone、phones、cellphone、mobile phone。

最后,还可以利用截词符进行检索。专利检索还有一个有力的工具:截词符。如前文所述,关键词的扩展工作量很大,而且很难覆盖所有关键词的表达方式,这样就有可能会漏掉部分文献。截词就是用以简便地表示各种词形变换的方法,是指将关键词分解为不同的词根,在词根的前后加上截词符,这样词根+截词符就可以代表各种变形,这种方法对于英文检索尤其有效。例如在专利检索与服务系统中,截词符"?"表示0或1个字母;"#"表示1个字母;"*"表示任意1个字母。

因此,"Book?"可以代表 book 和 books;"Book#"可以代表 books;"book*"可以代表 book、books 和 booking。

不同的数据库截词符的设定有所不同,通常可以在数据库的介绍中查询。

关键词扩展案例:关键词一般都是联合使用。例如,检索一种常见的止痛药,如图 1 所示的扑热息痛,检索关键词如下:

商品名:扑热息痛、朴热息痛、必理通、幸福止痛素、玉莎—服宁、百服宁、泰诺林、斯耐普、安加热、百服咛、安怡、达宁、雅司达、酚麻美敏、爱儿星、爱森、宜利少、心湿林、巴非林、退热净。

图 1 扑热息痛

通用名:对乙酰氨基酚、醋氨酚、乙酰对氨基苯酚、羟苯基乙酰胺、醋氨沙洛、乙酰氯萨罗、乙酰氨基酚、醋氨基酚、乙酰氨基苯酚、对羟基乙酰苯胺。

化学名:4-乙酰氨基酚、乙酰胺基芬、乙酰氨基芬、N-乙酰基-对氨基苯酚、阿塔米芬、醋胺酚、乙酰-对氨基苯酚、对乙酰氨基苯酚、醋酸酚、N-乙酰基-对-氨基苯酚、N-乙酰基对氨基苯酚、乙酰米诺芬、N-4羟苯基乙酰胺、对羟基苯乙酰胺、对-乙酰氨基酚、4′-羟基乙酰苯胺、对乙酰基氨基酚、N-乙酰-对-氨基酚、N-乙酰对-氨基酚、氨酚拉明、N-乙酰-对-氨基苯酚、4′-羟基乙酰苯胺、4′-羟基-乙酰苯胺。

即便如此,最终形成的关键词列表也未必能够穷尽,这就需要分类号等方式作为补充。

专利知识100问

21
专利分类号怎么用

专利文献分类是对文献的进一步加工，用统一的分类代码反映文献公开的技术信息，具有较高的一致性和规律性。专利分类号是由专业人员针对专利文献信息，按照特定的分类规则给出的，是专利文献独有的一种信息，也是专利检索最有特色的入口。从前面的关键词可以看出，相同技术的文字描述有多种形式，而目前全球专利数量又数以亿计，因此专利文献的管理和信息检索困难重重。为了应对这个难题，不同的国家和组织设定了各种分类体系用以将上亿件的专利文献按照技术内容进行归类，归类的标准是技术内容，比如手机的屏幕和手机的芯片就属于不同的分类号。每一个分类号就是一个房间，同样技术内容的专利会被装在同一个房间里。分类号就是这个房间的门牌号，通过这个门牌号可以很方便地找到对应技术内容的专利文献，以便于统计和管理。目前世界范围内主要的专利分类体系包括：国际专利分类IPC；联合专利分类CPC；欧洲专利分类ECLA；美国专利分类UC；日本专利分类FI/FT。

这些分类体系各有特点，比如ECLA和FI/FT的分类更为精细，而IPC和CPC应用更广。目前通用的是国际专利分类IPC，含8部5级7万条。下文将以此为例稍作分析。

8部是指将所有的技术领域概括为8个方向，包括：

A部：人类生活必需

B部：作业；运输

C部：化学；冶金

D部：纺织；造纸

E部：固定建筑物

F部：机械工程；照明；加热；武器；爆破

G部：物理

H部：电学

5 级是指 5 个分类的级别，按照技术具体的程度包括：部、大类、小类、大组和小组。例如，要检索一种飞机应急起落架，这是一种飞机的部件。从第一级开始，飞机属于 B 部，就是作业、运输；第二级，飞机属于飞行器，是 B 部的第 64 大组；第三级，飞机属于飞行、直升飞机，为 B64C 小组；第四级，起落架属于起落装置，为 B64C25/00 大类；第五级，应急起落架属于 25/30 小类"应急动作的"。具体如下：

B 作业、运输
    分部：交通运输
    B64 　飞行器、航空、宇宙飞船
    B64C 　飞行、直升飞机
    B64C25/00 　起落装置
    25/02 　• 起落架
    25/08 　• • 非固定的，如：可抛弃的
    25/10 　• • • 可快放的，可折叠的或其他的
    25/18 　• • • • 操作机构
    25/26 　• • • • • 操纵或锁定系统
    25/30 　• • • • • • 应急动作的

这样 8 部 5 级的分类体系，将所有专利共分成了 70000 个不同的技术领域，基本可以涵盖世界上所有的专利。现在全球约有 1.3 亿件专利文献，相当于平均每个技术领域有 1800 多件专利文献。如果一个技术领域的专利文献大幅度增多，则意味着可能出现了新的技术分支，那么就应当再分出新的技术领域并给出相应分类位置，从而分类号的条目也随之更新。如图 1 所示，我们在任何一篇专利上都可以找到这个分类号标记，而且该标记固定在专利著录项目页的第 51 项，通过这个标记我们就可以快速地锁定这一类的专利。

在检索专利文献时，通常优先考虑使用分类号。这是因为，第一，一般分类号比关键词能够更加准确地表达某方面的技术内容，用分类号检索比用关键词检索获得的文献技术内容的相关程度更高。例如，如果用分类号 A47G 21/00 进行检索，那么得到的文献将涉及餐具，但是如果用"餐具"作为关键词进行检索，则检索结果不仅涉及餐具本身，还会涉及技术主题不是餐具但提及了"餐具"的任何文献，引入了大量噪声。第二，分类号除了能表达一个词的含义之外，有时候还能表达一个词组甚至一个句子的含义，因此能

够表达更多的技术内容，比如分类号能够表达某些部件之间的位置或者连接关系，但这些位置或者连接关系很多情况下无法用关键词表达。

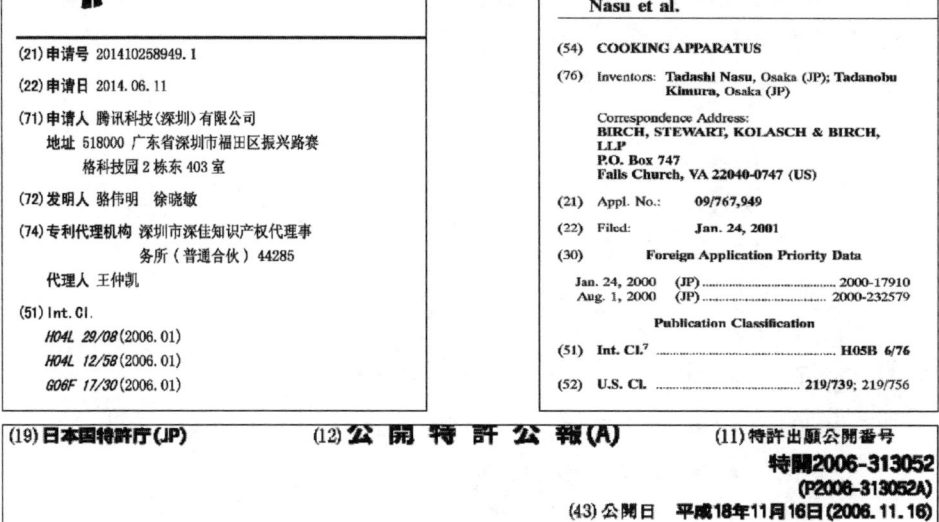

图1 专利分类号

22
专利的检索逻辑是什么

前文提到过,专利信息具有隐蔽性,因此需要用到更专业的检索逻辑,就是布尔逻辑。布尔逻辑得名于乔治·布尔(George Boole,1815—1864,图1所示),他是19世纪著名的数学家之一,于1854年出版了《思维规律的研究》,并在其中介绍了布尔逻辑的原型——布尔代数。

图1 乔治·布尔(George Boole,1815—1864)

布尔逻辑是计算机语言的基础之一,如图2所示,专利检索中用到的主要有4种:与、或、非和组合。

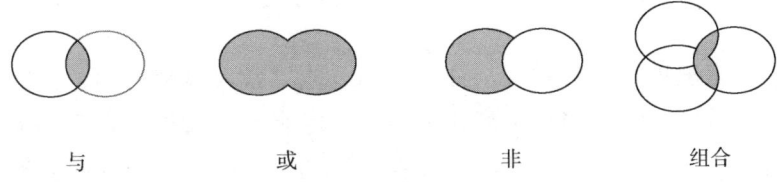

图2 专利检索逻辑

第一,与,表达既包括a又包括b,检索式为"a and b"。例如,要检索手机屏幕专利，检索式就是"手机 and 屏幕"，检索到的专利就既含有"手机"又含有"屏幕"，其中包含手机屏幕相关专利文献的可能性就比较大。

第二，或，表达包括 a 或包括 b，检索式为"a or b"。例如，要检索手机和座机，检索式为"手机 or 座机"，检索到的专利就含有手机或者座机，则无论是手机还是座机的相关专利文献都会出现。

第三，非，表达除了 b 之外的 a，检索式为"a not b"。例如，要检索非双卡双待的手机，检索式为"手机 not 双卡双待"，则检索到的结果是没有双卡双待功能的手机。

第四，组合，在实际的专利检索过程中，单独使用一种检索策略很难检索到合适的文献，往往都是各种策略的组合。如图 3 所示，如想要检索立体影像文件，那么先设置检索式为"立体 and 影像"。浏览检索结果发现其中有关于立体声的"噪声"，考虑将第一个检索结果去掉立体声，这一步称为去噪，检索式为"（立体 and 影像）not 立体声"，注意这里加上了括号，就像加减乘除混合运算一样，这样可以避免检索的混淆。再浏览去掉的文件，发现其中有立体电视，而这部分是我们想要的。此时就需要把它重新加回来，加回来的部分就是"噪声"和有用结果重叠的部分，整个的逻辑是先减后加，最终的检索式为"（（立体 and 影像）not 立体声）or（立体声 and 立体电视）"。

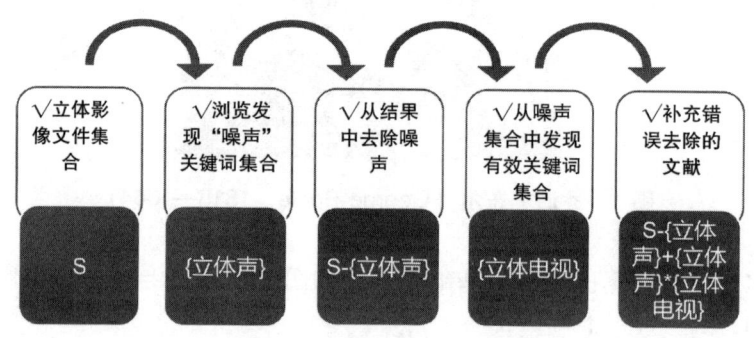

图 3　立体影像检索逻辑

这个检索逻辑对于关键词、分类号和其他检索入口都适用，且这种检索逻辑的组合，可以帮我们更精准和全面地锁定想要的文件。查全要求不能漏检，而查准要求精确，两者有时是存在矛盾的。一般来说，我们会根据检索的目的选择合适的策略，在查全和查准两个目标中确定合适的平衡点。例如，如果要进行产品上市前的专利风险预警分析，查全是优先的目标，哪怕漏掉一篇相关专利文献，都有可能造成严重的后果，此时，即使引入噪声，也要首先保证查全。相反，如果要进行专利无效检索，那么只要找到一篇或几篇相关的文献即可实现目的，并非要找到所有能无效目标专利的证据，此时，查准就是优先的目标。

　　检索是无尽的，但精力是有限的。由于检索条件、检索经验和目标的限制，没有任何一个检索本身能够穷尽所有相关信息。实际中，并不存在完美的检索策略，只存在适合目标的检索策略。

第二章　专利申请与获权

引　言

随着人们知识产权保护意识的提高，大家都知道要申请专利来保护自己的科研成果。可到申请时，又往往发现不知从哪下手，比如不知道要准备哪些文件，这些文件都有什么要求。等到好不容易提交专利申请了，又不知道接下来自己要做什么，是不是等待就行了，对于什么时候能获得专利授权也不清楚。

这些都是专利申请及获权的过程中，不太熟悉专利事务的申请人常常会遇到的问题。本章将申请人在此过程中可能会遇到的问题、不了解的知识点分别进行介绍，具体包括申请专利应该准备的文件以及文件的填写要求、专利的审查过程、审查员常说的"三性"的含义、说明书/权利要求书/实施例到底是什么、怎么读懂审查员的通知书并进行答复和修改以及怎样和审查员交流等。

希望可以通过菜单式的知识点介绍帮助广大申请人对专利申请和获权有一个比较全面的认识，揭开审查过程的神秘面纱，让大家了解专利申请，走近审查。

23
专利申请文件都包含哪些资料

如果您想通过获得专利对自己的发明创造进行保护,那么您就需要按照要求整理好自己发明的文字材料,我们称为专利申请文件,把这个文件提交给国家知识产权局获得申请日,等待国家知识产权局进行审查。专利申请文件的撰写有很多具体的要求,如果不是特别熟悉,也可以通过聘请专利代理服务机构的专利代理师代为撰写。那么,专利申请文件都要求包括哪些材料呢?

我国《专利法》第26条规定:"申请发明或者实用新型专利的,应当提交请求书、说明书及其摘要和权利要求书等文件。"《专利法》第27条规定:"申请外观设计专利的,应当提交请求书、该外观设计的图片或者照片以及对该外观设计的简要说明等文件。"

可见,无论提交的是哪类专利申请,都必须提交请求书。请求书是申请人表达其请求授予专利权愿望的文件。请求书长什么样?要填写哪些内容呢?以下通过发明专利请求书来了解一下。本文仅给出发明专利申请请求书的部分内容示例,具体如图1所示。在国家知识产权局官方网站的表格下载栏中(http://www.cnipa.gov.cn/bgxz/index.htm),可以下载到所有申请相关的电子表格示例,相关表格都附有填写说明。

由图1可知,请求书需要填写的主要是与专利申请相关的一些著录项目信息。虽然都是表格填空,但这些信息都是非常重要的,对专利申请的后续审查以及授权后的权利归属等都起着至关重要的作用,所以务必要根据表格后面的填写要求认真填写,本文将对几个主要的栏目进行简单的填写介绍。

发明专利请求书

请按照"注意事项"正确填写本表各栏

			此框内容由国家知识产权局填写
⑦发明名称			①申请号
			②分案提交日
⑧发明人	发明人1	□不公布姓名	③申请日
	发明人2	□不公布姓名	④费减审批
	发明人3	□不公布姓名	⑤向外申请审批
⑨第一发明人国籍或地区	居民身份证件号码		⑥挂号号码

⑩申请人	申请人(1)	姓名或名称	申请人类型
		居民身份证件号码或统一社会信用代码/组织机构代码 □请求费减且已完成费减资格备案	电子邮箱
		国籍或注册国家（地区）	经常居所地或营业所所在地
		邮政编码	电话
		省、自治区、直辖市	
		市县	
		城区（乡）、街道、门牌号	
	申请人(2)	姓名或名称	申请人类型
		居民身份证件号码或统一社会信用代码/组织机构代码 □请求费减且已完成费减资格备案	电子邮箱
		国籍或注册国家（地区）	经常居所地或营业所所在地
		邮政编码	电话
		省、自治区、直辖市	
		市县	
		城区（乡）、街道、门牌号	
	申请人(3)	姓名或名称	申请人类型
		居民身份证件号码或统一社会信用代码/组织机构代码 □请求费减且已完成费减资格备案	电子邮箱
		国籍或注册国家（地区）	经常居所地或营业所所在地
		邮政编码	电话
		省、自治区、直辖市	
		市县	
		城区（乡）、街道、门牌号	

发明专利请求书

⑪联系人	姓　名	电话	电子邮箱
	邮政编码		
	省、自治区、直辖市		
	市县		
	城区（乡）、街道、门牌号		
⑫代表人为非第一署名申请人时声明	特声明第____署名申请人为代表人		
⑬专利代理机构	□声明已经与申请人签订了专利代理委托书且本表中的信息与委托书中相应信息一致		
	名称		机构代码
	代理人(1) 姓　名	代理人(2)	姓　名
	执业证号		执业证号
	电　话		电　话
⑭分案申请	原申请号	针对的分案申请号	原申请日　年　月　日
⑮生物材料样品	保藏单位代码	地址	是否存活　□是　□否
	保藏日期　年　月　日	保藏编号	分类命名
⑯序列表	□本专利申请涉及核苷酸或氨基酸序列表	⑰遗传资源	□本专利申请涉及的发明创造是依赖于遗传资源完成的

⑱要求优先权声明	原受理机构名称	在先申请日	在先申请号	⑲不丧失新颖性宽限期声明	□已在中国政府主办或承认的国际展览会上首次展出 □已在规定的学术会议或技术会议上首次发表 □他人未经申请人同意而泄露其内容
				⑳保密请求	□本专利申请可能涉及国家重大利益，请求按保密申请处理 □已提交保密证明材料

发明专利请求书

㉑ □声明本申请人对同样的发明创造在申请本发明专利的同日申请了实用新型专利	㉒提前公布	□请求早日公布该专利申请
㉓摘要附图	指定说明书附图中的图____为摘要附图	

㉔申请文件清单

1. 请求书　份　页
2. 说明书摘要　份　页
3. 权利要求书　份　页
4. 说明书　份　页
5. 说明书附图　份　页
6. 核苷酸或氨基酸序列表　份　页
7. 计算机可读形式的序列表　份

权利要求的项数　项

㉕附加文件清单

□实质审查请求书　份 共　页
□实质审查参考资料　份 共　页
□优先权转让证明　份 共　页
□优先权转让证明中文题录　份 共　页
□保密证明材料　份 共　页
□专利代理委托书　份 共　页
总委托书备案编号（__________）
□在先申请文件副本　份
□在先申请文件副本中文题录　份 共　页
□生物材料样品保藏及存活证明　份 共　页
□生物材料样品保藏及存活证明中文题录　份 共　页
□向外国申请专利保密审查请求书　份 共　页
□其他证明文件（注明文件名称）　份 共　页
□

㉖全体申请人或专利代理机构签字或者盖章 年　月　日	㉗国家知识产权局审核意见 年　月　日

图1　发明专利请求书

发明或者实用新型的名称应当清楚、简明地表达发明创造的主题，一般不得超过 25 个字。外观设计的名称应当具体、明确反映该产品所属的类别，一般不得超过 20 个字，不要太烦琐，也不能太抽象笼统。注意请求书中的发明创造名称应当与说明书以及其他各种专利申请文件中的发明创造名称一致。名称不一致会带来不必要的程序性补正，浪费时间和人力。

发明人、设计人以及申请人常常让初次准备申请文件的人困惑。发明人是针对发明和实用新型专利来说的，设计人是针对外观设计专利来说的，都是指谁具体做出了这个发明。所以发明人、设计人是"人"，可以是一个也可以是多个，但不能是"某某研究组"，也不应该把没做具体研究工作的领导列入其中。通常大家会比较关心谁被列为第一发明人，一些单位会根据发明人的排序来实施奖励、考核，这个属于单位内部规定，在法律上列在第一位还是最后一位并没有什么区别。申请人主要是指这个专利的权利主体归谁，个人申请就填个人，如果是单位申请就填写单位名称，注意与公章上的单位名称保持一致。

综上，专利申请文件就是申请专利时必须提交的文件，包括明确说明自己是谁并想要申请这个专利（请求书），具体发明的技术是什么样的（说明书），简单来说就是这么一段话（摘要），然后我要求这些内容获得保护（权利要求书），这些是关于发明的进一步支撑材料（附图）。有的发明用文字就能表述清楚所以就不要求有附图，如果有附图国家知识产权局也不反对。但是实用新型的构造本身不用附图很难表述清楚，所以必须附图。

24
什么是说明书

说明书是申请人公开其发明或者实用新型的文件,其他人也是根据申请人说明书记载的内容来了解其技术方案并进一步作出技术改进。经常出现的一个情况是,申请人既想获得专利权的保护,又想隐藏发明创造的诀窍,这通常会导致技术方案难以获得专利授权。众所周知,专利制度的本质就是"以公开换保护",申请人在公开的专利申请文件中将自己所发明创造出来的技术方案进行充分公开,达到为公众所知并能够实施其技术方案的程度,从而换取其在一定期限内对该技术方案的垄断性权利。

我国《专利法实施细则》第17条对发明或者实用新型专利申请的说明书进行了详细规定。说明书中应当写明发明或者实用新型的名称,该名称应当与请求书中的名称一致。说明书一般应当包括技术领域、背景技术、发明内容、附图说明及具体实施方式这五部分。讲清楚我做的是哪方面的研究(技术领域)、别人是怎么做的(背景技术),我是怎么做的、做得如何(发明内容),即讲清楚整个发明的来龙去脉。

在说明书的"技术领域"部分,申请人要写明要求保护的技术方案所属的技术领域。发明或者实用新型的技术领域应当是要求保护的发明或者实用新型技术方案所属或者直接应用的具体技术领域,而不是上位的或者相邻的技术领域,也不是发明或者实用新型本身。该具体的技术领域往往与发明或者实用新型在国际专利分类表中可能分入的最低位置有关。一件发明或者实用新型专利申请在进入审查前,都会按照国际专利分类表进行分类,这意味着这件申请将来会进入国家知识产权局不同领域的部门进行后续的审查,因此准确表述"技术领域"对准确分类也有着重要的参考意义,即要把它送到"懂你"的审查员那里去审查。

在说明书的"背景技术"部分,申请人要写明对发明或者实用新型的理解、检索、审查有用的背景技术;必要时,并引证反映这些背景技术的文件。具体内容可以包括相关技术是什么(名称)、用来做什么(应用)、怎么实现其功能（原理）、做得怎么样（技术效果）、有什么缺点（问题）。绝大多数发明创造都不是毫无基础的开创性发明，因此在背景技术部分应尽可能写明现有技术存在的问题和缺点，说明产生这些问题和缺点的原因以及解决这些问题时曾经遇到的困难，为之后介绍本申请技术方案做好铺垫。

具体详细程度要写成什么样呢？就是同行看了就能明白，不用再查更多文献。说明书中引证的文件可以是专利文件，也可以是非专利文件，如报纸、杂志、手册和书籍等。引证专利文件的，至少要写明专利文件的国别、公开号，最好包括公开日期；引证非专利文件的，要写明这些文件的标题和详细出处。这对于日后审查员准确理解本申请的发明点以及进行现有技术的检索都是重要的参考。

在说明书的"发明内容"部分，申请人要写明发明或者实用新型所要解决的技术问题以及解决其技术问题采用的技术方案，并对照现有技术写明发明或者实用新型的有益效果。这部分通常与专利申请的权利要求书有对应关系，审查员在阅读说明书中此部分内容时，能够基本了解到技术方案的整体脉络。

为了准确表述申请人发明创造的具体内容，有时候需要配合附图对技术方案进行说明。因此说明书有附图的，要在说明书的"附图说明"部分对各附图进行简略说明。特别需要注意的是，实用新型专利申请的说明书是必须配有附图的，从而能够使说明书清楚地表示出要求保护产品的形状及构造。俗话说，一图胜千言，那些机械结构的上下左右前后里外的关系也确实很难用文字说明白。

说明书的最后部分是"具体实施方式"，这部分要详细写明申请人认为实现发明或者实用新型的优选方式，必要时举例说明，有附图的对照附图进行说明。这部分可以说是说明书中最重要的组成部分，写好这个部分的内容，能够使审查员准确理解发明构思，衡量申请人公开的内容是否足够换取到专利权的保护，也是后续专利维权时司法机关判定专利侵权的重要依据。当一个实施例足以支持权利要求所概括的技术方案时，说明书中可以只给出一个实施例。当权利要求（尤其是独立权利要求）覆盖的保护范围较宽，其概括不能从一个实施例中找到依据时，应当至少给出两个不同的实施例，以支持要求保护的范围。在具体实施方式部分，对发明或实用新型与最接近的现有技术共有的技术特征，一般来说可以不进行详细的描述，但对发明或者实用新型区别于现有技术的技术特征以及从属权利要求中的附加技术特征应当足够详细地加以描述,以所属技术领域的技术人员能够实现该技术方案为准。

发明内容就是说明要解决什么技术问题,具体采用什么技术方案,取得的有益效果(有没有解决问题,解决得怎么样)是什么。具体撰写时需要至少一个具体方案(可结合图示说明),总结方案的发明点(体现区别),讲清楚为什么能克服现有技术的缺点(原理),方案中哪些元素可被替代(方案扩展,以争取更大范围的授权)。

总而言之,专利申请的说明书是专利申请文件的重要组成部分,撰写好专利说明书是获取专利授权的重要条件。更为详尽的内容可以参见《专利法》及《专利法实施细则》中的具体规定,建议申请人认真学习。另外,委托专利代理机构进行撰写时也要提供尽可能详尽的技术交底书以便形成一份优质的专利申请说明书。

25
权利要求是什么

权利要求书对于大多数人来说都比较陌生，很多研发人员在复核专利申请文件草稿中的表述时会表示"看不懂权利要求""和我提供的技术资料交底书不太一样""有的技术方案我没做过""别扭，看半天才明白什么意思"。这其实是因为大家更熟悉技术语言的表述，比如看说明书就觉得相对亲切多了。而权利要求书在表述上有其专业的撰写要求，应使用法律语言，所以看起来相对比较晦涩、难懂。

权利要求书非常重要，因为它是确定发明或者实用新型保护范围的法律文件。我们通常说的专利侵权，都是指侵犯了权利要求书所确定的保护范围，而技术方案与其他人专利说明书中的部分内容一样并不一定就侵权，因为它可能没有在权利要求的保护范围内。《专利法》第26条第4款规定，权利要求书应当以说明书为依据，清楚、简要地限定要求专利保护的范围；《专利法》第59条第1款规定，发明或者实用新型专利权的保护范围以其权利要求的内容为准，说明书及其附图可以用于解释权利要求的内容。一般情况下，专利申请提交后说明书的内容就不会发生变化了，但是申请人可能会在审查过程中根据审查意见对权利要求书进行修改，所以在确定专利的保护范围时应以授权后公告的权利要求版本为准。

那么，权利要求书具体应该包含什么内容，写成什么形式呢？《专利法》第26条第4款和《专利法实施细则》第19~22条对权利要求的内容及其撰写作了规定，大家可查看相关法条的具体内容。本文仅介绍部分主要内容，帮助大家了解其规定的主旨。首先在内容上，权利要求书应当记载发明或者实用新型的技术特征，技术特征可以是构成发明或者实用新型技术方案的组成要素，也可以是要素之间的相互关系；在形式上一份权利要求书中应当至少包括一项独立权利要求，还可以包括从属权利要求；在权利要求的基本类型上可以分为产品权利要求和方法权利要求。

什么是独立权利要求，什么是从属权利要求呢？独立权利要求应当从整体上反映发明或者实用新型的技术方案，记载解决技术问题的必要技术特征。独立权利要求记载的全部技术方案内容应该是一个区别于之前已有技术的新技术方案，它必须能够解决技术问题，但不一定是最优的技术方案。所以独立权利要求是保护范围最大的权利要求，对其进行限定的权利要求称为从属权利要求。最优的技术方案因为条件限定得更加具体，保护范围也就更小，所以往往会放在从属权利要求中。一个专利申请中可以有多个独立权利要求，所有从属权利要求都要写在对应的独立权利要求之后。比如一个反应要在温度是60℃以上时才能发生，其中75℃以上的产率可以达到80%以上，而80℃时产率可以达到90%以上，那么独立权利要求1中就可以限定"其特征在于温度高于60℃"，权利要求2是在权利要求1基础上的从属权利要求，就可以写"根据权利要求1所述的反应条件，其特征在于温度高于75℃，产率大于80%"，权利要求3是最优条件的从属权利要求，就可以写"根据权利要求1所述的反应条件，其特征在于温度为80℃，产率大于90%"。如果上述的权利要求最终获得授权，则其他人在其他条件相同的情况下，采用60℃以上的温度比如65℃来实现相同的反应就会侵权，而不一定采用最优的80℃。这就是独立权利要求在能解决技术问题的情况下限定最少的技术特征，以谋求更大的保护范围，从而有效地保护自己的利益的范例。

权利要求包括产品权利要求和方法权利要求两个基本类型。产品权利要求指要求保护的是物（产品、设备），如物质、物品、材料、工具、装置、设备等，方法权利要求指要求保护的是活动（方法、用途），如制造方法、使用方法、通信方法、处理方法以及将产品用于特定用途的方法。比如一个药物的结构本身就是产品权利要求，做成产品的制剂（胶囊、片剂、溶液）也是产品权利要求，而怎么把这个药物生产出来是方法权利要求，用它来治高血压也是方法权利要求。如果你制造出来一个新的化合物，但是你还不知道它有什么用，不过你想保护它，那么你可以申请保护这个化合物（产品专利）的专利，获得20年的保护期。5年之后，你发现它可以治疗高血压，那么你可以再申请一个专利保护它治疗高血压的用途（方法专利）。等到你的产品专利过期之后，大家都可以来生产这个产品，但是如果在治疗高血压的方法专利过期前用它来治疗高血压就是侵犯你的方法专利权。

权利要求的撰写应该以说明书为依据且清楚、简要。什么叫以说明书为依据呢？权利要求的概括应当不超过说明书公开的范围。也就是说，可以进行上位概括，但是本领域人员会认同你的概括是合理的，概括范围内的其他没具体实施例的技术方案经推测应该也是可行的。比如说明书中写了参数设成 60℃、70℃、80℃ 都是可以的，所以该专利要求保护的是 60~80℃ 这个参数范围，但是你并没有实际做参数是 75℃ 的实验，不过本领域的人一般也都会认为 75℃ 应该是可行的，这就是以说明书为依据；如果该专利要求保护的是 60~90℃ 这个参数范围，可是所提供的数据最高只有 80℃，没有数据证明 80~90℃ 这个范围是可以的，那就是没有以说明书为依据，得不到说明书的支持。本文只是示意举例说明逻辑，实际案件中是否能够得到说明书的支持要根据具体技术领域和具体案件，具体问题具体分析。

那什么是清楚呢？首先要保护的是产品还是方法要写清楚，明确权利要求类型。其次保护范围要写清楚，不能使用一些含义不确定的用语，比如"厚""薄""强""弱""高温""高压"等，这些词语可能会因人不同而理解不同，无法确定保护范围。但是如果一些词语在特定技术领域中具有公认的确切含义，不会出现歧义，则可以使用，比如放大器中的"高频"。

在《专利审查指南 2010》中对于权利要求有更详细的法条解释和举例，读者可以根据需要查阅，了解更多的具体要求。本文主要是想让读者初步了解到底什么是权利要求、它有什么用、具体是怎样设置的、包含哪几种类型以及撰写的原则性要求等，揭开权利要求的神秘面纱。

26
什么是实施例

实施例是专利文件中说明书的一个重要组成部分,是对发明或者实用新型的优选的具体实施方式的举例说明,且对充分公开、理解和实现发明或者实用新型,支持和解释权利要求都是极为重要的。

实施例的内容应体现申请中解决技术问题所采用的技术方案,所以这一部分是读者比较熟悉的内容,和科研论文的实验方法、实验结论部分的内容很相似。这一部分主要是根据技术人员提供的技术交底书的内容来撰写并进行适当的扩展。科研人员在研发过程中查阅相关专利文献也是主要查看这部分内容。

对于实施例的具体要求是它应当对权利要求的技术特征进行详细说明,以支持权利要求。实施例的数量应当根据发明或者实用新型的性质、所属技术领域、现有技术状况以及要求保护的范围来确定,可以只给出一个实施例,也可以给出多个,只要它足以支持权利要求所概括的技术方案即可。实施例的数量不是绝对的,具体需要写几个要看权利要求要求保护的范围有多大。当权利要求(尤其是独立权利要求)覆盖的保护范围较宽,其概括不能从一个实施例中找到依据时,应当给出至少两个不同的实施例,以支持要求保护的范围。比如权利要求保护的酸是无机酸,但是实施例中只有盐酸一个技术方案就不允许,至少还要给出另外一个实施例说明其他的无机酸(比如硫酸)也可以,这样才能支持权利要求概括的保护范围"无机酸"。当权利要求相对于背景技术的改进涉及数值范围时,通常应给出两端值附近(最好是两端值)的实施例,当数值范围较宽时,还应当给出至少一个中间值的实施例。这就好比立两个端点从两端拉一根绳子,如果绳子比较短,绳子就能拉直。如果绳子太长,中间就会塌下来,就需要在中间至少再设一个支点。

对于产品的发明或者实用新型,实施例应当描述产品的机械构成、电路构成或者化学成分,说明组成产品的各部分之间的相互关系。对于可动作的产品,只描述其构成不能使所属技术领域的技术人员理解和实现发明或者实用新型时，还应当说明其动作过程或者操作步骤。大部分发明都不是从 0 到 1 的开创性发明，因此技术方案中的一部分内容与现有技术是相同的，对于这些可以不作详细的描述。对于那些"改进""不同"的内容就应该进行详细的描述，因为正是采用了这些不一样的手段才解决了特定的技术问题，应该详细描述以便相关技术领域的人员能够明白进而实现这个技术方案，即讲清楚，达到充分公开的要求。要讲清楚产品是什么，它们的构成组分、部件，以及各部分之间的关系，比如是怎么连接的、是怎么相互作用的，将这些具体的改进及不同讲清楚、具体，才能让审查员明白该发明到底与现有技术有什么不同，这些不同是否是专利申请人主张的技术进步的原因。有了这些详细的描述，在未来审查答复过程中，才会有具体的支持创造性的材料。专利审查是以说明书记载的内容为基础的，也就是说申请时写出来的才是大家讨论的基础，如果关键的内容没有写出来、没有写具体，那么审查员以及本领域的技术人员就不能明白理解该发明到底是什么，也就意味着公开不充分，没有为技术进步作出贡献，自然不能对其给予保护——专利授权。

对于方法的发明，应当写明其步骤，包括可以用不同的参数或者参数范围表示的工艺条件。在一些申请中，相关方法涉及的工艺流程步骤繁多，过程非常复杂，这给语言描述带来很大的挑战。即使讲清楚了，看的人也要想象很久才能理解。这种情况就可以使用附图，画出相关的工艺流程，辅助文字表达。

不同技术领域、不同保护主题对于实施例的具体要求有所不同，申请人应根据具体情况准备技术内容并做好撰写工作，以实现对要求保护的权利要求范围的支持。

27
什么是附图、摘要

附图也是说明书的一个组成部分，它的作用就在于用图形补充说明书文字部分的描述，直观、形象地表达出每一个技术特征和整体技术方案。如果相关技术方案用文字就足以描述清楚，就可以不必采用附图。发明专利申请可以没有附图，但是实用新型专利申请的说明书必须有附图。

对于某些技术领域，比如机械和电学，直观、形象的附图就显得特别重要。对于机械设备的构件来说，组成部分较多而且结构复杂，很难讲清楚，电学领域的一些功能实现的程序因为没有实物，就更加考验大家的想象力了。我们想象一下小朋友玩的乐高，即使是一个大人来玩，如果只提供安装步骤的文字描述，恐怕也要想象半天，还不一定能够明白。小朋友虽然不一定能完全理解步骤解说文字，但是他们通过看图也能基本组装成型，这就是所谓的一图胜千言。实用新型专利申请的说明书必须有附图也是这个道理。

一个申请可以有多幅附图，但是各个附图中的同一部件的标记要一致，而且所有相关标记都应该在说明书中有记载，说明书中的记载和附图中的标记应该是一一对应的。有多幅附图时，可以把几幅附图绘制在一张图纸上，尽量竖向并且彼此明显分开，同时要用阿拉伯数字顺序编号，写上图×。

关于附图的绘制标准，同一幅附图应当采用相同的比例尺进行绘制，如果需要突出某一组成部分，可以另外增加一幅局部放大图。应当使用包括计算机在内的制图工具和黑色墨水绘制，线条应当均匀清晰、足够深，不得着色和涂改，不得使用工程蓝图。如果是用流程图、框图作为附图，应当在其框内给出必要的文字和符号。一些特殊的技术领域，如材料领域、生物领域，在符合规定的情况下，也可以将一些表征实验结果的照片作为附图。专利申请对于附图的大小及清晰度有一定的要求，因为要保证将信息存进数据库后依然能充分呈现出发明内容，保证复印和扫描时都足够清晰，具体标准应当是把图缩到三分之二仍然能看清细节。

专利的摘要是一段不超过 300 字的技术性介绍，可以帮助读者理解申请所记载的技术方案,是一种技术信息,不具有法律效力,在审查中不能以摘要为依据修改说明书或权利要求书,也不能用来解释权利要求的保护范围。摘要的撰写除了字数上不能超过 300 字之外,还要求写明发明或者实用新型的名称和所属技术领域(一般摘要的第一句话就是名称和所属技术领域),并清楚地反映要解决什么技术问题,技术方案的要点以及主要用途。对化学领域的发明而言,可以包含最能说明发明的化学式。如果申请有附图,摘要也要有一幅摘要附图,应该是最能反映主要技术特征的一幅。申请人在申请时应该指明提供哪一幅附图作为摘要附图,如果没有说明,审查员也可以指定一幅。

　　实施例和附图都是说明书的重要组成部分,其作用都是清楚、完整地说明技术方案,支持权利要求。摘要是申请文件的一个组成部分,其虽然不是法律文件,但是会提供非常重要的技术信息,为大家理解相关技术方案的内容提供帮助。在查阅、使用相关专利信息时,也可以首先看一下摘要,进而判断其所记载的发明是否符合查询要求。

28
初步审查审什么

对于大多数申请人来说，初步审查比较陌生，因为这是审查员的具体工作。审查工作具体分为初步审查、实质审查，两阶段的工作分别由不同部门的审查员来完成，分工不同，各管一段。对于申请人来说，对这些内容作一个了解，有助于完成不同审查意见的答复处理。

对于我国发明专利来说，初步审查是受理之后、公布之前的一个必经程序。发明专利初步审查合格之后，就可以按请求提前公布或者按规定自申请日起满18个月公布，然后再进入实质审查阶段。

初步审查是一个审查程序，在专利申请被受理并且申请人在规定的期限内按要求缴纳申请费之后进行。它既审形式，也审明显实质性缺陷，还审相关手续和费用。初步审查的主要功能是确保所有提交的申请在形式上符合相关法律法规要求，同时为申请人指出明显实质性缺陷，申请人无法通过补正或修改符合要求的就可以在初步审查阶段结束审查程序，从而节省申请人的时间和精力，也节约审查资源。

初步审查都审什么形式问题呢？形式审查是指对发明人、申请人的资格，申请人所委托的代理机构和代理师的资格，以及申请人递交的与申请相关的各种文件的格式、文字和附图或者图片是否符合出版的要求等而进行的审查。比如发明名称太长（一般不得超过25个字，化学领域的某些发明可以允许最多40个字）、表述不正确/模糊（张三手机、李四方法）、发明人填写不对/不规范（××课题组、××博士）、个人申请人用笔名而不写真实姓名、没有联系人电话、代理机构名称与公章名称不一致、两个以上代理师、说明书中的发明名称与请求书中不一致、说明书中有附图说明但是没有提交附图或者对不上、权利要求书对各个权利要求没有编号、附图大小和清晰度不符合要求等。除此之外，针对一些特殊申请还有相应的审查内容，比如分案申请的递交时间、原申请的申请号、申请日填写，涉及生物材料的申请是否提交保藏证明等。

发明专利初步审查的形式审查的主要依据是《专利法》第 26 条,《专利法实施细则》第 2、3、16~19、23、119、121 条;明显实质性缺陷审查的主要依据是《专利法》第 2、5、20、25、31、33 条和《专利法实施细则》第 17、19 条。

明显实质性缺陷审查是发明专利初步审查阶段的一项重要审查内容,主要是指根据法律规定对某些发明创造明显不属于《专利法》规定的保护范围或者某些发明创造明显违反法律、社会公德和妨碍公共利益、公共秩序等内容的审查。比如明显属于《专利法》第 5 条的情形,即发明创造违反法律、社会公德或者妨害公共利益,或者违反法律、行政法规的规定获取或者利用遗传资源,并依赖该遗传资源完成的发明创造。例如,用于赌博的设备、机器或工具;吸毒的器具;伪造国家货币、票据、公文、证件、印章、文物等的设备;人与动物交配的方法;克隆的人或克隆人的方法。比如明显属于《专利法》第 25 条的情形,即发明创造属于不授予专利权的主题,包括科学发现、智力活动的规则和方法、疾病的诊断和治疗方法、动物和植物品种、用原子核变换方法获得的物质等。例如,一颗新发现的小行星、日历的编排规则和方法、食谱、棋谱、血压测量法、诊脉法、人工呼吸方法等。

对于我国实用新型专利申请来说,初步审查合格后就会发布授权公告,授予相应的专利证书,不需要经历实质审查。实用新型专利申请的初步审查是受理后、授权前的一个必要程序。在形式审查和实质性缺陷部分的审查上,实用新型和发明专利没有本质的差异,只是因法条规定内容不同而各自依据的法条有一些差别。不过,实用新型专利因其保护客体不同而需要特别注意。实用新型专利只保护产品不保护方法,所保护的产品应当是经过产业方法制造的,有确定形状、构造且占据一定空间的实体。一项发明创造可能既包括对产品形状、构造的改进,也包括对生产该产品的专用方法、工艺或构成该产品的材料本身等方面的改进,但是实用新型专利仅保护产品、构造,不能申请保护方法、工艺或材料本身。如果在权利要求中有相关不符合保护客体要求的内容就会在初步审查阶段被审查员指出来,要求改正。

大家可能会关心,不是说发明专利在 18 个月的保密期(或者应申请人要求提前公开)之后才公开、实用新型授权才公开,那么初步审查会不会影响公开?审查员不看申请怎么判断有没有问题呢?初步审查的审查原则是:保密、书面审查、听证、程序节约。也就是说,发生在初步审查阶段的审查、答复在申请未公开之前都是保密的,这也是如果申请人不主动公布,其他人是无法查询到相关申请的原因。相关申请内容不公开，只有负责初审的审查员能够看到，其他的审查员也是看不到的，审查员负有保密责任。在实质审查中，根据具体情况，申请人和审查员可以会晤，而在初步审查中，审查意见和审查结果都是通过书面形式通知申请人，原则上不进行会晤。如果申请不符合初审要求，至少会给申请人一次陈述意见和/或修改申请文件的机会，不会直接驳回，这就是听证原则。同时为了提高效率、节约程序，审查员会尽可能一次把所有问题都指出来，对于申请文件中文字和符号的明显错误，还可以依职权自行修改。

在初步审查中，如果申请人各项文件都符合要求，就会收到初审合格的通知书，发明专利申请接下来的程序依次是公布、实质审查、授权或驳回。早些年有申请人存在误解，以为初审合格就是成功授权而没有进行进一步的关注，申请要求实质审查并答复审查意见，结果导致技术方案白白被公开而没有被审查更不可能授权，非常可惜。

实用新型专利申请在初审合格后就会发布授权公告，这一点是和发明专利之间存在的本质差别。如果申请文件有不符合要求的地方，审查员就会视情况发出补正通知、审查意见书，补正通知书主要是针对形式问题，审查员会指出问题并请申请人改正。如果针对同一个问题，审查员发了两次补正而申请人改正后的文件依然不能符合要求，审查员就会驳回。如果申请人对审查员发出的补正、审查意见等不予回复、超过答复期限，审查员就会发出视为撤回的通知书，终止审查程序。

对于专利申请来说，初步审查是走向后续程序的必经过程，对于一些形式问题来说，大多都是可以通过认真、细致的准备工作在申请文件准备中克服的。对于审查员指出的实质性缺陷，申请人应该认真阅读审查意见，并结合相关法条要求进行改正以符合要求，将申请向后续审查程序顺利推进。

29
实质审查审什么

《专利法》第35条规定:"发明专利申请自申请日起三年内,国务院专利行政部门可以根据申请人随时提出的请求,对其申请进行实质审查;申请人无正当理由逾期不请求实质审查的,该申请即被视为撤回。国务院专利行政部门认为必要的时候,可以自行对发明专利申请进行实质审查。"根据法律的规定,发明专利是要经过实质审查才能授权的,实用新型和外观专利并不需要经过实质审查,所以实质审查是针对发明专利而言的。实质审查可以依申请启动,也可以在必要的时候由国家知识产权局依职权启动。如果申请人不申请启动实质审查,则专利申请就会被视为申请人撤回了,国家知识产权局将终止审查程序,同时因为专利申请内容已经公开,所以相关的技术方案也无法通过再次申请而获得授权了。

那实质审查和前面提到的初步审查有什么不同呢?初步审查的目的是确定相关专利申请的材料是按法律法规要求准备的,没有明显的问题。而实质审查的目的在于确定发明专利申请是否应当被授予专利权,特别是确定其是否符合专利法的三性要求——新颖性、创造性和实用性。审查的原则是依请求(前面已经说明)、听证、程序节约。简单地说,听证原则就是不能直接驳回,审查员要告知申请人能不能授权,不能授权的理由和依据是什么,并且至少要为申请人提供一次针对审查意见指出的问题进行陈述和修改的机会。审查员作出驳回决定时,驳回所依据的事实、理由和证据应当在之前的审查意见通知书中已经告知过申请人了。审查员如果觉得申请没问题,可以直接授权。程序节约在初步审查中已经说明了,其原则是相同的。

有一部分申请人可能会有一种错觉,感觉审查员就是"找茬"的,用一系列的文件材料和理由作支撑,拒绝授权。从客观上来讲,授权或者驳回都是审查结果,对于审查员没有影响,因此审查员没有动机一定驳回。审查员是依照法律法规的规定来中立审查,该授权就授权,肯定申请人的技术贡献,从法律上给其相应的垄断实施权。不该授权就驳回,维护公众利益。试想,如果一个不具有"突出的实质性特点和显著的进步"的新药专利申请被授予专利权，就会侵犯社会公众的合理使用权，使大家在需要治疗疾病时无法获得更广泛的选择权或者需要付出更高的代价。

那么，是不是审查员的决定就100%是正确的？每一个审查员都要受过系统的专业培训并考核合格后才能独立上岗进行审查，但每个人的知识、经验和认知都有其局限性，而对法律的理解和解释本身就是非常复杂的，客观事实很多时候也不是非此即彼的绝对清晰。如果申请人认为审查员的审查决定有待商榷，可以向国家知识产权局提起复审，通过复审程序来进行进一步的确认，这也是专利法后续救济程序的意义所在。

实质审查的审查员和初步审查的审查员分属于不同的部门，因此负责实质审查的审查员提到案子后首先要进行申请文件的核查，为实质审查做准备。简单来说，就是确定这个案子是不是该自己审（技术特别复杂的案子有时候会有分类不准确的问题）、应该依据哪个版本审（初步审查中申请人可能修改过申请文本）、其他的前序条件是否都具备了（主要是审查员的职责，这里就不展开叙述了）等。核查后就开始进入实质审查的工作，审查员会先阅读申请文件并理解发明（弄明白申请人具体的技术方案是什么内容，要求保护什么），然后进行检索（看有没有相同的、相近的文件，有多少，分别是哪些，确定对比文件），之后就是实质审查（将本申请和对比文件进行比对，依据审查标准判断能否授权以及理由），接着发出第一次审查意见通知书（将上述判断的理由、依据和结论告知申请人），后续根据申请人的答复意见重复前述的审查过程并再次发出审查意见通知书（这个过程可能会根据具体情况重复多次），最后确定审查结果（授权或驳回）。

审查员在理解发明的过程中，重点在于了解发明所要解决的技术问题、申请人的解决方案，弄明白申请的技术方案中哪些是必需的部分，这些部分各自起什么作用。审查员都是本领域的专业技术人员，所以可以根据申请文件的描述较为准确地重建发明，主要是针对权利要求用说明书辅助理解，透过晦涩的法律语言"看明白"申请人要求保护的技术方案的本质。之后根据相关技术特征在专业数据库（专利和非专利文献）中进行检索，查找有没有相同或相近的相关文件——对比文件。接下来就是将申请文件与对比文件进行对比，重新确定发明所解决的技术问题。这一点申请人有时候不是非常理解，特别是研发人员，有时候他们会认为自己明明说了要解决的是 A 技术问题，审查员却说我解决的是 B 技术问题。这就好比一个申请人发明了一个自动铅笔，每按一下就会出来0.2cm的笔芯。申请人觉得发明的是自动铅笔，但是审查员检索到之前有人发明了自动铅笔，但是没公开说按一下出0.2cm的笔芯，这样就会重新认定申请人的发明其实是能够实现每次固定出0.2cm笔芯的技术方案而不是自动出笔芯的方案。鉴于此，审查员就会发审查意见通知书告诉申请人自己是怎么理解该技术方案的，现在检索到哪些对比文件，这些对比文件都公开了什么内容，哪些和申请人的是相同或者相似的，申请文件和这些文件里的方案有什么不同，这些不同是不是很容易就想到的，比如受到其他文件的启发，最后给出哪些技术可以授权，哪些技术不能授权的意见。申请人收到审查意见通知书除了看结论之外，应该重点看审查员的具体意见，明白审查员的技术方案认定思路。之后通过对审查意见的答复来告诉审查员我认为你哪些说的是对的，哪些说的是不对的，比如并不是你想的那么容易（具体说明理由，用数据和材料说话，而不能只是说我觉得你理解的不对）。这部分针对具体技术内容结合对比文件进行技术层面的辩论来阐明发明创造的内容以及其高度（是否具有突出的实质性特点和显著的进步）就是实质审查与初步审查最大的不同。

　　实质审查就是通过审查交流的方式实现对申请人技术贡献的客观认定，进而确定其能否获得垄断保护以及其保护边界的过程。审查的过程就是审查员和申请人的交流过程，只是多数情况下以书面沟通的方式进行，大家以技术方案（申请文件的、对比文件的）为核心内容，按照法律法规的要求使用法言法语进行讨论，交换意见。

　　除了书面沟通外，根据需要，审查员还可以按照相关规定在实质审查中与申请人进行会晤、电话讨论和现场调查。只是因为专利申请毕竟是少数人才会涉及的活动，且因其法律属性，在表达上较为专业并以书面沟通为主，因此常常给人以神秘感。

30
什么是专利预审

2019年11月24日，中共中央办公厅、国务院办公厅印发了《关于强化知识产权保护的意见》（以下简称《意见》），是第一个以"两办"名义出台的知识产权保护工作纲领性文件，以前所未有的力度聚焦知识产权保护能力和保护水平的全面提升。整个《意见》通过99条具体措施构建了"严保护、大保护、同保护、快保护"，利用快速预审将"快速审查、快速确权、快速维权"用一条线串起来，构成所谓的"快保护"。

专利快速预审服务是"保护中心对符合条件的申请人拟提交的专利申请进行预先审查，形成预审结论，并决定是否向国家知识产权局提交快速审查申请"的一项审查服务。简而言之，就是在正式申请受理审查之前的预先审查工作。

为了更好地理解快速预审的流程机制，这里结合图1将传统普通审查路径与快速预审优先审查路径进行对比。

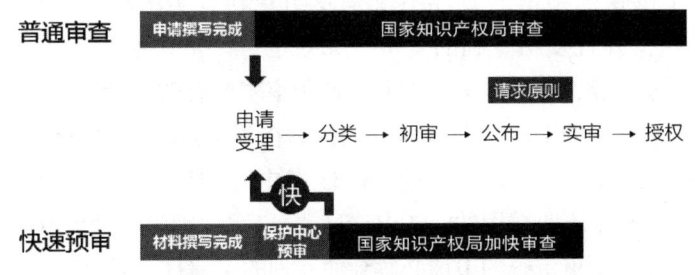

图1 传统普通审查路径与快速预审优先审查的路径对比

这里以发明专利申请为例，先看普通审查流程，申请人有个好的发明创造并撰写好了一份申请文件，向国家知识产权局受理窗口（电子渠道或代办处）递交申请文件，随后流程部门根据申请的技术领域与专利分类号的对应关系，赋予一个分类号；申请进入初审环节之后，初审审查员根据专利法相关内容进行审查，审查合格之后申请进入待公布的状态，申请过了18个月的保密期后自动公布，也可以依照申请人的选择提前公布；公布之后，依据申请人提出针对该申请的实质审查的请求，申请进入待实审状态，之后审查员会就具体授权的要求对申请进行"三性"等相关审查，其中还涉及审查通知书和审查意见答复的交流。

预审是在申请受理之前的前置环节，拟申请的文件通过预审平台管理电子系统提交到当地保护中心之后，保护中心对备案合格且符合条件的申请人所提交的申请依照专利法相关细则进行审查，给出申请是否预审合格的结论。如果合格通过，申请人递交申请并完成缴费之后，这项专利申请会被做上加快的标记，在后续的审查环节，审查员在审查系统里面会因为这个加快标记优先处理审查这个案子，从而实现整个发明专利申请的加快审查。

通过快速预审途径提交的发明专利申请平均的审查周期可压缩至3~6个月，相比国家知识产权局公布的最新发明专利审查周期（2019年上半年）22.7个月，缩短了80%以上。不过整个快速预审的确权途径是需要保护中心预审员、申请人、审查员三方共同协作实现的。其一，保护中心预审员预先审查申请文件，完善申请质量，避免后期在初审、实审阶段因形式问题导致的时间浪费；其二，各审查环节的审查员优先加快处理申请，节省审查环节内的时间；其三，申请人积极配合审查员完善申请质量、及时答复审查意见，节省答复环节的时间。因此，整个审查周期被大幅压缩是需要三方共同努力的结果，缺一不可。

目前，能够快速预审的案件不仅是发明专利，实用新型、外观设计也可以走预审途径，并且发明专利的复审、无效也可以走快速受理、预审途径。

从图2所示的整个流程来看，专利快速预审主要有四个特点：①审查加快，3种类型的专利审查周期平均压缩80%以上；②在预审阶段修改不受限制，即申请人对专利文件的修改不受《专利法》第33条中专利申请文件修改范围的限制；③预审阶段的审查是不收费用的；④申请日"延后"，因为专利预审不是正式的专利申请受理，经过预审审查的申请必然会使专利的申请日"延后"。

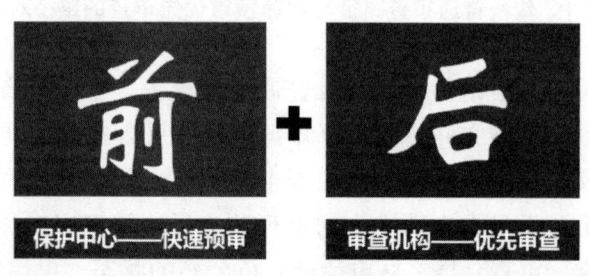

图2　前"保护中心"、后"审查机构"共同保证快速确权

31
什么是新颖性

一项专利能否获得授权，要看它是否具有"三性"——新颖性、创造性和实用性。审查中如果一份专利申请没有新颖性就可以不必再评判它的创造性了。那么，什么是新颖性呢？

《专利法》第22条第2款规定："新颖性，是指该发明或者实用新型不属于现有技术；也没有任何单位或者个人就同样的发明或者实用新型在申请日以前向国务院专利行政部门提出过申请，并记载在申请日以后公布的专利申请文件或者公告的专利文件中。"关于新颖性的判断在《专利审查指南2010》中有很多具体的规定，非常详细。因此，本文不进行全面的详细论述，仅希望以比较通俗的语言表达来帮助大家理解新颖性的立法宗旨和主要判断标准。

根据上述专利法的要求，我们可以知道要想具备新颖性就需要符合两个条件：一不是现有技术，二不是抵触申请。那什么是现有技术，什么是抵触申请呢？

《专利法》规定现有技术是指申请日以前在国内外为公众所知悉的技术。现有技术包括在申请日（有优先权的，指优先权日）以前在国内外出版物上公开发表、在国内外公开使用或者以其他方式为公众所知的技术。这里一个是时间早，一个是公开。时间界限是申请日之前，享有优先权的，则指优先权日之前，这里的"之前"不包括申请日当天。现在大部分国家包括美国都实行先申请制，因此现有技术判断的标准都是以申请日来算的。不管申请人实际是从什么时候开始研究、取得发明成果的，都以提交申请后国家知识产权局确认的申请日为准。如果有人5年前就开始研究并取得了和你一样的成果，但他一直没公开也没申请过专利，然后和你同一天或者在你之后提交申请（无论他是在哪个国家），都不是现有技术，换句话说就是你的申请具有新颖性。关于优先权，本书有单独章节进行介绍，这里不再展开叙述。

除了时间早之外，现有技术还应该是已公开的技术。怎样才算公开？公开方式包括出版物公开、使用公开和以其他方式公开三种，均无地域限制。

理论上来说，也就是不管在世界的哪个角落，你实际知不知道、看不看得懂，只要符合上述公开的标准就算是公开的技术。关于第一种出版物公开，专利法意义上的出版物是指记载有技术或设计内容的独立存在的传播载体，并且应当标明或者有其他证据证明其公开发表或出版的时间。具体包括能明确公开时间的各类载体，可以是印刷的、打字的纸件，如专利文献、科技杂志、科技书籍、学术论文、专业文献、教科书、技术手册、正式公布的会议记录或者技术报告、报纸、产品样本、产品目录、广告宣传册等；也可以是用电、光、磁、照相等方法制成的视听资料，如缩微胶片、影片、照相底片、录像带、磁带、唱片、光盘等；还可以是互联网或其他在线数据库中的资料等。

至于出版物的出版发行量多少、是否有人阅读过、申请人是否知道都不重要。虽然出版物种类、形式繁多，但是有一种不属于公开出版物，那就是印有"内部资料""内部发行"等字样的出版物，这些在特定范围内发行并要求保密的出版物，不属于公开出版物。

出版物的载体确定之后，时间如何确定呢？出版物的印刷日即视为公开日，有其他证据证明其公开日的除外。印刷日只写明年月或者年份的，以所写月份的最后一日或者所写年份的12月31日为公开日。

以上是关于第一种公开——出版物公开，那么第二种公开——使用公开怎么确定？由于使用而导致技术方案的公开，或者导致技术方案处于公众可以得知的状态，这种公开方式称为使用公开。使用公开是指由于制造、使用、销售、进口、交换、馈赠、演示、展出等方式，公开了实物（真实的产品）或者资料（招贴画、图纸、照片、样本、样品等）。如果使用公开的是一种产品，就算是需要拆开才能知道而实际没有拆开也算。要求能知道实质性内容，但是没有实质性技术内容的展示不能算作公开。使用公开的公开日是公众能够得知该产品或者方法之日，即使用行为发生之日，公众是否得知并不重要。

第三种公开是其他方式公开，主要是指口头公开等，分两种情况：以发生之日算公开（口头交谈、报告、讨论会发言等）；以看到、听到之日算公开（广播、电视、电影等）。

关于现有技术，有时候大家会有不解，认为自己并不知道有这一项技术呀。对于这一点，只要求能够得知，不要求真的得知，实际操作中就是现在能查得到即可，而不论之前是否有人查过。

有一种特殊情况就是处于保密状态的技术内容不属于现有技术。所谓保密状态，不仅包括受保密规定或协议约束的情形，还包括社会观念或者商业习惯上被认为应当承担保密义务的情形，即默契保密的情形。例如，非公开招标中提交的投标用技术资料、双方合作中的技术交流、吸引投资的内部路演、合作尽调资料等。然而，如果负有保密义务的人违反规定、协议或者默契泄露秘密，导致技术内容公开，使公众能够得知这些技术，这些技术也就构成了现有技术的一部分。

以上是现有技术，那么什么是抵触申请呢？抵触申请是在判断新颖性时，对损害新颖性的专利申请的简便描述。哪些专利申请会损害本申请的新颖性呢？对发明或者实用新型而言，由任何单位或者个人在申请日以前（申请日当天不算）向国家知识产权局提出并且在申请日以后（含申请日）公布的同样的发明或者实用新型的专利申请都会损害本申请的新颖性。简而言之，抵触申请就是在先申请（不含当日）、在后公开（含当日）。判断以其全文内容为准，包括说明书和权利要求。抵触申请仅针对同一申请国而言，区分地域。比如你向中国提交了本专利申请，只有其他的中国申请才可能是本申请的抵触申请，美国本国的专利申请文件不可能是本申请的抵触申请。这里的"中国申请"不仅包含本来就在中国递交的专利申请，还包含其他通过国际申请途径进入中国国家阶段的申请。

确定是不是现有技术和抵触申请都是为了判断新颖性做准备，那新颖性的具体判断原则是什么？一个原则是与对比文件对比确认是不是同样的发明或实用新型，另一个原则是单独对比。这里的对比文件是指判断专利能否授权所引用的相关文件的统称，包括专利文件和非专利文件。对比的内容是将本申请的权利要求所表述的技术方案与对比文件所公开的技术方案（不是权利要求与权利要求，是权利要求与对比文件全文）进行对比。

那何为同样的发明或实用新型呢？技术领域、所解决的技术问题、技术方案和预期效果实质上相同，满足这4项相同，则认为两者为同样的发明或者实用新型。

新颖性判断的另一个原则是单独对比原则，这点区别于创造性的判断。单独对比就是指把每一项权利要求分别与每一项现有技术或抵触申请的技术方案进行比较。一对一比较，一个申请可以有多个对比文件，但是判断每一项权利要求是否有新颖性时，每次只能与一个对比文件对比。

在新颖性判断中，《专利审查指南2010》中有以下几种常见情形：

（1）内容相同。公开的内容完全相同，或者仅仅是简单的文字变换，可以直接地、毫无疑义地确定。类似把食盐转换成氯化钠，把水写成 H_2O。

（2）具体（下位）破坏一般（上位）。就是下位概念能破坏上位概念的新颖性，具体概念能破坏一般概念的新颖性，但反之则不影响。例如，本申请写"用金属制成的"，对比文件是"用铜制成的"，则本申请没有新颖性。反之，对比文件是"用金属制成的"，本申请是"用铜制成的"，则本申请就具有新颖性。

（3）惯用手段的直接置换。例如，对比文件公开了采用螺钉固定的装置，而申请文件要求保护的仅是将该装置的螺钉固定方式改换为螺栓固定方式，则也不具有新颖性。

（4）数值和数值范围。如果要求保护的技术特征是数值或者连续变化的数值范围，如部件的尺寸、温度、压力以及组合物的组分含量等有数值和数值范围的技术，在以下几种情况下，新颖性将被破坏：①对比文件公开的数值或者数值范围在要求保护的范围内，即要求保护的内容范围中含有公开的内容；②对比文件公开的数值范围与要求保护的范围内容部分重叠或者有一个共同的端点；③对比文件公开的范围的端点值公开了要求保护的点值。例如本申请是一种合金，其中含有 10%~35% 重量份的铜，则如果现有技术里有 10%、25%、35%、10%~25%、5%~10% 或 5%~15% 任一种情况，即与任一个端点值相同、在数值范围内或与数值范围部分重叠，都能使本申请不具有新颖性。

具备新颖性是专利获得授权的必要条件，即相关技术方案既不能是现有技术，又不能存在抵触申请。因其采用单独对比原则，所以相对创造性而言，新颖性的问题更好克服。

32
什么是创造性

《专利法》第 22 条第 1 款规定："授予专利权的发明和实用新型应当具备新颖性、创造性和实用性。"具备创造性是授予专利权的必要条件,从实践来看,新颖性和实用性的问题都比较好克服,创造性相对来说是难点。新颖性和实用性在本书其他章节有阐述,本节不再赘述。

什么是创造性?《专利法》第 22 条第 3 款规定："创造性,是指与现有技术相比,该发明具有突出的实质性特点和显著的进步,该实用新型具有实质性特点和进步。"突出的实质性特点和显著的进步,初看会感觉很抽象。审查中判断发明是否具有突出的实质性特点就是判断"对所属技术领域的技术人员,发明相对于现有技术是非显而易见的",也就是说该专利申请所属技术领域的技术人员是不是看到现有技术(主要是指对比文件)之后再想一想(通过合乎逻辑的分析)、推测一下(推理)或者简单做一点试验(有限的试验)就可以得到你的发明。如果可以,那就是具有显而易见性,即不具有突出的实质性特点。所以,大家在发明的审查意见通知书中常常会看到"显而易见",这个词就是针对授权要求的必要条件——具有实质性特点来说的。

关于"所属技术领域的技术人员",申请人在收到的通知书中常会看到"是本领域的技术人员容易想到的",这里的"本领域的技术人员"和上述的"所属技术领域的技术人员"是等同的。"所属技术领域的技术人员"是一种假设的"人",是为了统一审查标准,尽量避免审查员主观因素的影响而设定的一个概念,假定他知晓申请日或者优先权日之前发明所属技术领域所有的普通技术知识,能够获知该领域中所有的现有技术,并且具有应用该日之前常规试验手段的能力,但他不具有创造能力。如果所要解决的技术问题能够促使本领域的技术人员在其他技术领域寻找技术手段,他也应具有从其他技术领域中获知该申请日或优先权日之前的相关现有技术,普通技术知识和常规试验手段的能力。

关于专利申请的审查,只有在发明具有新颖性的条件下才考虑是否具备创造性。创造性审查所依据的法条主要是《专利法》第 22 条第 3 款，不同于新颖性的单独对比原则，创造性审查可以将一份或者多份现有技术中的不同的技术内容组合在一起对要求保护的发明进行评价。比如申请保护的 A+B+C，一份申请文件公开了 A+B，另一份公开了 C，那么就可以把这两份文件结合起来看是不是等同于公开了 A+B+C。这里的举例只是想说明可以组合评价的逻辑，实际工作中能否进行组合评价要考虑法律法规要求并具体情况具体分析。在审查中如果一项独立权利要求具备创造性，就不再审查该独权的从权的创造性。

具体审查中的工作思路是怎样的呢？针对突出的实质性特点（非显而易见性）的审查采用三步法：

第一步是确定最接近的现有技术，审查通知书的 D1 就是审查员认定的最接近的现有技术，它是指现有技术中与要保护的发明最密切相关的一个技术方案，是判断的起点和基础。那怎么才算是最接近？在确定最接近的现有技术时，首先考虑技术领域相同或者相近的现有技术。例如，可以是技术领域相同，要解决的技术问题、技术效果或用途最接近，或公开的发明的技术特征最多，也就是说"同道中人，长得最像的"。如果没有技术领域相同的，则能够实现发明的功能，并且公开发明的技术特征最多的现有技术也可以是最接近的现有技术。

第二步是确定发明的区别特征和发明实际解决的技术问题，确定区别技术特征是为了确定发明实际解决的技术问题。区别技术特征是要求保护的发明不同于现有技术的特征部分，即因为这部分区别的技术特征而使发明能达到其主张的技术效果，进而以此确定发明实际解决的技术问题。

审查员认定的发明实际解决的技术问题可能会和申请人记载在申请文件中的技术问题是不同的，发明的任何技术效果都可以作为重新确定技术问题的基础，只要本领域的技术人员根据说明书记载的内容能够得知这个技术效果就可以。所以，这也是申请人要充分公开自己的发明的原因，如果相关技术效果在说明书中没有记载，则在审查中可能会给实际解决的技术问题的认定带来障碍，这对申请人也是不利的。

第三步是判断要求保护的发明对本领域的技术人员来说是否显而易见。这一步是以前面两步为基础，也就是把最接近的现有技术作为起点，来判断对于本领域的技术人员来说，发明实际解决的技术问题是不是显而易见的。是不是显而易见，就要看区别特征在现有技术中有没有被公开，解决的技术问题有没有被公开，进一步来说就是有没有现有技术公开了用这个区别特征解决这个技术问题。如果没有，再判断对于本领域技术人员来说能否得到启示用此区别特征来解决第二步确定的实际的技术问题。

通常认为在以下三种情况下会得到技术启示：①区别技术特征是公知常识，如本领域惯用的、教科书或工具书披露的解决确定的技术问题的惯用手段；②区别技术特征是最接近的现有技术相关的技术手段，如在同一对比文件的其他部分披露的技术手段所起的作用与区别技术特征所起的作用相同；③区别技术特征为另一份对比文件中披露的相关技术手段，该技术手段所起的作用与区别技术特征在发明申请中所起的作用相同。

发明专利申请创造性审查中除了需要具有突出的实质性特点外，还需要具有显著的进步，即判断发明与现有技术相比能否产生有益的技术效果。什么叫有益的技术效果？比如克服了现有技术存在的缺点和不足（解决了大家没解决的问题或者解决得更好），质量改善、产量提高、节约成本、无污染等都是比现有技术具有了更好的技术效果，具有显著的进步；比如提供了一种不同构思的技术方案或代表某种新的技术发展趋势，用另一种技术构思能够基本达到现有技术的水平；比如代表了新技术的发展趋势，或者尽管有负面效果，但是其他方面具有明显积极的技术效果，像有一些药物虽然具有一定的副作用，但是对疾病具有良好的治疗效果，都应视为具有显著的进步。

根据发明与最接近的现有技术的区别特征的特点可以大致将发明分为以下几种类型：开拓性发明、组合发明、选择发明、转用发明、已知产品的新用途发明、要素变更的发明。

开拓性发明是指一种全新的技术方案，未曾有过先例，具有创造性；组合发明要看各个技术特征是不是简单地叠加，如果各技术特征在功能上彼此支持，取得了新的技术效果或者一加一大于二就具备创造性；选择发明主要看选择是不是能带来预料不到的技术效果，比如通常为了提高产率大家会提高某催化剂的比例，而发明的选择恰恰是降低比例而且取得了不错的成果；转用发明则主要考虑转用的技术领域的远近、是否存在技术启示、转用的难易程度、需要克服的技术困难、转用带来的技术效果等；新用途发明主要考虑新的用途是不是利用了已知产品新发现的技术效果，并且产生了预料不到的技术效果，比如把木材杀菌剂用作除草剂且产生了预料不到的技术效果，就具有创造性；要素变更包括要素关系改变、要素替代、要素省略等，主要考虑是否存在技术启示，是不是产生了预料不到的技术效果等。

专利知识 100 问

　　除了上述考量之外，在审查中还会考虑发明是否解决了人们一直渴望解决但始终未能获得成功的技术难题、是否克服了技术偏见取得了预料不到的技术效果、在商业上是否获得成功等。

　　创造性一直是发明专利申请过程中申请人和审查员辩论沟通的重点，也是难点。尽管法律法规都对创造性及其审查要点考量作了规定，但因技术本身的复杂性、个体理解上的差异以及对法律法规的不同解释，注定其不可能是简单明了的有或没有，需要申请人和审查员充分地沟通，抽丝剥茧地一点点厘清，共同确定发明创造的高度，完成对发明创造的客观定位。

33
什么是实用性

专利申请具备实用性是授予专利权的必要条件。如果一件专利申请不具备实用性，就不必再判断新颖性和创造性。实用性是指发明或者实用新型申请的主题必须能够在产业上制造或者使用，并且能够产生积极效果。也就是说，产品或者方法都要能够解决技术问题，能够应用；产品必须在产业中能够制造，方法必须在产业中能够使用。

在产业上能够制造或者使用的技术方案，是指符合自然规律、具有技术特征的任何可实施的技术方案。这种方案不一定意味着使用机器设备或者制造一种物品，例如驱雾的方法，或者将能量由一种形式转换为另一种形式的方法。满足实用性要求的技术方案不能违背自然规律并且应当具有再现性。因不能制造或者使用而不具备实用性是由技术方案本身固有的缺陷引起的，与说明书公开的程度无关。

关于是否具有实用性，在审查时遵循两个原则：①以整体技术内容为依据，不局限于权利要求所记载的内容；②与怎样创造出来的或者是否已经实施无关。

能够制造或者使用、产生积极效果这两点都比较抽象，《专利审查指南2010》中给出了六种不具有实用性的主要情形，可以供大家在实际工作中参考。

（1）无再现性。再现性比较好理解，就是指所属技术领域的技术人员根据公开的技术内容，能够重复实施专利申请中为解决技术问题所采用的技术方案。如果只有申请人自己能够实施出来，具有同样专业知识的同行无法重复，或者达不到同样的效果都不能满足再现性的要求。但这里也要注意，再现性是指在确保满足申请中所需全部技术条件的情况下进行再现。如果能够重复实施，只是由于实施过程中未能确保某些技术条件（比如温度、洁净度等）而导致的成品率低不等于不具有再现性。

（2）违背自然规律。违背自然规律的技术方案是不能实施的，因此不具备实用性。例如，违背能量守恒定律的永动机就不具备实用性。

(3) 利用独一无二的自然条件生产的产品。如果申请的产品中有限定条件是独一无二的自然条件，那么这个产品无法再现，不具有实用性。如利用特定的自然条件建造的产品，自始至终无法移动，是唯一产品，不具有实用性。但是不能因产品整体不具有实用性，就否定局部构件本身的实用性。

(4) 人体或者动物体的非治疗目的的外科手术方法。治疗目的和非治疗目的的外科手术方法都不能被授予专利权，治疗目的不能被授权是因为其属于不授权客体，是基于伦理的规定。如果对治疗目的的外科手术方法授予专利权，那么医生在实施对病人的救治方案时就会受到限制，这是不符合人性伦理的，因此它是不授权客体。非治疗目的的外科手术方案不能被授予专利权是因为它是以有生命的人或者动物为实施对象，无法在产业上使用，不具有实用性。例如，为美容进行的削骨等外科手术方法、从活牛身上摘牛黄的外科手术方法、实施冠状造影之前采用的外科手术方法（尽管它是为了辅助诊断）都不具有实用性。这种情况在医务人员的科研成果申请保护中遇到的比较多，主要涉及权利要求撰写的问题。为美容削骨的外科手术方法是不能被授权的，但是手术方法中使用的削骨的手术刀以及相关器具都是可以授权的对象，实施冠状造影的仪器设备也是可以授权的对象。

(5) 测量人体或者动物体在极限情况下的生理参数的方法。这种方法无法在产业上使用，因此不具备实用性。比如通过逐渐降低人或动物的体温，以测量人或动物对寒冷耐受程度的测量方法，这种方法首先需要将人或动物置于极限环境中，这会对生命构成威胁，而且不同个体可以耐受的条件也不同，需要具体对象具体调整，不能再现，这些都决定了这种方法不能在产业上使用，不具备实用性。在医学上，如果发明的检查方法可能会威胁人的生命，则也不具有实用性。比如，利用降低吸入气体中氧气分压的方法逐级增加冠状动脉的负荷，并通过动脉血压的动态变化观察冠状动脉的代偿反应，以测量冠状动脉代谢功能的非侵入性的检查方法就无法在产业上使用，不具有实用性。

(6) 无积极效果。技术方案应当能够产生预期的积极效果，如果明显无益、脱离社会需求，就不具备实用性。

实用性是授予专利权的必要条件和首要条件。大多数专利申请都不会遇到实用性的问题，个别技术领域如医学因具体技术实施原因可能会遇到不授权客体或者上述的第四种情况，具体可以考虑其发明创造的本质，对其他可授权的内容如相关手术器具等申请保护。

34
什么是单一性

《专利法》第 31 条第 1 款规定:"一件发明或者实用新型专利申请应当限于一项发明或者实用新型。"这就是大家通常所说的专利法的单一性条款,一件申请应当限于一项发明(这里的发明是广义上的技术发明,并不特指发明专利这一种类型,也包括实用新型)。为了说明什么是"一项发明",《专利法实施细则》第 34 条又进一步规定:"可以作为一件专利申请提出的属于一个总的发明构思的两项以上的发明或者实用新型,应当在技术上相互关联,包含一个或者多个相同或者相应的特定技术特征,其中特定技术特征是指每一项发明或者实用新型作为整体,对现有技术作出贡献的技术特征。"对此可以这样理解:一件申请里包含的内容要属于一个总的发明构思,这个总的发明构思使各个技术方案相互关联,具体体现为至少包含一个相同或者相应的特定技术特征。

专利法为什么对单一性进行规定?主要是从技术和经济上考虑。技术上主要是考虑分类、检索和审查。专利申请量巨大,涉及技术领域繁多,不分类就不知道是哪个技术领域的哪个技术方向,更无法确定是哪个技术分支,分类就是给每件申请都打上一个"标签",每个标签都是由特定领域的审查员负责审查,同样地,检索比对也是和同类别的标签文件进行比对。如果一件关于汽车的申请既包含发动机,也包含车轮,甚至还有转向盘,这个涉及不同的技术领域,不区分技术方案的单一性的话便没办法进行审查。经济上的考虑是为了防止申请人只支付一件专利的费用而获得几项不同发明或者实用新型专利的保护。

那什么是属于一个总的发明构思呢?属于一个总的发明构思的两项以上的发明在技术上必须相互关联,这种相互关联要以相同或者相应的特定技术特征表现在其权利要求中。特定技术特征是专门为评定专利申请单一性而提出的一个概念,是体现发明对现有技术作出贡献的技术特征,即因为这个特定的特征才使得本发明和已有的其他现有技术不同而具有新颖性和创造性。

一般情况下，审查员只需要考虑独立权利要求之间的单一性，因为从属权利要求都是引用独立权利要求，所以独立权利要求和从属权利要求之间不存在单一性的问题。但是如果独立权利要求没有新颖性、创造性，则各个从属权利要求之间可能因为缺乏同样的特定技术特征而不属于同一个发明构思，进而没有单一性。所以，有的单一性问题可以直接确定，有的单一性问题则需要在审查中根据审查的进展而进一步确定。此处引用《专利审查指南2010》中的几个例子：

1. 同类独立权利要求的单一性

【例1】权利要求1：一种传送带 X，特征为 A。

权利要求2：一种传送带 X，特征为 B。

权利要求3：一种传送带 X，特征为 A 和 B。

现有技术中没有公开具有特征 A 或 B 的传送带，根据与现有技术的对比，具有 A 或 B 的传送带都具有新颖性、创造性。但是这 3 个独立权利要求之间存在单一性的问题。A 和 B 在技术上没有关联，不具有相同的特定技术特征，不属于同一发明构思，所以权利要求1和权利要求2不具有单一性。权利要求1和权利要求3具有共同的特定技术特征 A，具有单一性。权利要求2和权利要求3具有共同的特定技术特征 B，也具有单一性。

【例2】权利要求1：一种插头，特征为 A。

权利要求2：一种插座，特征与 A 相应。

现有技术中没有公开和暗示具有特征 A 的插头及相应的插座，这种插头和插座不是显而易见的，具有新颖性和创造性。

权利要求1和权利要求2具有单一性。因为权利要求1是插头，权利要求2是插座，两者之间虽然没有相同的特定技术特征，但是大家都知道，插头和插座是对应使用的，两者之间是相互关联且必须同时使用的，具有相应的特定技术特征，因此具有单一性。

2. 不同类独立权利要求的单一性

【例3】权利要求1：一种化合物 X。

权利要求2：一种制造化合物 X 的方法。

权利要求3：化合物 X 作为杀虫剂的应用。

这三者之间是否具有单一性就要分情况来分析。首先确定特征 X 使三者之间相关联，是三者的联结点。如果 X 是特定技术特征，则三者之间具有单一性；如果 X 不是特定技术特征，不能使权利要求1具有新颖性和创造性，则权利要求 2 和权利要求 3 之间将不再具有相同的特定技术特征，不能产生关联，权利要求 2 和权利要求 3 不具有单一性。

3. 从属权利要求的单一性

【例 4】权利要求 1：一种显示器，具有特征 A 和 B。

权利要求 2：权利要求 1 所述的显示器，具有另一特征 C。

权利要求 3：权利要求 1 所述的显示器，具有另一特征 D。

在这种情况下，权利要求 2、权利要求 3 共同引用权利要求 1，如果权利要求 1 具有新颖性和创造性，则权利要求 2、权利要求 3 之间也有了共同的特定技术特征，具有单一性。如果权利要求 1 不具有新颖性、创造性，则权利要求 2、权利要求 3 因不具有相同或相应的特定技术特征，不具有单一性。

那如果专利申请不具有单一性会怎么样？审查员会在审查意见中指出，申请人可以修改专利申请使其克服单一性的问题，也可以进行分案申请。

35
怎么做分案

何为分案？当一件专利申请中包含两项或两项以上不同的发明创造的时候，该专利申请就不符合前文提到的单一性的要求，就不能获得授权。申请人如果想继续审查程序推进获权，就可以把不属于同一发明的部分删除或者单独作为一项专利申请。如单独作为一项专利申请，那这个新申请就是分案。

分案分为依照审查的意见被动提出分案和主动分案。依照审查的意见进行分案是因为母案申请不符合单一性的要求，审查员会在审查意见通知书中具体指出哪些技术方案不符合单一性要求。申请人在接到不符合单一性的通知书时可以进行修改，将不符合单一性的多个发明限定到一个发明中，使其属于一个总的发明构思；也可以仅保留符合单一性的部分，删除不符合单一性的部分。如果不想放弃不符合单一性的部分，就可以针对这部分内容提交分案申请。另外，如果申请在实审过程中被驳回，申请人自收到驳回决定的三个月内，也可以提出分案申请。以上是依照审查的意见提出的被动分案，其提出申请的时间按照通知书的要求来做就可以了。

除了被动分案之外，很多申请人也常常会主动分案，其原因不一，大致可分为解决问题和争取利益两种。

1. 解决问题

（1）尽快获得授权。在审查中审查员可能会认为一些权项可以授权，另外一些不具有新颖性和创造性，不能授权。如果针对不具有新颖性和创造性的权项继续答辩可能会增加答复次数，在结果不确定的情况下延长审查周期，无法及时获得授权并主张权利。在这种情况下，申请人如果需要尽快授权以支持对他人提起诉讼，或者融资支持等，就可以先"放弃"这些不具有授权前景的权项，先取得权利，再转头对"放弃"的方案提起分案。

（2）"重新"进行审查。有时候申请人和审查员的意见很难达成一致，申请人不想放弃但又说服不了目前负责这件申请的审查员，于是就"战略性撤退"，结束和这位审查员的"对话"，转头提出分案。因为审查系统提案是在审查领域内随机分配,所以分案可能会被分给其他的审查员审查,这样就达到了申请人换审查员的目的。

2. 争取利益

(1) 保护"漏写"的发明。一种情况是提交专利申请时权利要求没写好,有一些应该保护的技术方案漏写了,通过提交分案的方式保护漏掉的那部分技术方案;另一种情况是当时没想保护(不是真的漏写)某技术方案,但是随着时间的推移,发现已公开未保护的技术方案的市场价值,进而通过分案提出保护。

(2) 扩大保护范围。在修改审查答复时,不能随意删除非必要技术特征,扩大权利要求保护范围(删除后就比最初提交版本的保护范围更大了),因此有的申请人会另提分案,在分案中删除相关非必要技术特征,要求一个更大的保护范围。这种情况提分案就需要注意不能超出原来母案的公开范围并符合与母案的保护范围不同的要求。

分案应该在母案还"活着"的时候提出。根据《专利审查指南 2010》的规定,申请人最迟应当在收到专利局对原申请作出授予专利权通知书之日起两个月期限(即办理登记手续的期限)届满之前提出分案申请,即原专利申请受理后至办理(授权)登记手续期限届满前的任何时间。

在进行分案时,应该在分案申请的说明书起始部分说明是哪一件申请的分案申请,要写明原申请的申请日、申请号和发明创造名称;分案申请的内容不能超出原来申请记载的范围;分案要求保护的内容应该是与原申请不同的部分,即申请保护不同的发明。

以上是关于分案申请的基本原则介绍,虽然实际工作中情况要复杂很多,但是都是遵循这些基本的原则执行的。分案申请什么时候提出、怎么提出都很有技巧,有兴趣的读者可以查找一些具体案例进行进一步学习,比如英特尔的超过 20 年专利才被授权的分案案例就值得研究一下。

36
什么是优先权

优先权对于很多人来说可能还比较陌生，很多国内的申请人都没有使用过。优先权原则是专利申请的一个原则，源于《巴黎公约》，依照公约的规定，在申请专利或商标等工业产权时，各缔约国要相互承认对方国家国民的优先权。这为申请人在一定时间内在不同国家地域就相同的发明申请专利要求保护提供了前提。

我国专利法也规定了优先权，《专利法》第29条规定："申请人自发明或者实用新型在外国第一次提出专利申请之日起十二个月内，或者自外观设计在外国第一次提出专利申请之日起六个月内，又在中国就相同主题提出专利申请的，依照该外国同中国签订的协议或者共同参加的国际条约，或者依照相互承认优先权的原则，可以享有优先权。申请人自发明或者实用新型在中国第一次提出专利申请之日起十二个月内，又向国务院专利行政部门就相同主题提出申请的，可以享有优先权。"

我国的优先权分为外国优先权和本国优先权，外国优先权就是第一次申请的专利是在国外提出的，本国优先权就是第一次申请的专利是在中国提出的。这里是外国优先权还是本国优先权是看专利，不是看申请人，也就是说中国申请人在符合条件的情况下也可以要求外国优先权。

外国优先权和本国优先权的差别在于，外国优先权可以要求外观设计的优先权，时间是6个月内，国内优先权不能提出此要求。对于发明和实用新型来说，无论是要求外国优先权还是国内优先权，时间都是12个月内。

如果要求优先权，需要在提交专利申请时提出，并在3个月内提交优先权文件的副本；如果没有提出书面声明或者逾期未提交专利申请副本，视为未要求优先权。这就是说如果要求优先权，就要以书面形式提出来，并且按要求提交材料；如果当时没提，逾期就不能提了；如果当时提了，但是没按期、按要求提交材料，也视为没有提。要求优先权失败不影响本身提出来的申请，并不需要再重新提交一次申请，只是不会认定优先权。

那要求优先权到底有什么用呢？第一，有一些申请决定可以多一些时间（比如一年）来思考再做出；第二，多给一次机会把没写好的案子"再写"一遍；第三，将现有技术的认定时间提前，提高授权的可能。例如，企业 A 现在做出一项发明，在中国很有市场前景，计划申请专利，但是不确定外国市场前景如何，而且申请外国专利的费用也比较高。在这种情况下，企业 A 可以先向中国提交专利申请（发明或实用新型），然后在 12 个月内进一步开展国外市场调研，如果觉得国外市场可期，确定要进入其他国家，就可以通过 PCT 途径提交一件 PCT 申请，同时要求之前提交的那件中国专利申请的优先权，之后就可以通过 PCT 途径进入想要申请专利的国家；当然也可以直接向目标国家（和中国互认优先权）提交专利申请，要求之前提交的那件中国专利申请的优先权。

这些一年之内提交的在后专利申请在后续审查中判断它的现有技术时，所采用的日期都和在先申请一样。就好比你先在网上挂了个号，但是人没去现场，一年之内，你可以直接插队到挂号的那天，这一年间提交的其他专利申请都不会影响到对你专利申请的新颖性、创造性的判断。

再比如企业 B 做出了发明创造，也提交了专利申请，但是过一段时间发现申请中的权利要求没写好，有一些技术方案没要求保护。在这种情况下，企业 B 就可以在之前的说明书内容的基础上，重新写一版权利要求并再次提交专利申请，要求在先申请的优先权，这么做的效果就好像给了在先申请一次"重生"的机会，不至于将相关技术方案白白作了奉献。甚至是你本来觉得不用保护的方案，但是这段时间内发现竞争对手在用，只要相关技术方案本来就记载在你的说明书中，你就可以通过要求优先权的方式来修改你的权利要求书并再提出新的申请。

无论是出于什么样的原因要求优先权，在客观上都会使同样发明技术方案部分的现有技术认定时间提前到优先权申请的时间，"规避"在后申请和优先权申请之间的申请文件的竞争，提高相关技术方案的授权机会，这就是要求优先权的根本目的。

虽然优先权制度是一项"插队"规则，但也是有一定具体要求的。首先，前文提到的时间，外国优先权的期限是从发明、实用新型为首次申请后的 12 个月内，外观设计为 6 个月。其次是形式申明，需要提交申请时就书面提出来并且按要求提交在先申请文件副本。除此之外，不能连续要求，在后申请的 B 和 C（C 比 B 更晚）申请如果想要求 A 的优先权，只能 B 要求 A，C 也要求 A；而不能 B 要求 A 的优先权，C 再要求 B 的优先权进而间接地要求了 A 的优先权，"跑接力赛"是不允许的。

对于中国优先权来说，被要求了优先权的在先申请就视为撤回了。如果上面提到的 A、B、C 都是中国本国申请，那么 B、C 要求了 A 的优先权之后，A 就视为撤回，也就是说审查员就不会再审查 A 了，但是 B、C 的申请都成立，可以继续履行后续程序，进行审查，获得授权。

优先权是一项被很多外国申请人充分利用的制度，从总体上来说，我国的申请人对这项制度的理解和运用能力还相对较弱，甚至很多人都没有听过这项制度，更不用说运用了，白白丧失了很多机会或者没有合理利用规则规避竞争。关于优先权还有很多"高级"的运用方法，因为比较复杂，就不在本文展开了，大家可以根据兴趣查找相关的案例进行进一步的了解。

37

怎么做申请文件的答复与修改

一、申请文件的答复

专利申请过程中,除非专利申请文件都是完全符合要求的并且能够直接获得授权,大多数情况下都会涉及申请文件的答复与修改。答复和修改都是针对审查意见通知书里指出的问题来进行的,需要按照通知书中指定的期限提交答复和修改内容。

关于答复,申请人应当采用国家知识产权局规定的意见陈述书或补正书的方式,针对审查意见通知书中指出的问题在指定的期限内作出答复。申请人可以仅提交意见陈述书、不修改,也可以进一步提交经修改的申请文件(替换页和/或补正书)。

如果申请人不同意审查员的审查意见,申请人在意见陈述书中可以具体陈述自己对审查意见提出的反对意见、理由、依据;如果作了修改,可以在意见陈述书中陈述哪里做了什么样的修改,对修改内容是否符合相关规定以及如何克服原申请文件存在的缺陷予以说明。

例如,申请人在修改后的权利要求中引入了新的技术特征用来克服审查意见中指出的该权利要求不具有创造性的缺陷时,就应当在意见陈述书中具体指出引入的这个技术特征可以在说明书的哪些部分得到,并说明修改后的权利要求具有创造性的理由。申请书文件长短各异,有的甚至长达数百页,所以申请人在陈述书中阐明修改的内容来源依据非常重要,这可以帮助审查员快速判断修改是不是符合相关规定并作出正确的决定,而且这对于申请人来说也是有利的。

如果申请人提交的是无具体答复内容的意见陈述书或补正书,也是申请人的正式答复。对此,审查员会理解为申请人不反对审查意见,同时也没有克服审查意见中指出的申请文件存在的缺陷。

如果申请人无正当理由逾期不答复,则申请即被视为撤回,审查员将终止审查。有时候，在答复过程中，申请人或者代理师可能会和审查员进行交流，个别时候会把拟提交的答复文件或征询意见发给审查员，这些口头沟通或文件交流都不视为正式答复，不具备法律效力。专利申请的答复文件都是以按要求提交进国家知识产权局系统的正式答复文件为准。

在审查意见答复时，陈述书应该符合格式要求，包含起始语段、修改说明、克服缺陷的具体说明、结尾语段。具体答复时，要注意全面答复，对审查员的所有审查意见和提出的问题或要求，都要有答复，不能遗漏。申请人要阐明自己的意见并且论述理由。在论述理由时，申请人应该注意分寸，尽量避免为了获得授权而过度解释限缩，白白捐献有可能获得保护的技术方案。如果在答复中作出了不利于专利保护的限制性条件，在将来主张权利时可能会因禁止反悔原则而对自己形成限制。在争取更大保护范围时，应尽量避免为了争辩而争辩，而要依据客观事实，有理有据地说理，一味强调发明人的学术地位、公司影响而不聚焦在申请的具体技术方案上对于取得合理的审查结果是无益的。如果有与案情相似的授权专利申请或复审决定，也可以在答复中引用给审查员作参考，以增强说服力。

申请人在答复时，有时会遇到需要延长答复期限的情况，这种情况可以依照相关规定在答复期限届满前提出延长期限的请求书、说明理由并缴纳延长期限的请求费。延长的期限不足一个月的，以一个月计算；延长的期限不得超过两个月。对同一通知或者决定中指定的期限一般只允许延长一次。可以请求延长的期限仅限于指定期限，但在无效宣告中，专利复审部门指定的期限不得延长。

最后答复文件需要签署，具体分为委托了代理机构和未委托代理机构两种。委托了代理机构的，答复文件的签署由代理机构负责；未委托代理机构的，如果申请人是单位，盖申请单位公章，如果申请人是个人，由申请人签字或盖章。

二、申请文件的修改

除了答复之外，申请人还可以对其专利申请文件进行修改。修改的方式分为主动修改和根据审查意见修改。《专利法实施细则》第 51 条对不同类型的专利申请的主动修改时机作了规定。发明专利可以在两个时间点作主动修改，一个是提出实质审查请求时，另一个是收到国家知识产权局发出的进入实质审查阶段通知书之日起 3 个月内；实用新型或外观设计专利申请只能在自申请日起 2 个月内提出主动修改。

在根据审查意见修改时，申请人应当针对通知书指出的缺陷进行修改。如果不是针对审查意见进行修改，则修改文本一般不予接受。但是如果其修改消除了原申请文件存在的缺陷，并且具有被授权的前景，则这样的修改就可以视为是针对申请书指出的缺陷进行的修改。

《专利法》第 33 条对修改的内容和范围规定："申请人可以对其专利申请文件进行修改，但是，对发明和实用新型专利申请文件的修改不得超出原说明书和权利要求书记载的范围，对外观设计专利申请文件的修改不得超出原图片或者照片表示的范围。"这一条就是大家经常说的修改超范围的法条。无论是主动修改还是根据审查意见修改，都不能超出原说明书和权利要求书文字记载的内容以及说明书附图能直接、毫无疑义地确定的内容。

在答复过程中针对申请文件的修改是为了克服审查意见中指出的缺陷、问题，申请人可以对权利要求书、说明书及摘要进行修改，但是修改要符合《专利法》第 33 条的要求，即不超过原说明书和权利要求书记载的范围。

那具体怎么修改呢？针对权利要求，可以修改、合并、删除，比如审查意见指出没有新颖性、创造性或缺少解决技术问题的必要技术特征，申请人可以从说明书中提取技术特征增加到权利要求中以克服原有的缺陷；如果原来的权利要求中限定的技术特征被审查员认为限定的保护范围不清楚或技术特征没有以说明书为依据，也可以进一步根据说明书、权利要求书中记载的内容进一步修改、明确。

修改既不能超范围，也不能违反其他的审查规定，比如扩大保护范围（修改后的权利要求保护的范围不能超过最初提交的版本，最初的版本要求保护的范围是最大的）、不符合单一性的要求、主动增加新的独立权利要求/从属权利要求（这些权利要求的内容在原来的权利要求书版本中没有）等。

除了权利要求书可以修改，说明书及摘要也可以修改。一种修改是因其本身有不符合《专利法》及其实施细则规定的缺陷而需要作出的修改，如发明名称太长需缩短、将缺少的附图说明补上、改正不规范用语、统一技术术语、修改摘要以写明发明名称和所属技术领域、删除商业性宣传用语等；另一种是根据修改后的权利要求书作出的适应性修改，如修改发明所属技术领域使其更便于公众和审查员清楚地理解发明及其相应的现有技术、修改背景技术部分使其与要求保护的主题相适应。

那修改部分如何具体体现呢？《专利法实施细则》第 52 条规定："发明或

者实用新型专利申请的说明书或者权利要求书的修改部分，除个别文字修改或者增删外，应当按照规定格式提交替换页。"也就是说，如果修改了，要让审查员清楚地知道修改了哪里，是怎么修改的。首先，需要提交重新打印的替换页体现修改的内容；其次，需要提交体现修改前后变化的修改对照表或能体现修改前后差异的原文对照页。

  专利申请的答复和修改是申请人非常关心的重要内容，首先要了解和重视，避免出现不答复、错过答复期，正确理解审查员的意见通知、减少无效答复；其次在修改时要注意遵守相关法律法规的规定，详细说明修改的出处，充分阐述修改的依据和理由，摒弃偏见就客观技术事实发表见解，尽可能为自己争取最大化的保护范围。

38
专利授权之后申请人应该做什么

专利申请获得授权后，申请人就正式获得了权利，不过这项权利并不是一旦获权就终身有效，而是需要通过缴纳专利年费来维持，如不及时缴纳专利年费，专利权将终止。

专利权被授予后，发明专利权的期限为自申请日起算 20 年，实用新型和外观设计专利则是 10 年。专利年费是按照年度来缴纳的，在获得授权前不需要缴纳年费，但是获得授权后应当自被授予专利权的当年开始缴纳年费。这里的缴费年度不是指自然年度，而是根据每一个专利的申请日来算，比如申请日是 3 月 5 日，那么它的专利年度是当年的 3 月 5 日到下一年的 3 月 4 日。

授权当年的年费申请人在办理专利权登记手续时缴纳，以后各个年度的年费应该在上一个年度期满前缴纳，也就是预缴。如果申请人因为其他的原因如开发新的技术、推动专利实施等正当理由没有在规定的期限内缴纳年费，专利权并不会马上终止。申请人有 6 个月的时间窗来补缴年费，但需按照相关规定缴纳滞纳金。如果依然没有缴纳或没有足额缴纳年费和滞纳金，国家知识产权局就会发出专利权终止通知书，通知专利权人专利权自上一年度期满之日起终止。专利权人可以在收到通知书 2 个月内提出请求，请求国家知识产权局恢复其专利权。如果申请人的请求符合相关规定，如因不可抗力无法按时缴纳费用，国家知识产权局在申请人满足条件的情况下可以恢复其专利权。

缴纳专利年费是为了维持专利权，有时候专利权人也会考虑放弃专利权，不再维持。放弃有两种情况，一种是不缴纳年费，到期就会自动终止；另一种是主动声明放弃，提前终止权利。放弃专利权只能放弃全部权利，不能放弃一部分，保留一部分。主动提前终止权利需要专利权人向国家知识产权局正式提出书面声明，填写统一制式的文件。如果是多个专利权人，需要所有专利权人都同意并全部签字/盖章方能生效。

专利被授权后，专利权人会收到专利证书，之前都是纸质证书，但是国家知识产权局已经宣布对公告日在 2020 年 3 月 3 日（含）之后的电子专利申请颁发电子证书，不再颁发纸质证书。

很多人对专利证书比较熟悉，但是不太了解专利登记簿。专利登记簿是一个法律文件，它记载了这个专利从授权开始的法律状态变更，包括授权、转让或转移、质押、许可、保全、无效、权利终止、权利恢复、强制许可以及专利权人的变更等，可以是纸质的，也可以是电子的，二者具有同等法律效力。专利证书只是载明了授权当时的专利权人的信息，不能作为专利权有效的法律证明。如果专利权之后被转让给其他人，那么受让人就不能再获得新的专利证书，但是可以请求获得专利登记簿副本。所以，专利权人出具专利证书只能证明专利权人曾经获得过该权利，至于现在专利权是否有效、被质押、被许可，甚至已经转让给其他人都无法证明，这些信息可以通过向国家知识产权局查询专利登记簿副本来确认。在专利获得授权后，任何人都可以向国家知识产权局请求出具该专利的专利登记簿副本。

也就是说，专利的法律状态是以国家知识产权局的专利登记簿记载内容为准的，如果交易双方涉及专利权的许可、质押，专利权人转让，双方除了签订书面合同之外，还应该到国家知识产权局进行登记备案，以便及时确认专利权的法律状态变化。否则，未经登记备案，合同只在双方之间有效，不具有对抗第三人的效力。

专利授权是专利生命中的一个重要节点，之后专利权人要注意及时缴纳相关费用，按要求履行相关手续维持专利权。如果经评估，认为不再需要维持权利，也可以提前放弃终止权利。涉及专利权的法律状态变换，合同双方应及时到国家知识产权局进行登记备案，确认法律状态变化，保障自己的合法权利。

39
什么是专利权质押

在金融市场,"专利权质押融资"一词越来越受到人们的关注。随着《关于进一步加强知识产权质押融资工作的通知》(以下简称《通知》)的发布,国家相关机构加大了对专利质押融资的支持力度,社会各界也对这种新型融资方式保有持续的关注度。专利权质押融资是指债务人或第三人将其所拥有的发明专利、实用新型专利、外观设计专利的财产权经评估后向银行、其他的金融机构或投资公司作质押取得贷款,并按约定的利率和期限偿还贷款本息,当债务人不履行债务时,债权人有权依法以该专利权折价或拍卖、变卖的价款优先受偿的一种融资方式,也是专利权运用的方式之一。

目前,我国专利权质押融资已在全国范围内广泛推行,融资规模不断扩大,融资金额逐年攀升。根据国家知识产权局统计数据(见图1)显示,2019年我国专利权质押融资总额达到1105亿元,同比增长24.8%;专利权质押项目总数为7060项,同比增长30%,且质押融资已覆盖全国除港澳台地区以外的31个省区市。质押融资规模不断扩大,融资金额逐年递增,在一定程度上对专利价值的实现起到了重要作用。

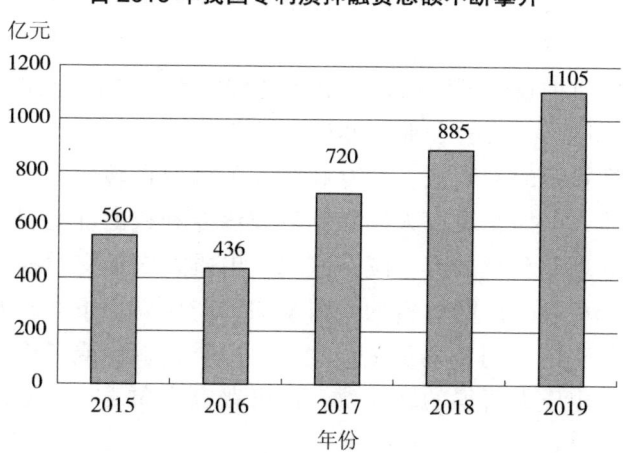

图1 我国专利质押融资总额(2015—2019年)

初创企业要想进行专利权质押融资，其前提和核心在于要对专利权质押的质权效力予以明确。根据《中华人民共和国物权法》《专利法》《专利法实施细则》等法律法规的规定，当事人须办理专利权质押登记，经审查合格之后，国家知识产权局将出具专利权质押登记合格通知书并对基本登记信息进行公示。

这里具体解释一下专利权质押、专利权质押登记流程中的核心问题。首先，专利权质押，是为担保债权的实现，由债务人或第三人将其专利权中的财产权设定质权，此时债权人获得了对账务的担保，这个担保是当债务人不履行债务时，债权人有权依法就设置质权的专利权优先受偿。由于专利权质押是对债权的担保，因此专利权质押与所担保的债务是从属关系，债务债权关系存在，质权才得以存在，如果债务按时清偿完成，则质押担保也就自然消亡，因此施以担保的债权关系是专利权质押登记的前置条件。此外，专利权质押登记可以被撤销，一旦撤销，其质押登记的效力自始无效。

申请和办理专利权质押所要求提交的材料，应根据《专利权质押登记办法》的第7条规定进行准备，这其中包括：①出质人和质权人共同签字或者盖章的专利权质押登记申请表；②专利权质押合同（应当订立书面质押合同，质押合同可以是单独订立的合同，也可以是主合同中的担保条款）；③双方当事人的身份证明；④委托代理的，需提供注明委托权限的委托书，以及其他需要提供的材料（例如涉及专利权的估值且经过资产评估的，当事人还应当提交资产评估报告）。提交材料至国家知识产权局之后，其自收到专利权质押登记申请文件之日起7个工作日内进行审查并决定是否予以登记。质权自国家知识产权局登记时设立。

目前专利权质押登记可以通过专利事务服务系统在网上办理（网址：http://cponline.cnipa.gov.cn），业务办理流程指引如图2所示。

已经被质押登记的专利权，其专利权人不得擅自转让、许可、放弃专利权。其一，出质人未提交质权人同意其放弃该专利权的证明材料的，国家知识产权局不予办理专利权放弃手续；其二，出质人未提交质权人同意转让或者许可实施该专利权的证明材料的，国家知识产权局不予办理专利权转让登记手续或者专利实施合同备案手续。此外，出质人转让或者许可他人实施出质的专利权的，出质人所得的转让费、许可费应当向质权人提前清偿债务或者提存。

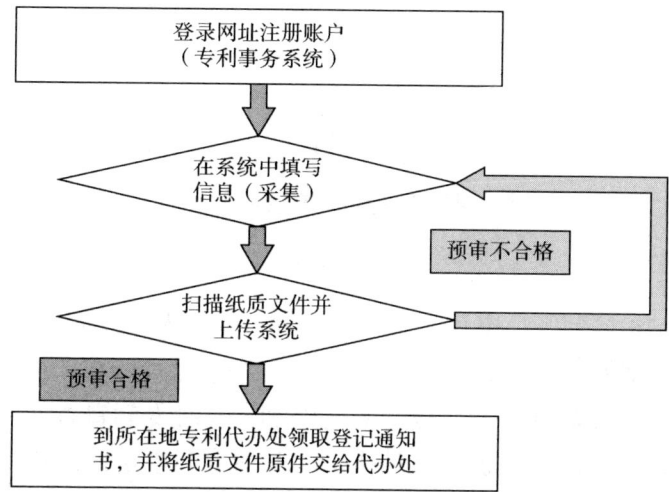

图 2　在电子系统中办理专利质权登记流程

40
什么是专利复审

专利申请被驳回了,申请人不服怎么办?申请人可以向国家知识产权局提起复审,不能直接去人民法院起诉,因为不符合法律规定,法院不予受理。

虽然专利审查员都受过专业的系统培训,并且专利审查有严格的程序,但是仍然难以保证国家知识产权局作出的驳回专利申请的决定100%都是合理、正确的。为了充分保障申请人的合法权益不受侵害,专利法设定了申诉制度——复审,由国家知识产权局专利局复审和无效审理部负责审理。通常的专利申请实质审查是前审程序,如果申请人对前审的驳回决定不服,可以请求对前审的审查决定进行复审,继续延续专利审批程序,为保障自己的合法权益寻求救济。

请求专利复审需要符合一定的要求,首先,只有专利申请被驳回了才能请求复审,专利申请被视为撤回、不予受理都不能请求复审。其次,只有被驳回申请的申请人才有资格提请复审,如果有多个共同申请人,需要全部申请人都同意。最后,需要在收到驳回通知之日起3个月内,按照规定要求提交相关请求文件并按照规定及时足额缴纳相关费用。

复审请求符合上述的条件,被受理后,审查部门会成立合议组。前审(通常的专利审查)审查是一个审查员独立审查,复审是合议审查,合议组由3人或5人组成。一般专利申请都是由3人合议组进行复审,对于有重大影响、涉及疑难法律问题、涉及重大经济利益的专利申请,可以组成5人合议组进行复审。

专利复审是依请求启动,也就是说申请人不服前审驳回决定请求复审,复审程序才会启动,国家知识产权局不会主动提起复审。在具体审查程序上,首先是前置审查。复审和无效审理部门会把已经受理的资料合格的案卷连同驳回决定一并转交给作出驳回决定的原审查部门,由原审部门在收到案卷后的1个月内提出明确的前置审查意见并详细说明。

前置审查意见有三种可能的结论:①申请人是对的,复审请求成立,同意撤销驳回决定；②申请人在原来的资料基础上进行了修改，修改后的版本被接受，在此基础上撤销驳回决定；③申请人的意见和修改的文本不足以支持撤销驳回决定，坚持驳回。

对于前两种前置审查意见结论，合议组会依据其作出决定，撤销驳回决定，由前置审查部门重新作出审查决定。这里需要明确，复审是不能直接作出确权决定的，申请的授权或者驳回最终都是由前审部门作出的。

对于第三种结论，合议组就会对申请人的请求理由和证据以及前置审查意见进行审查。其可能是这样几种情况：①复审决定将维持驳回决定；②可以撤销驳回决定，但是需要复审请求人进一步修改相关资料；③需要复审请求人进一步提供证据或对有关问题进行说明；④需要引入驳回决定未提出的理由或者证据。针对这些情况，合议组可以采取书面审理、口头审理或者两者相结合的方式进行办理，最终采取何种方式要根据案件情况及案情进展来决定。

在审查中，合议组一般仅针对驳回决定所依据的理由和证据进行审查，也就是不服哪里审哪里，不承担全面审查。

如果合议组发出复审通知书，请求人应当在收到之日起 1 个月内对通知里面指出的缺陷进行书面答复，如果不答复或没有实质答复就视为同意审查意见。如果合议组发出口头审理通知书，请求人于特定的时间点和合议组就案件进行口头沟通，请求人应当按时参加口审或者同样在 1 个月内进行书面答复。合议组发出口审通知，请求人不参加口审也不答复的，其复审请求就会被视为撤回。

经过审理后，合议组会发出复审审查决定：维持驳回决定、撤销驳回决定或者请求人修改后的文本克服了缺陷，在此基础上撤销驳回决定。

复审是权利救济程序，是前审专利审批程序的延续，多为申请人提供了一次机会、途径去主张自己的权利，维护自己的合法利益。

41
什么是专利无效

专利权的终止除了到期终止、不缴费终止、主动放弃，还有很大比例是因为被无效。

专利权的无效时机一定是在该专利授权之后（专利权已经终止了也可以，自申请日起放弃的不算），如果还在审查中，甚至未进入实质审查阶段，是不能提无效的。任何人都可以向国家知识产权局提起专利权的无效，包括专利权人自己。无效请求人可以对全部专利权项提起无效，也可以无效部分权利；但是专利权人自己提起无效就只能提全部无效，不能附条件保留一部分权利。

事实上，绝大部分的无效都是在被提起侵权诉讼之后提起的所谓的"反诉"。其目的一个是用"釜底抽薪"，彻底消灭专利权人主张权利的基础；另一个是通过提起无效来中止侵权诉讼的审理，为自己的诉讼准备以及公司运营管理调整争取时间。

专利无效宣告请求的受理主体是国家知识产权局，具体由专利局复审和无效审理部负责，也就是之前的专利复审委员会。

那么可以以什么理由提起无效请求呢？主要理由包括：认为发明或实用新型不具备新颖性、创造性或实用性；外观设计不具备可专利性；说明书公开不充分，无法实施；权利要求书没有得到说明书支持；修改超出原始说明书、权利要求书范围，或超出原始图片、照片表示的范围；违反法律或者不属于专利保护对象等。无效请求的理由可以是上述内容的一项或者多项。

提起专利无效请求除了要提交无效宣告请求书，写明请求宣告的专利名称、专利号以及依据的事实和理由之外，还要附上必要的证据。

在程序上，专利复审和无效审理部门收到无效请求后，会成立合议组（3~5人）。具体的审查方式分为书面审查和口头审理两种，具体选择哪种由合议组依法根据以下几种具体情形来决定。

（1）专利复审和无效审理部门认为请求人的证据充分，理由全部成立，足以支撑其全部请求。在这种情形下，合议组首先会把收到的无效宣告请求相关文件副本送交给专利权人，要求专利权人在指定期限内答复，履行文件转送程序。待指定答复期限届满，专利权人是否答复都不会影响无效审理的进行，只要其没有要求口头审理，合议组都可以直接进行书面审查，依请求人的具体请求作出无效审理决定。即请求人请求无效全部，审理决定会是专利权全部无效；请求人请求无效部分，审理决定就会是部分无效，总之依请求的范围决定。

（2）专利复审和无效审理部门认为请求人的理由和证据部分成立，可能会作出宣告专利权部分无效的决定的，依程序转送文件给专利权人并答复期满后，合议组就会发出口头审理通知，通知双方当事人参加口头审理。

（3）转送文件后，专利权人已经答复，且合议组认为其陈述理由充分，将会作出维持专利权有效的决定。这种情形采用书面审查和口头审理都可以，专利复审和无效审理部门可以根据具体情况作出决定。

（4）转送文件后，专利权人没有答复，且专利复审和无效审理部门认为请求人无效理由不成立，将会作出维持专利权有效的决定。这种情形采用书面审查和口头审理都可以，专利复审和无效审理部门可以根据具体情况作出决定。

总之，影响审查方式和审理决定的是客观事实，但是专利权人有要求口头审理的权利。

无效宣告对当事人双方都会有比较大的影响，所以审查时要遵循保密原则，在作出决定前，合议组成员不能将自己或者其他成员的观点明示或暗示给任何一方当事人，原则上也不应与当事人举行会晤。

在审查中，请求人可以放弃部分或者全部请求理由、证据；专利权人也可以针对请求人的请求主动缩小其专利保护范围，只要其修改文本不违反法律规定就可以被接受，合议组也可以接受不要求请求人再举证；当然，如果双方想和解，合议组也可以给双方当事人一定期限进行和解。专利复审和无效审理部门是客观审查裁判，遵循当事人处置原则。

经过审查，专利复审和无效审理部门会作出审查决定，书面通知双方当事人。如果双方当事人没有异议，则国家知识产权局将在决定发生法律效力以后予以登记和公告。被宣告无效的专利权（可能是全部，也可能是部分）即被视为自始即不存在，权利人就不能再主张权利了，这也是被告提无效作为"反诉"的原因。但是这个结果对于已经执行的侵权处理或已经履行的合同不具有追溯力。比如权利人之前许可给别人并收了许可费，被许可人

不能因此而要求退回许可费。但是如果专利权人恶意造成他人损失，应该对被许可人的损失给予补偿。

如果双方当事人任何一方不服审查决定的，可以在收到通知之日起3个月内向人民法院提起行政诉讼。在这种情况下，对于专利无效的审查决定就暂时不会生效，后续具体要看法院的审理结果。

42
如何进行审查沟通

审查是专利从申请到授权的必经环节，很多申请人提到审查员都有一种神秘感，而代理师因为和审查员"隔空交流"比较多，所以应该都比较熟悉。本节主要针对不同审查环节可能会涉及的沟通情形进行介绍，以帮助大家更好地了解审查制度及审查工作的运行，从而更充分、有效地利用相关途径与审查员进行审查沟通。

在审查过程后，申请人会收到"来信"——审查员发出的审查意见通知书。很多申请人和科研人员因为不熟悉通知书的格式，往往不知道该看什么内容。首先，审查意见通知书的第一页会写明是第几次审查意见通知书，具体的内容可以逐项查看；通知书的前面几项是陈述这次审查的背景，以及依据的文本。

其次是对比文件项，会列明审查人员检索到的对比文件，列在第一位的就是审查员认为最接近申请人发明技术方案的现有技术文件，通常称为 D1。对比文件可以是专利，也可以是科学文献、教科书、工具书等。

再次是审查的结论性意见，也就是申请人最关心的审查结果。审查员在此处会逐条明确对说明书、权利要求书的审查意见，即分类具体明确相应的权利要求是否符合相关法条。申请人也可以在此处看到审查员在审查时主要参照了哪些法条。然后是审查结论，在此处申请人会知道是不是要修改、有没有授权前景。

最后是注意事项，会列明申请人的答复期限，第一次下达通知书的答复期限是 4 个月内，之后下达的通知书的答复期限是 2 个月内。

审查员关于审查意见的理由论述通常是附在通知书的最后，申请人要仔细阅读这部分内容，弄明白审查员所使用的具体证据材料并理解审查员对于相关技术方案的认定、思考逻辑，然后在答复时作出针对性的回应。

与审查意见第一次通知书一起发出的还有检索报告，用以说明审查员检索时的检索领域、检索用的数据库以及基本检索要素、对比文件以及其与发明主题的相关程度。检索报告会标示各个对比文件的类型（X、Y、A、R、P、E），以体现它与主题的相关度。一般大家看到X、Y、A的时候比较多。X表示该文件与发明非常相近，可以单独用它自己来评价新颖性或创造性；Y表示该文件的相近度比X弱，要和其他的Y类文件一起才能评价申请的创造性；A更次之，是背景技术文件，可以理解为是相同技术领域，能反映一部分发明的技术特征，可以帮助理解相关内容的专利文件。在检索报告的后面也会附有不同文件类型代表的含义，大家可以具体查看。

以上是关于审查意见书的阅读，在答复过程中，通常代理师会代表申请人撰写并提交对审查意见通知书的答复，这样就完成了审查员与申请人之间的一次沟通，有来有往。如果申请人对于审查意见有不太清楚的地方或者想就答复想法和审查员沟通，也可以自己或者请代理师和审查员约时间进行电话沟通，在审查意见通知书上都留有审查员的联系电话。

在电话沟通时，如果是涉及技术方案细节实质的问题，可以考虑和审查员提前约好时间，因为从审查员发出通知书，再到沟通时可能已经过去了几个月，提前预约可以让审查员有时间重新回顾案情，这样双方在沟通时可以快速进入核心问题，沟通效率会比较高，效果也比较好。不过，需要注意的是，无论是电话沟通还是邮件征询都不具有法律效力，申请人还需要把正式的答复文件按规定提交，审查员也会依据系统里的答复文件进行审查。

除了申请人可以和审查员进行沟通之外，其他社会公众也可以就具体的案子和审查员进行沟通，只是具体形式稍有不同。在申请人甲的专利申请审查过程中，相关审查意见通知书的内容是公开的，社会公众乙可以通过专业的平台来获取具体信息。如果想针对某个案子发表意见，可以通过发表公众意见的方式向国家知识产权局提交相关资料，审查员在审查系统内会看到相关文件并依据法律法规进行处理。随着人们知识产权保护意识的提升以及对其可能会产生的运营影响的认识的加深，这种方式会被越来越多地使用。

如果申请人甲和乙是同行业的竞争对手，那么乙就可以监控甲的专利申请情况，如果发现有申请要求保护的范围可能会影响自己的产品销售并认为有证据证明该申请不应该被授权，那么就可以通过发表公众意见的方式按照要求提交相关证明资料供审查员审查参考。

发明专利会涉及实质审查过程中和审查员的交流，那不需要经过实质审查的实用新型专利呢？在实用新型专利申请过程中，在初步审查阶段也可能会收到审查意见通知书，沟通方式是一样的。

另外，实用新型专利授权后如涉及纠纷，专利权人和利害相关人都可以向国家知识产权局提出申请专利权评价报告，即对该专利是否具有新颖性和创造性进行分析、评价。值得注意的是，专利权评价报告不是行政决定，因此如果专利权人或者利害相关人对评价报告的结果有不同意见，不能就此提起行政复议和行政诉讼；但可以另行向国家知识产权局提起专利无效请求，请国家知识产权局对专利的稳定性进行进一步评判。

除了针对具体案件的沟通之外，还有一种更广义上的沟通——技术说明会。技术说明会这种沟通形式不是针对某一个案件和某一个具体的审查员进行点对点沟通，而是某一位申请人就某一方面的技术到某一个审查单位面向相关技术领域的审查员进行宣讲。具体可以讲该技术领域的总体技术发展情况，也可以介绍申请人本身的研发和技术发展情况，但不针对申请人的案件进行沟通。如果有申请人有意愿开技术说明会，可以联系审查机关进行沟通。相对来说，国外的申请人更加充分地利用了这种沟通形式。

综上，申请人和审查员的沟通方式和途径可以有多种，可以根据具体情况和沟通诉求选择合适的方式，充分利用沟通的机会加强与审查员之间的交流，实现意见交换。

第三章　专利文献信息利用

引　言

随着人们知识产权保护意识和对知识产权信息利用能力的提高，在技术研发或进行成果保护时，都会考虑查询相关专利文献信息以获得更高的研发起点或者更全面的决策支撑。专利文献信息利用涉及内容广泛，且应用场景较多，本章仅挑选一些在日常信息利用中涉及较多的概念或主题进行分享。

43
是专利还是专利信息

专利和专利信息差别很大,专利的资产属性使它能为专利权人带来收益;专利信息则是一种科学技术信息。专利申请在授权前都具有技术属性,是专利信息;专利在授权后则处于有效期内,即为专利;专利保护期满或失效后则不再具有资产属性,转为专利信息,进入公知技术领域。

日常工作中很多时候需要分辨和确定是专利还是专利信息。专利可以被专利权人列入资产,赋予其技术垄断实施权,帮助专利权人质押、融资、投资入股以及实施对外许可等。如果分不清或者无法确定到底是专利还是专利信息,我们在引进技术、融资并购、项目合作中就可能会花冤枉钱,甚至带来风险。

分辨专利还是专利信息时,需要确定专利的法律状态。专利法律状态是指在某一特定时间,某项专利申请或授权专利在某一国家的权利维持、权利范围、权利类型、权利归属等状态,这些状态将直接影响专利权存在与否以及专利权权利范围的大小。常见的专利法律状态主要有:专利申请尚未授权、专利申请撤回、专利申请被驳回、专利权有效、专利权终止、专利权转移、专利权有效期届满、专利权无效、专利权质押。因为法律状态不仅涉及时间、地域和独占性,并且其可能会随着时间的变化而变化,因此在判断专利的价值和影响时,应查询并确认其法律状态。

专利法律状态的确认应以各国家的法律文件(专利登记簿)为准,但是现在互联网技术很发达,对专利法律状态的检索与确定非常方便,甚至通过微信小程序都可以查询,这些查询信息可以作为即时参考。

很多商用专利数据库中都有专门的法律状态入口,不仅可以确认专利的法律状态,还可以根据法律状态进行数据筛选,非常方便。同时大家也可以去各国专利局的官方网站进行查询。表1是中国国家知识产权局、美国专利商标局、欧洲专利局的查询网址。

表1 专利法律状态检索系统网址

常用数据库	检索系统	查询网址
中国国家知识产权局	法律状态检索系统	http://pss-system.cnipa.gov.cn/sipopublicsearch/search-ui/app/searchtools/law_state.jsp
美国专利商标局	专利申请信息检索系统（PAIR）	http://portal.uspto.gov/external/portal/pair
美国专利商标局	专利保护期延长检索	https://www.uspto.gov/patent/laws-and-regulations/patent-terms-extended
欧洲专利局	Espacenet检索	http://ep.espacenet.com/

通过法律状态的查询可以核实确认其申请时间、授权时间、缴费状况、专利权的状态（有效/无效/撤回等）、专利权人变更与否、是否存在许可等。

在过去，我们曾有不少企业因为没有核实确认专利法律状态而为一些已经失效的专利信息埋了单，花了冤枉钱。随着人们知识产权保护意识的提高，大家逐渐开始重视法律状态的确认，积极推进失效专利信息的利用。关于专利信息的利用，本书有单独章节进行介绍，本节不再赘述。

44
专利文献信息有什么作用

专利文献的内容包括专利的基本信息、权利要求书、说明书、检索报告等，内容完整、高度标准化，所涉及的发明创造信息几乎涵盖了所有应用技术领域，是非常重要的技术信息资源。

专利信息是集技术、法律、经济信息于一体的战略性信息资源。从本质上讲，专利信息公开的发明创造内容属于一种科学信息。影响世界科技发展进程的重要发明都是第一时间在专利文献中予以披露的，如蒸汽机、电灯、电话、飞机、汽车等。同时，专利文献是具备法律效力的文件。权利要求书表述了请求保护的范围，是用以判断是否侵权的法律依据。专利文献的有效性、地域性以及法律状态变化都是重要的情报信息。由于专利活动本身是经济活动，所以专利文献也能反映市场经济动向，通过对专利文献信息的分析，可以了解竞争对手的市场份额、核心技术竞争力、专利战略等。同时，专利大数据的分析结果可以反映技术的成熟度、发展趋势、热点和空白点等，可以为政府的政策规划和产业支持政策制定提供参考，这是专利文献的战略信息属性。

专利文献信息的充分利用可以传播发明创造、促进科技进步、为经济政策和贸易活动提供决策依据。与专利相关的机构应重视专利文献信息的利用，不过政府部门、企业、科研机构和高校等因主体性质和工作目标不同而在专利文献利用上也有所侧重。

随着市场经济的不断发展，政府部门对产业发展规划和技术保护也愈加重视，专利文献信息的利用是政府制定宏观科技发展规划的重要手段。通常政府部门会通过有组织、系统地开展国内外专利文献的统计、分析和研究，以专利分析预警为手段，以其所反映的专利技术信息、法律信息以及经济信息作为参考，制定较为科学且确实可行的科技发展规划。比如"二战"后的日本政府通过对专利文献的分析结果和国内外发展需要，指导日本企业先后引进了两万多项专利技术，不断地消化、吸收并再开发创新，迅速发展成为技术经济强国。目前很多政府在制定产业发展政策、投资重大产业项目、引进人才团队等活动时，都会首先开展专利技术分析，充分利用专利文献信息的技术、法律和市场经济活动属性。

企业是创新的主体，只有企业的创造、运用、保护与管理能力不断增强，国家才有可能实现创新型国家的总体目标。与发达国家相比，我国企业目前在专利文献信息利用方面的意识和能力都有待提高，这其中不乏重复研发投入、引进落后技术、不懂布局错失大好市场这样的案例。随着知识产权保护的加强，专利文献的利用得以进一步推广，越来越多的企业在制定企业的战略时会考虑开展专利分析了解宏观竞争局势和市场机会点，并及时跟进竞争对手的专利信息公开情况，了解其技术发展动态和趋势，快速做出回应如加强申请、调整研发技术路线、监控对手的专利授权等，为自己的公司运营提供决策支撑。

根据 WIPO 的调查资料，充分利用专利文献可以缩短 60% 的科研周期，节约 40% 的科研经费。专利文献公开的技术方案会进一步拓宽研究人员的思路，提高创新的起点。因此，充分利用专利文献信息不仅可以改变我们研究工作起点低、低水平的重复研究开发的情况，还可以以更少的投入取得更大的回报，有利于科研机构合理配置科技资源，提高研究开发起点和水平，对避免人力、财力和物力的浪费至关重要。

专利的具体利用措施可以分为以下几种：①在研究课题立项时，全面了解特定技术领域的现有技术水平和发展趋势，选择高起点和新的科研领域，避免重复研究和投入，节省时间和科研经费；②研究活动进行中，了解项目的发展进程、已取得的成果及各种解决方案，及时修正研发方向、解决技术难点、拓展研究人员思路；③在成果评估阶段，更客观地评价技术成果的先进性、成熟性以及市场关注度；④在成果推广阶段，了解和掌握潜在合作伙伴和竞争对手，并及时固化研究成果和完善专利布局，提高技术成果的市场价值。

专利文献信息是人类智慧的结晶，融技术、经济、法律信息于一体，是从事生产、经营、科研开发、贸易、投资等活动最具有参考价值的信息宝库，各类主体可以根据自身工作需要，充分利用专利文献信息，发掘相关技术信息、法律信息以及市场经济活动信息为己所用，加快研发、助力创新、加强保护。

45
什么是专利引文

在平时查阅专利文献时，会经常发现该文献中记录了其他专利文献的申请号或非专利内容等信息，一般来说这些文献与该专利申请技术内容密切关联，它们被称为专利引文（Patent Citation）。引文的产生通常有以下两个来源：

（1）申请端。发明人在完成发明创造的过程中参阅和借鉴一些文献，其记载的技术内容作为所要解决技术问题的描述，同时在撰写专利说明书时，也将引用与本申请最接近的现有技术作为该发明创造应用的技术背景，这些现有技术就是专利引文。如图1所示，申请端产生的专利引文的位置通常在专利说明书中的"背景技术"部分（包括我国在内的大多数国家都采用此种方式）。

（2）审查端。审查员为了客观评价专利申请的可专利性，会充分检索现有技术，找到合适的对比文件，以此审查专利申请是否满足授权条件，所引用的对比文件也是专利引文。如图2所示，审查端发现的专利引文的位置一般标注在专利说明书扉页或专利检索报告中。

背景技术
[0002] 空气炸锅被越来越多的消费者使用，区别于原有通过热油油炸的方式，空气炸锅使用空气作为热量传递载体，有效降低食物的含油量，为人们提供健康的饮食。现有空气炸锅包括机座以及铰接在机座上方的盖体，机座内设有炸篮组件，炸锅组件包括内锅，盖体内设有热风组件。需要加工食材时，打开盖体，将食材放入内锅，热风组件加热空气并带动空气在内锅内旋转对食材进行加热加工。为了更好的控制食材的加工，通常使用者会在食材加工过程中观察食材的加工过程。如果在加工过程中需要打开盖体来观察食材，则会使得内锅内的温度快速下降，从而影响空气炸锅的正常加工。

[0003] 现有技术中，如申请号CN201721559983.8公开了一种在盖体上设置透明视窗，从而使得使用者可在加工过程中通过视窗来观察内锅内的技术方案。但该技术方案仍然存在如下技术问题：通常而言，内锅的直径根据产品的大小进行设定，而为了保证能提供足够的热能，热风组件需要设置足够的加热件及风扇，而热风组件设置于内锅上方，使得在竖向投影方向，热风组件占据了较大比例的面积，进而使得盖体上可利用的面积比较小，不利于使用者观察，现有技术中，虽然通过改变观察视角来改善观察效果，但需要使用者改变观察位置，才能更好的观察到内锅内的状况。同时，需要将外视窗和内视窗设置成搭起状，使得盖体高度增加，也使得空气炸锅整机高度增加，盖体及整机的重心上移，对于空气炸锅的操控及整机稳定性都有较大的影响。并且，这样的设置并没有在投影方向上增加视窗的有效观察面积。因为如果需要增加观察面积，必然需要降低热风组件的直径或者增加内锅直径，而这又会带来加热效率的降低。外视窗和内视窗设置成拱形，还使得热风组件和内锅合围形成的加工腔体积增大，额外的空间同时造成热风泄漏、非加工空间增大等问题，同样会造成加工效率的降低。

[0004] 现有技术中，另如申请号CN201821352114.2公开了一种偏心设置的空气炸锅，其通过将热风组件的中心轴偏向锅件的中心轴设置，改变锅件的内的气流，从而提升加热效率、改善食材的口感。但该申请中，仅公开了中心偏置的概念，而对于如何偏置、偏置方向的设置，并没有具体公开。而对于解决产品在工作过程中的观察，该专利完全没有涉及。同时的，对于如何解决产品盖体及整机高度的降低，产品在使用时操控不稳定，同样没有涉及。

图1 在专利申请CN201910961832.2说明书背景技术中的专利引文

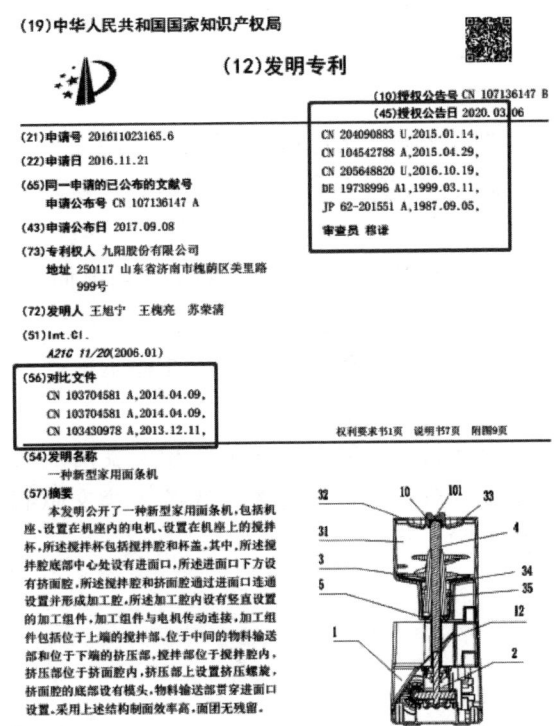

图 2　在授权专利 ZL201611023165.6 扉页上作为对比文件的专利引文

结合图 3，从引用时间线的角度看，专利引文可以是引用的，即被引文献（Cited Document），也叫作后向引证（backward）；可以是被引用的，即施引文献（Citing Document），也叫作前向引证（forward）。其中，被引文献指被专利申请/同族引用的参考文献，施引文献指该专利申请被后来文献引用。

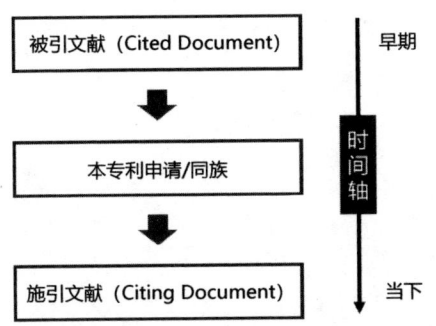

图 3　本专利申请/同族、被引文献和施引文献之间的关系

对于专利引文，通常用字母表示检索到的文献与本专利申请的相关程度；在 WIPO 制定的《ST.14 关于在专利文献中列入引证参考文献的建议》标准中，具体的规定如下：

A 类：一般现有技术文献，无特别相关性；

X 类：单独一篇对比文件对专利申请的权利要求新颖性或者创造性产生影响；

Y 类：该文献与另一或以上文献结合（对本领域显而易见的），对专利申请的权利要求创造性产生影响；

D 类：由申请人所引用的文献，且该文献在检索审查过程中是被审查员参考的。

在具体运用专利引文时，一般会优先关注相关度高的文献，即 X 类和 Y 类；不过当需要了解技术背景时，尽可能多选择 A 类文献有助于全面了解技术的发展现状和趋势。

46
怎么利用专利引文信息

由于引用和被引用专利文献之间存在高度技术关联，且一部分专利引文已经通过审查员的运用验证，因此专利引文在情报分析，特别是追踪检索中的运用价值越来越突出。"草蛇灰线，伏脉千里"，专利引文在具体运用时可作为直接检索目标专利的延伸线索和范围扩展，分析员能够更加广泛和深入地挖掘深层次的专利信息。这里具体就专利引文信息的作用和怎样利用专利引文信息展开说明。

1. 扩大目标专利相关技术信息的检索范围

专利引文检索最大的特点是不依赖具体的检索策略，一方面通过被引和施引关系脉络可以避开检索式的构造，特别是在专利分类号难以确定、不好扩展或者关键词的同义词、近义词（比如功能性、应用性）扩展有限的前提下，检索人员仅通过目标专利或已知专利的文献号码就可以进行检索，获取与目标专利有关的多篇专利文献；另一方面扩宽了检索人员的检索思路和方向，在分析引文文献内容时，有可能获取新的专利分类号信息和新的关键词，减少了漏检的可能性，如图1所示的专利申请CN104853988A可变形飞行器的被引、施引专利文献图。

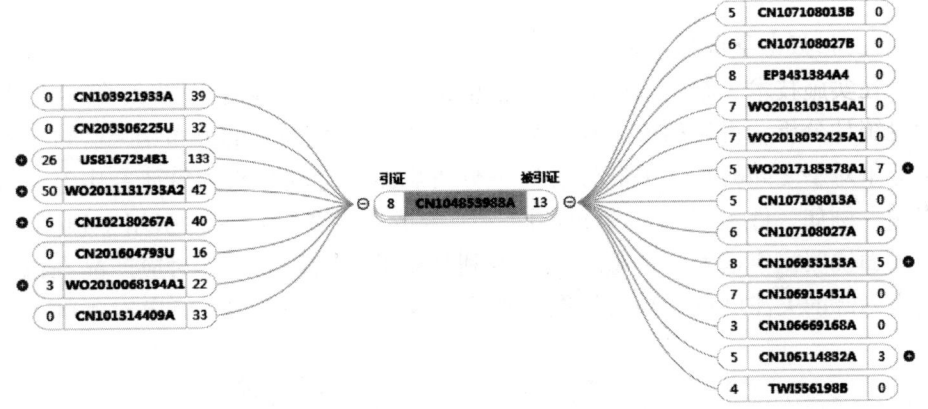

图1 专利申请CN104853988A可变形飞行器的被引、施引专利文献图

2. 锁定某个技术领域的技术热点以及相应重点专利

在对某个技术领域或技术主题进行研究时,往往需要锁定几个具体的技术发展方向和当下的技术热点,这时检索分析人员以"技术主题"为检索入口,借助引证/施引频次的统计和排序,筛选出高被引频次的文献,而同时期被高频引用的专利显然比其他专利更有"影响力",更加"活跃",通常是本领域技术人员在创新中关注的重点方向,其内容必定是该技术领域的热点技术或技术发展趋势中的关键节点。实践中,引文检索结果可上升为"引文图谱",分析人员研究分析整个图谱的节点和脉络,寻找节点最密集的地方,从而能够挖掘出"高价值专利"和"核心专利",同时结合时间轴也能梳理出从前期基础专利到后期改进专利的技术发展趋势,并且能够追踪前沿技术发展方向和变化。图2所示为稀土材料领域在石油化工领域的核心专利引用关系图❶。

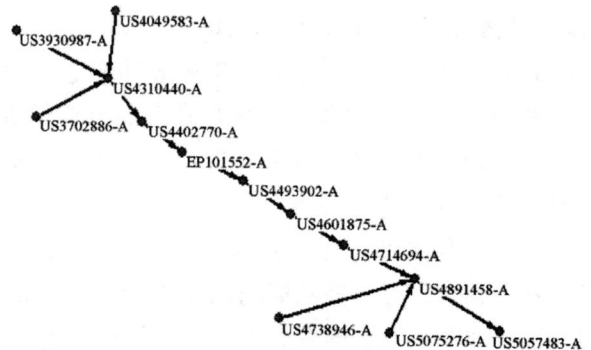

图2 稀土材料领域在石油化工领域的核心专利引用关系图

3. 把握竞争格局,获取竞争对手技术信息

在实施技术主题的引文检索时,借助被引/施引专利的申请人/权利人的信息统计分析,得到相关专利引文,按照申请人/权利人的分布结果,可以锁定竞争对手之间的技术关联性。这种分析思路在专利分析预警研究中经常被采用,例如一件关键技术专利被同一个申请人(竞争对手)引用了很多次,从侧面说明该申请人非常重视这件专利技术的后续研发,其对应产品在该申请人内部的关注度也更高,如图3所示的全息影像技术识别竞争对手的引用

---

❶ 许振亮,张建宇,刘喜美. 基于专利引文的稀土产业中游技术演进路径分析 [J]. 稀土, 2019, 40 (04):149-158.

演化路径图[1]。

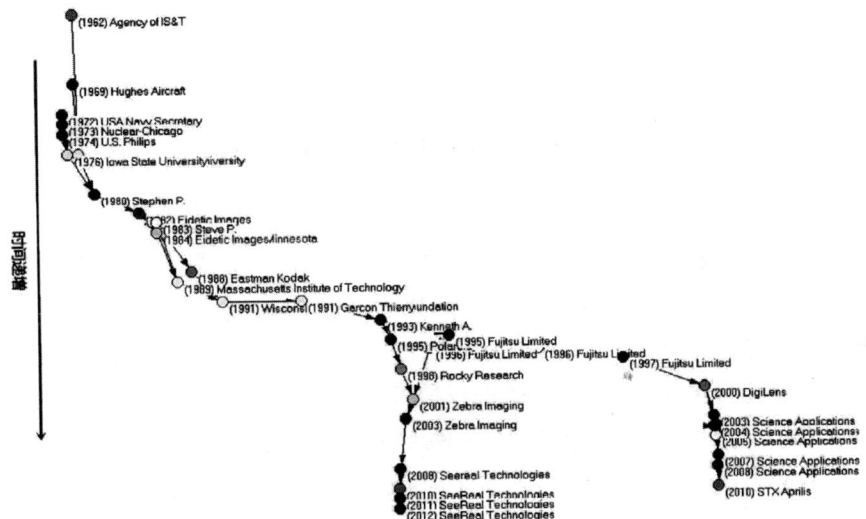

图3 全息影像技术识别竞争对手的引用演化路径图

---

[1] 黎欢，彭爱东．竞争对手识别的三种专利引文分析方法研究——以全息摄影技术为例［J］．情报杂志，2014，33（10）：71，78-82．

47
什么是同族专利

同一项发明创造在不同国家/地区提交专利申请,形成了一系列内容相同或相似的专利文献集合,这些专利文献通过特殊的纽带——"优先权"联系在一起,而这个集合内的专利文献相互之间被称作同族专利。具体来说,同族专利是通过由至少一个共同优先权联系的一组专利文献,称一个专利族(Patent Family)。在同一专利族中每件专利文献被称作专利族成员(Patent Family Members),同一专利族中每件专利互为同族专利。在同一专利族中,所共享优先权的最早的那个专利文献称为基本专利。

根据国际知识产权组织(WIPO)公布的《工业产权信息与文献手册》中的相关定义,同族专利之间的形成形式,即专利族的形成有6种不同来源方式:

1. 简单专利族(Simple Patent Family)

在简单专利族中,成员之间的纽带是以共同的一个或几个专利申请作为优先权,如表1所示的简单专利族。

表1 简单专利族的组成情况

专利文献	优先权	专利族
D1	P1	F1
D2	P1	F1
D3	P1-P2	F2
D4	P1-P2	F2
D5	P2	F3

2. 复杂专利族(Complex Patent Family)

在复杂专利族中,成员之间的纽带是至少以一个共同的专利申请作为优先权,如表2所示的复杂专利族。

表2　复杂专利族的组成情况

专利文献	优先权	专利族	专利族
D1	P1	F1	—
D2	P1	F1	—
D3	P1-P2	F1	F2
D4	P1-P2	F1	F2
D5	P2	—	F2

3. 扩展专利族（Extended Patent Family）

在扩展专利族中，成员之间的纽带是相互之间至少以一个共同的专利申请作为优先权，如表3所示的扩展专利族。

表3　扩展专利族的组成情况

专利文献	优先权	专利族
D1	P1	F1
D2	P1-P2	F1
D3	P1-P2	F1
D4	P1-P2	F1
D5	P2	F1

4. 本国专利族（National Patent Family）

在本国专利族中，成员均为同一国家的专利文献，实际上这些专利文献属于同一原始申请的增补专利、继续申请、部分继续申请、分案申请等，不包括同一专利申请在不同审批阶段出版的文献，如申请文本和授权文本，如表4所示的本国专利族。

表4　本国专利族的组成情况

专利文献	优先权	专利族
D1	P1	F1
D2	P1-继续申请 C1	F1
D3	P1-分案申请 D2	F1
D4	分案申请 C2	F1
D5	P1-分案申请 D3	F1

5. 内部专利族（Domestic Patent Family）

在内部专利族中，成员是同一专利申请在不同审批程序出版的专利文献，如表5所示的内部专利族。

表5 内部专利族的组成情况

同一专利申请的不同公布级的文献公布		
专利文献	公开号	专利族
D1	CC XXXXXXX A1	F1
D2	CC XXXXXXX A9	F1
D3	CC XXXXXXX B1	F1
D4	CC XXXXXXX B2	F1

6. 人工专利族（Artificial Patent Family）

在人工专利族中，根据专利文献的技术方案内容人为地将一些专利文献整理归类（一般是相同或相关联的申请人），所构成的专利族在优先权方面没有任何联系，如表6所示的人工专利族。

表6 人工专利族的组成情况

没有共同优先权的专利文献集合				
专利文献	国家/地区	申请人	权利要求书	专利族
D1	A	PA	X	F1
D2	B	PA	X	F1
D3	C	PA	X	F1
D4	D	PA	X	F1
D5	E	PA	X	F1

在应用专利信息进行情报挖掘和分析时，同族专利是一个非常重要的信息获取入口，其在实际中的应用也非常广泛，例如企业在开拓海外市场进行产品出口前，为了保证目标市场不会存在潜在的专利侵权风险，企业需要事先就出口产品相关目标市场的专利进行检索，这其中会利用到同族专利追踪检索；再如某申请人打算在多个国家/地区提出专利申请（形成同族专利），而审查员在审批本国专利时，可以借助同族专利获取其他国家在审批该相同技术主题时的检索报告和对比文件，借鉴该国家审查员的专利审查意见，以此作为判断本国相同发明创造可专利性的参考。

48
什么是查准

无论是哪种类型的专利检索,其一般的检索过程可以概括为"检索目标分析→目标因素提取→锁定数据库→检索式构建→检索结果",所谓检索结果就是得到的初步匹配检索目标的多个专利,初步的检索结果并不意味着检索终止,其往往并不能直接拿来用,需要对检索结果进行评估,否则会给后续结果的使用带来潜在风险。检索结果的评估对于调整检索过程,获得符合检索预期的结果起到至关重要的作用,并且检索结果的评估应当贯穿于整个过程,通过分析检索到的新的信息而动态地确定结果。

检索结果的评估就是评估专利检索做得好不好,可以从两个层面进行:

(1) 查准,即是否通过检索找到了目标专利文献资料,一般是针对技术方案的专利检索,检索结果为包含相同或相似技术方案的专利,对结果的准确度要求比较高,如查到某个申请人在某个时间在某个技术领域申请的具体专利文献原文或通过某篇专利解决了具体的实际问题。

(2) 查全,即检索结果是否全面覆盖了所需要的专利文献,一般是针对某一技术主题的检索,检索结果是与技术主题相关的文献,如新能源汽车产业的专利检索,要求尽可能覆盖所有该产业的专利文献。审查员在实质审查阶段所进行的专利检索就是保证查准,而做某个产业的专利分析则是要求查全,对于前者既简单又目标明确,而后者显然要困难很多。

查准率是评价查准效果的常用指标,用于衡量检索结果的准确性,其定义为:

$$查准率 = \frac{检索结果中符合目标特征的文献量}{检索结果包含的全部文献总量} \times 100\%$$

如图1所示,查准率这一指标是由英国学者克里维顿提出的,其在Cranfield Ⅰ试验中首次将查准率和查全率作为信息检索系统效率的评价指标。

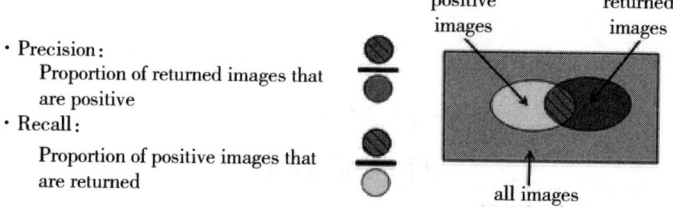

图1 查准率（Precision ratio，P）和查全率（Recall ratio，R）关系示意图

如在某次专利检索中，一共检索出10篇专利文献，经过分析判定其中有8篇是所需要的，那么这次检索的查准率就为80%。查准率可以看成是分析筛选出可用专利与无关专利所需工作的量尺，查准率越高，需要分离目标专利所需要投入的工作时长就越少，就检索具体目标来说更有效率。

在检索专利时，理想情况是将系统中的全部相关专利毫无遗漏地检索出来且不混入其他无关专利，即查准率为100%，但通常的情况是检索得到的专利文献总是掺杂一些误检文件，这在实践中是非常常见的，因为面对浩瀚如烟的专利文献数据库，想要通过一次检索直接命中目标专利几乎是不可能的事情。因此在具体检索时，要提高查准率应从整体检索策略的制定上综合考虑。首先，要全面、仔细地分析检索目标，优先采用分类号且尽可能找到准确的最下位分类号，以此锁定范围，例如使用更加下位分类的CPC分类号；对于特定领域也可以采用特殊分类体系的分类号，如F-Term分类号；在此基础上，选择具有代表性的关键词（体现发明构思），以此制定最优检索策略。其次，不同专利数据库对于数据加工的侧重不同，应合理选用与目标专利匹配的数据库，例如检索中国专利优先的中国专利文摘数据库（CNABS），检索药物相关专利优先的国际科学信息技术网（STN）数据库。最后，在整个检索过程中尝试运用申请人、引用专利信息等各种隐含线索，不断调整检索策略，灵活运用各种方法，由"小范围到大范围"逐步将目标锁定。

对于如何评估查准率，目前常用的方法是对检索结果随机抽样，统计有效专利数量来评估，因为当检索结果的数量级达到成千上万时，人工逐篇阅读是不切实际的。假设检索结果包含 N 篇专利，随机抽样 n 篇，通过人工分析验证，发现其中有 a 篇专利满足目前的检索要求，那么该检索的查准率 $P=a/n\times100\%$。

上述评估过程的核心在于样本的抽取，抽取原则应注意：①抽取的样本要有足够的代表性，即要保证专利的多样性和随机性，在实操中可以按照不同申请时间/公开时间段、不同国家/地区、不同申请人/专利权人等分别抽样，且不同抽样方式相互验证，以保证其相对客观性；②样本数量不宜过少，一般而言抽样专利数应不少于检索结果总专利量的10%。

49
各国专利文献信息资源如何查找

查找各国的专利文献可以使用商业数据库，优点是功能比较强大而且比较方便，不过大多是通过账号按年收费。对于使用频率不高或者经费有限的用户，也可以考虑使用各国的免费专利文献资源，本文分享几个主要国家或地区的文献检索资源供大家参考。

中国专利文献资源可以通过登录国家知识产权局和中国知识产权网的官方网站来查询。国家知识产权局的网站查询地址是 http://pss-system.cnipa.gov.cn，具体可以登录 www.cnipa.gov.cn，再通过图1所示的专利板块查询入口进入，可以查询专利文献信息、专利审查信息、专利复审和无效等信息。

专利　　中国专利电子申请网　　专利审批流程
　　　　PCT申请　　专利检索　　专利审查信息查询
　　　　专利事务服务　　专利复审和无效

图1　专利板块查询入口

中国知识产权网的网址为 http://www.cnipr.com/，通过图2所示的专利信息服务平台可以查询专利文献、法律状态、失效专利、运营信息等。

图2　专利信息服务平台

欧洲专利局（European Patent Office，简称 EPO）是欧洲的专利授权机构，它通过多个网站提供了丰富的专利信息，不仅包括欧洲专利局、其他国家及组织出版的专利文献，还包括审查过程中的文件、修正的专利文献等。其 Espacenet 专利检索系统免费提供自 1836 年至今以来的专利文献信息，包括专利族信息、法律状态信息、引文信息以及非专利文献等。其 worldwide 数据库 https://worldwide.espacenet.com/ 收录超过 80 个国家/地区公布的专利申请信息，以 PCT 最低文献量为基础。

美国专利商标局网站收录了许多美国专利信息，不仅包括专利检索、专利公报、专利分类，还包括专利法律状态等，这些专利信息收录在网站的不同数据库中。在浏览器中输入美国专利商标局网站的网址 http://www.uspto.gov，之后进入 Patents 板块，再进入图 3 所示的"search for patents"栏目，然后可以根据需求进入相关数据库查询。

Search for patents

New to Patent Searching? See this important information about searching for patents:

How to Conduct a Preliminary U.S. Patent Search: A Step by Step Strategy - Web Based Tutorial (38 minutes)

- The Seven Step Strategy - Outlines a suggested procedure for patent searching
- A detailed handout of the Seven Step Strategy with examples and screen shots.

Patents may be searched using the following resources:

- USPTO Patent Full-Text and Image Database (PatFT)
- USPTO Patent Application Full-Text and Image Database (AppFT)
- Global Dossier
- Patent Application Information Retrieval (PAIR)
- Public Search Facility
- Patent and Trademark Resource Centers (PTRCs)
- Patent Official Gazette
- Common Citation Document (CCD)
- Search International Patent Offices
- Search Published Sequences
- Patent Assignment Search
- Patent Examination Data System (PEDS)

图 3 "search for patents"栏目

其中，经常使用的检索数据库包括：专利授权数据库（PatFT）、专利申请公布数据库（AppFT）、专利申请信息查询数据库（PAIR）等。

专利文献信息资源众多，本文不一一列举，上述几个数据库可以满足大多数情况下的普通专利查询需求，如果有具体目标国的专利查询需求，也可以登录目标国的专利局网站进行查询。

50
非专利文献信息资源包括哪些

专利文献无疑是重要的科技信息资源，但是专利文献也存在内容重复的问题，并非所有的专利文献都具有新颖性、创造性和实用性。并且，专利文献信息因其专业格式和晦涩的语言表达方式，使很多科研人员望而生畏。而非专利文献可以起到非常重要的补充作用，并且其非常易懂，可读性很强。

非专利文献包括科技图书、期刊、标准、论文等。科技图书是一种重要的非专利文献信息资源，是对已发表的科技成果、生产技术知识和经验的概括论述。科技图书的范围很广，主要包括学术专著、参考工具书、教科书等。图书的信息系统完整、全面，但是出版时间较长，不能及时、迅速地反映最新的科研成果。

期刊是一种定期或不定期的连续出版物，在非专利文献信息资源中占有重要的地位，与专利文献、科技图书并称为科技文献的 3 大支柱。期刊出版周期短、刊载速度快、信息量大、内容新颖，利用率非常高。

标准是准确了解各方面技术信息的重要参考文献，包括技术标准、技术规格和技术规则等，是从事科学实验、工程设计、生产建设、技术转让和组织管理时共同遵守的技术文件。国际经济贸易的发展也促使标准日趋国际化，因而标准文献体现了技术领域的发展水平，科技人员可以从中获取大量有价值的信息。

论文包括会议论文和学术论文。会议论文是指在各种科学会议上发表的论文，其特点是传播信息及时、论题集中、内容新颖、专业性强、质量较高，往往代表某一学科或专业领域内的最新学术研究成果。会议论文反映了世界上科学技术发展的水平和趋势，是一种重要的科技信息资源。学术论文是高等院校和科研院所的学生为获得学位资格而撰写的学术性较强的研究论文，理论性、系统性较强，内容专业且阐述详细，并具有一定的独创性。

国内主要的非专利文献数据库包括 CNKI 中国知网、万方数据资源系统、维普知识资源系统、超星数字图书馆和方正 Apabi 数字图书馆等。

中国知网 www.cnki.net 具有 7000 多种期刊、近 1000 种报纸、18 万册博士/硕士论文、16 万册会议论文、30 万册图书以及国内外 1100 多个专业数据库。其中博士/硕士论文、会议论文及部分数据库为一次出版，是拥有规模最大、用户量较多的中国期刊全文数据库。

万方"期刊数据库" www.wanfangdata.com.cn 收录了包含理、工、农、医、人文五大类 70 多个类目共 4529 种科技类期刊全文。万方"中国学术会议论文全文数据库"是国内唯一的学术会议文献全文数据库，主要收录 1998 年以来国家级学术协会、研究会组织召开的全国性学术会议论文。

维普 www.cqvip.com 可以提供综合性文献服务系统，收录了国内公开出版的 1 万多种期刊。2005 年开始与谷歌进行合作，是 Google 学术网站的中文内容提供商。

超星数字图书馆 www.ssreader.com 是国内数字图书资源最丰富的数字图书馆，拥有图书 100 多万种。其图书资源是将已出版的纸质图书转换成数字信息，采用 PDF 格式。

国外主要的非专利文献库包括 ScienceDirect、SpringerLink、Wiley Online Library、Engineering Index、Chemical Abstracts 等。

ScienceDirect 是世界著名的科技医学全文数据之一，自 1999 年开始向读者提供电子出版物全文在线服务，通过该数据库可访问 2200 多种同行评议期刊、2000 多种系列丛书、手册及参考书等，涉及自然科学、生命科学、医学和社会科学等各学科领域。

SpringerLink 是德国施普林格公司于 1996 年正式推出的全球第一个电子期刊全文数据库，目前已发展成为全球最大的科技及医学信息在线数据库，内容横跨各个研究领域且涵盖不同的学科，文献类型包括经同行评阅的期刊和在线电子书。

Wiley Online Library 是"John Wiley&Sons, Inc."的学术出版物在线平台，提供包括化学化工、生命科学、医学、高分子及材料学、工程学、数学及统计学、物理及天文学、地球及环境科学、计算机科学、工商管理、法律、教育学、心理学、社会学共 14 个学科领域的学术出版物。其出版的学术期刊质量很高，特别是化学化工、生命科学、高分子及材料学、工程学、医学等领域的期刊。

Engineering Index（EI，工程索引）于 1884 年 10 月创办，是一个主要收录工程技术方面的期刊和会议文献的大型检索系统。EI 中所收录的文献几乎涵盖了所有的工程技术领域及工程活动，但不收录纯理论方面的基础科学文献。

Chemical Abstracts 是目前世界上最大的化学文摘库，也是应用最广、最权威的化学、化工和生命科学研究中的参考和研究工具。CA 收录的文献范围广、容量大，且报道及时。CA 收录的文献占世界化学化工文献总量的 98%，包括科技期刊、学术论文、技术报告、会议论文、图书等各种文献类型以及 60 个专利管理机构的专利文献。

非专利文献资源信息量大、来源广泛、传播快、时效性强，科研人员可以根据查询目的以及各个数据库的特点选择合适的数据库进行查询，充分利用非专利文献资源，为研发助力，在源头上提高创造的质量。

第四章 专利转让和许可

引 言

专利有什么用？我们首先想到的是利用专利来保护自己的发明创造。专利权人可以垄断专利技术的实施，例如独家生产某种专利产品，这样就可以独占市场，从而"合法"地获取垄断利益。这也的确是专利制度"公开换保护"的初衷。

但是，还有这样一些专利技术，在取得专利权之后，因为种种原因，专利权人一直没有实施。对于这样尚未实施的专利，专利权人显然也无法通过垄断市场来获得回报。

另外，很多专利权人都有这样的苦恼，即随着专利越来越多、维持时间越来越长，每年需要缴纳的专利年费也越来越多（专利年费收费标准如表1所示，数据来源于国家知识产权局网站）。于是，这些"休眠"专利变成了"鸡肋"，要放弃舍不得，对于国有单位来说还存在国有资产流失的风险，但要维持专利权有效却成了越来越沉重的负担。

表1 专利年费收费标准

发明专利		实用新型专利、外观设计专利	
第1~3年	900元/年	第1~3年	600元/年
第4~6年	1200元/年	第4~5年	900元/年
第7~9年	2000元/年	第6~8年	1200元/年
第10~12年	4000元/年	第9~10年	2000元/年
第13~15年	6000元/年		
第16~20年	8000元/年		

那么，对于这些不准备自己实施或暂时没有实施计划的存量专利，专利权人有没有什么办法能将其盘活，从而获得收益呢？

答案是肯定的,这就是近年来颇为热门的"专利货币化",也称为"专利运营"。目前,许多知识产权服务机构都开展了专利运营相关业务,国家知识产权局会同财政部共同发起的国家知识产权运营公共服务平台也是这样一个为落实国家"十三五"规划"加快建设全国知识产权运营交易和服务平台,建设知识产权强国"工作部署而建立的专业化平台,其官方网站界面如图1所示。

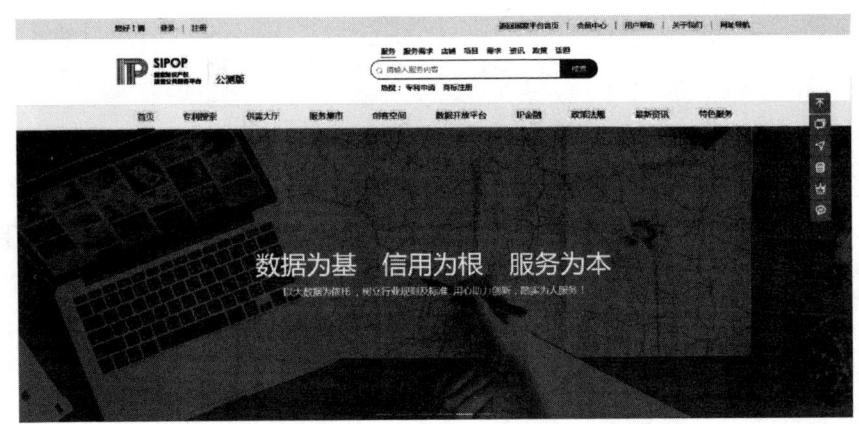

图1 国家知识产权运营公共服务平台主页

专利货币化的方式包括转让、许可、质押融资、证券化等。

专利转让是指拥有专利申请权和专利权的单位或个人把专利申请权和专利权让给他人的一种法律行为❶。广义的专利转让包括转让专利申请权和转让专利权两种情形,而狭义的专利转让则仅指转让专利权。专利作为创新成果凝结而成的智慧财产,是重要的无形资产。2009年,加拿大科技巨头北电网络破产,其价值最高的资产就是拥有的6000多项专利,最终以45亿美元的价格拍卖给苹果、EMC、爱立信、微软、RIM、索尼等科技巨头组成的财团。

可以说,专利转让是最直接的货币化手段,但在现实生活中,其并非最主要的专利货币化方式。这是因为专利转让时的定价是个难题,对于一项尚未实施的专利技术,买卖双方往往都很难准确地估计其潜在的经济价值。定价低了,卖方会担心专利技术实施后经济效益很好自己卖亏了;而定价高了,买方又会担心该专利技术实施后经济效益不好自己买亏了。因此,在现实中,实际上专利许可才是最主要的货币化方式。

---

❶ 韩双林,马秀岩. 证券投资大辞典 [M]. 哈尔滨:黑龙江人民出版社,1993.

专利许可，又称专利实施许可，是指专利权人将其所拥有的专利技术许可他人实施的行为。与专利转让不同，专利许可只允许被许可人实施许可人的专利技术，而不转移许可人的专利所有权。通俗地说，转让是将专利卖掉，而许可就是把专利租出去。相比转让，许可是一种更为灵活的专利货币化方式。说到专利许可，不能不提美国科技巨头高通公司。专利许可费是高通的主要收入来源，全球大约有 300 家公司接受高通的专利许可，其 2016—2018 年的许可费收入分别为 80.87 亿美元、56.44 亿美元、53.34 亿美元（数据来自高通 2018 年财报）。而在国内，2017 年，补天新材料技术有限公司以总计 5 亿元的价格，获得了山东理工大学毕玉遂教授团队研发的新型聚氨酯化学发泡剂 20 年专利独占许可使用权，创造了国内专利独占许可使用费的最高纪录。

专利权质押融资是指债务人或第三人将其所拥有的专利的财产权经评估后向银行、其他金融机构或投资公司质押取得贷款，并按约定的利率和期限偿还贷款本息，当债务人不履行债务时，债权人有权依法以该专利权折价或拍卖、变卖的价款优先受偿的一种融资方式❶。2019 年，全国专利质押项目共 7060 项，质押融资金额达 1105 亿元（数据来源于国家知识产权局发布的 2019 年知识产权年度统计数据）。

作为一种新兴的专利货币化手段，专利资产证券化指的是专利权人把专利将来可能产生的收益剥离于企业之外，作为证券化的基础资产，转移给特殊目的机构（SPV），该特殊目的机构通过运营和管理，分离与重组基础资产中的风险和收益因素，并向投资者发行以该基础资产为担保的可流通权利凭证，借以为专利权人融资。投资人按期获得专利运营带来的现金流，从而获得收益❷。

本章重点介绍最常见、最成熟的两种专利货币化方式——专利转让和许可。需要说明的是，本章中，仅介绍作为专利货币化手段的专利转让和许可，而不涉及内部转让和许可等不以获取收益为目标的行为。

---

❶ 胡澜. 我国专利权质押融资法律问题研究 [D]. 南京：南京理工大学，2009.
❷ 吴艳，刘叶婷. 专利资产证券化到底难在哪 [EB/OL]. （2017-05-17）[2020-01-29]. http://www.cnipa.gov.cn/mtsd/1071979.htm.

51

专利转让中到底转让了哪些权利

现实生活中，可能会存在这样的专利转让需求：既然专利可以合法转让，那我可以买一件专利用来评职称吗？有这样想法的人可能要失望了，虽然专利可以转让，但这并不意味着与专利相关的一切权利都可以转让。那么，在一件专利发生转让的过程中，到底转让了哪些权利呢？

这还得从知识产权的双重属性说起。吴汉东主编的《知识产权法》中对"知识产权"的定义是"人们对于自己的智力活动创造的成果和经营管理活动中的标记信誉依法享有的权利"。作为一项法律权利，知识产权首先是一种财产权利，即法律赋予的对无形的知识财产所享有的财产权及由此派生的所有权、使用权、处分权和收益权等[1]。

但是，与有形的物质财产不同，知识产权还表现出一定的人身权利特征。人身权利是指与人身直接相关的权利，与知识产权关系最密切的是其中的名誉权。名誉是指社会或他人对特定公民、法人的品德、才干、信誉、商誉、资历、功绩等方面的评价的总和，名誉权就是公民、法人依法享有的，有关自己的社会评价不受他人侵犯的一种人身权利。人身权是一种与特定民事主体的人身密不可分，具有专属性的民事权利，通常情况下不得以任何形式让与他人，即不得买卖、转移、赠与或继承。

以大家比较熟悉的著作权为例，作者享有通过自行使用或授权他人使用其作品而获取经济利益的权利，就是著作权的财产权利，这部分权利可以让与他人。但同时，还有一部分著作相关权利，例如发表权、署名权、修改权、保护作品完整权，是由作者终身享有的，不可转让、剥夺和限制，它们属于著作权的人身权利。

与著作权相同，专利权也有着财产权利和人身权利的双重属性。

为了促进科学技术进步和经济社会发展，专利制度按照"公开换保护"的原则，鼓励技术拥有者向社会公开其技术成果，同时以法律的形式保障其

---

[1] 熊焰，等. 专利技术转移理论与实务 [M]. 北京：知识产权出版社，2018.

在一定期限内的专用权。这种专用权就是专利权的财产权利，专利权人可以利用这种专用权合法垄断市场，从而获取经济利益。《专利法》第 11 条对这种专用权的范围作了具体的规定：

"发明和实用新型专利权被授予后，除本法另有规定的以外，任何单位或者个人未经专利权人许可，都不得实施其专利，即不得为生产经营目的制造、使用、许诺销售、销售、进口其专利产品，或者使用其专利方法以及使用、许诺销售、销售、进口依照该专利方法直接获得的产品。外观设计专利权被授予后，任何单位或者个人未经专利权人许可，都不得实施其专利，即不得为生产经营目的制造、许诺销售、销售、进口其外观设计专利产品。"

从《专利法》的上述规定可以清楚地看出，专利权的财产权利是与"专利权人"这一身份联系在一起的，所以，从某种意义上说，专利权的财产权利又可以看作与专利权人相关的权利。

另外，既然专利权是国家对具备新颖性、创造性、实用性的技术成果授予的专有权利，那么，作为一种"官方认证"，它自然而然就在一定程度上被作为较高技术水平的代表，有着无形的价值。这种"认证"价值包括两个层面。

第一个层面是作为技术成果自身技术水平的认证，它直接作用于技术成果本身，能够提高其市场价值，从而为技术成果的所有人，也就是专利权人带来额外的收益，因此可以被看作一种次级财产权利，同样也是与专利权人相关的权利。在日常生活中最常见的例子就是专利权人通过标注专利号或对"专利产品"进行宣传来提高其在市场中的认可度。《专利法》第 17 条第 2 款明确规定："专利权人有权在其专利产品或者该产品的包装上标明专利标识。"

第二个层面的认证价值是指专利可以作为技术成果的创造者，即发明人/设计人所具有的学术水平和技术能力的代表，可以提高发明人/设计人的社会评价，这也是为什么现在专利数量普遍被作为评价个人、单位学术水平的指标之一的原因。这种认证价值只能唯一作用于发明人/设计人本人，实际上是一种名誉权，因此也可以看作与发明人/设计人相关的权利。《专利法》第 17 条第 1 款规定："发明人或者设计人有权在专利文件中写明自己是发明人或者设计人。"根据上述规定，发明人/设计人的署名权与专利权人是谁无关。我们可以想象一下现实生活中的情形，高校教师的研究成果大部分都是职务发明，此时，专利权人一般来说并不是他们个人，而是高校，但这并不妨碍其将作为发明人/设计人的专利与论文一起收入学术成果列表。

那么，现在我们可以来回答本节的问题了，在一件专利发生转让的过程中，到底转让了哪些权利呢？

专利转让，归根结底就是专利权的归属发生了变更，专利权人相关的所有权利也一并进行了转移。专利的受让人除自己可以实施该专利外，还可以禁止其他任何人，包括该专利的转让人实施。相应地，自转让之日起，从该专利中获取的一切经济利益也都归属专利的受让人。

专利权人可以在相关产品上标注专利号，或对其进行"专利产品"的宣传，不管该专利的发明人是谁，也不管该专利权人是原始专利申请人还是受让人，都不会影响社会公众对于相关产品技术水平的判断。因此，产品认证的价值也是可以随着专利的转让而转让的。

但是，与发明人相关的权利则不会随着专利转让而发生转移。《专利法实施细则》第13条对发明人/设计人的资格作了规定："专利法所称发明人或者设计人，是指对发明创造的实质性特点作出创造性贡献的人。在完成发明创造过程中，只负责组织工作的人、为物质技术条件的利用提供方便的人或者从事其他辅助工作的人，不是发明人或者设计人。"可见，不管专利是否发生了转移，发明人都只能是对发明创造的实质性特点作出创造性贡献的人，而不能是其他人。

相应地，法律上对发明人的变更有着比较严格的规定。《专利法实施细则》第119条第2款规定："请求变更发明人姓名、专利申请人和专利权人的姓名或者名称、国籍和地址、专利代理机构的名称、地址和代理人姓名的，应当向国务院专利行政部门办理著录事项变更手续，并附具变更理由的证明材料。"而《专利审查指南2010》第一部分第一章第6.7.2.3节则进一步明确了："因漏填或者错填发明人提出变更请求的，应当提交由全体申请人（或专利权人）和变更前全体发明人签字或者盖章的证明文件。"

最后，用一句话总结本节的结论：如果想使用他人的专利技术，并获得专利权所带来的垄断利益，寻求专利转让是个好主意；但如果想要通过购买专利来给自己的学术水平"贴金"，那就打错了算盘。

52
专利转让中如何给专利定价

作为一种以专利为标的物的交易行为，在专利转让中，卖方将专利权让与买方，由于专利权具有财产权利的属性，那么显然，通常情况下买方需要向卖方支付一定的对价。专利转让的对价可以有多种不同的形式，例如一次性的专利转让费、实施专利的未来收益提成、专利作价入股等，但不管采取什么样的形式，其实际都代表了该专利的价格。

那么，在专利转让中，影响交易价格的因素有哪些呢？

我们都知道，交易价格是商品价值的外在表现，同时其也在一定程度上受到供需关系的影响。下面我们就从这两个因素来分别介绍。

专利价值评估当前是专利运营中最热门的话题，研究者建立了多种不同的模型和评估体系。一般来说，专利价值评估包括技术价值、经济价值和法律价值这三个一级指标。例如，国家知识产权局专利管理司和中国技术交易所组织编写的《专利价值分析指标体系操作手册》推出的专利价值度三维划分评价方法，从专利的技术价值度、经济价值度、法律价值度三个角度进行评价打分，最后加权计算总分数，具体的评价指标体系如图1所示[1]。

技术价值度主要从专利的技术领先程度等方面进行评估与分析，包括先进性、行业发展趋势、适用范围、配套技术依存度、可替代性、成熟度等。

经济价值度主要从专利的市场经济效益等方面进行评估与分析，包括市场应用、市场规模前景、市场占有率、竞争情况、政策适应性等。

法律价值度则主要从专利的保护力度等方面进行评估与分析，包括专利稳定性、实施可规避性、实施依赖性、专利侵权可判定性、有效期、多国申请、专利许可状态等。

---

[1] 国家知识产权局专利管理司，中国技术交易所. 专利价值分析指标体系操作手册 [M]. 北京：知识产权出版社，2012.

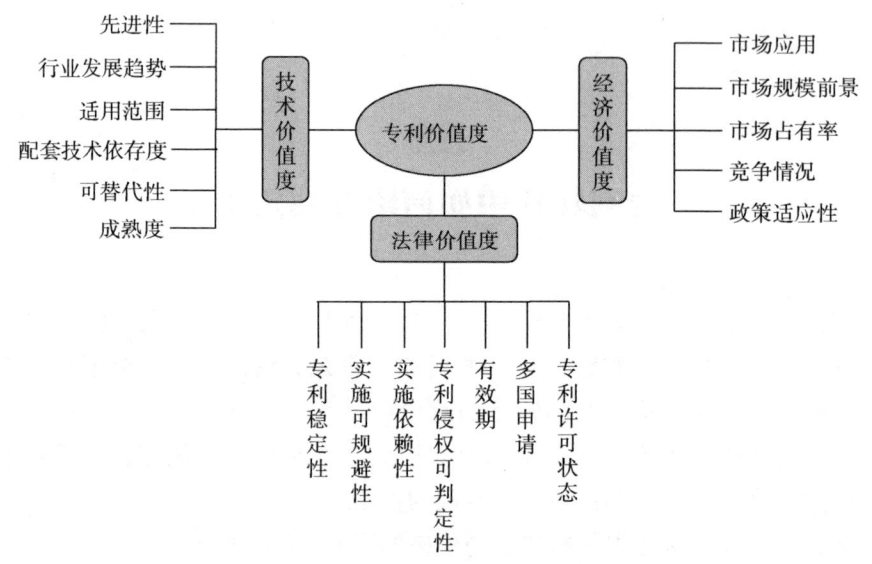

图1 专利价值度评价指标体系

这里,着重介绍实施可规避性和专利侵权可判定性这两个指标。前者指的是一项专利是否容易被他人进行规避设计,从而在不侵犯该专利权的情况下仍然能够达到相似的技术效果;后者指的是基于一项专利的权利要求,是否容易发现和判断侵权行为的发生,是否容易取证,进而行使诉讼的权利。也就是说,这两个指标考查的是专利的权利要求保护范围是否合适,是否能够有效地保护技术成果,其最主要的影响因素是专利申请文件的撰写质量。一份好的专利申请文件,应当在确保专利权稳定的同时,扩大权利要求的保护范围,并尽可能构建多角度、多层次的权利要求体系,以使专利的保护效力最大化。举例来说,在专利侵权诉讼中,产品权利要求的举证较为容易,一般通过购买侵权产品进行特征分析即可,而方法权利要求的实施具有隐蔽性,往往难以举证。因此,在撰写申请文件时,应当尽量以产品权利要求的形式来对发明创造进行保护。

目前,市场上,许多知识产权服务机构都提供专利价值评估服务,也有一些基于大数据的自动化专利价值评估软件,例如知识产权出版社有限责任公司开发的专利价值评估系统,其评估界面如图2所示,输入专利号即可自动进行专利价值评估。

图 2　专利价值评估系统界面

供需关系对专利价格的影响主要涉及专利转让的对象和时机两个方面。

从对象上看，同一件专利，转让给不同的买方，其价格可能是不同的，这主要是因为，不同的买方对这件专利的需求程度不同。如果标的专利正好是买方技术链中缺失的部分，能够与其技术路线形成完美的互补，或者买方正陷入专利诉讼，标的专利正好能对买方的对手构成致命威胁，可以作为一件很好的反击"武器"，此时，买方对标的专利的需求是迫切的，该专利的交易价格相应地就会"水涨船高"。反过来，如果标的专利与买方的技术路线互不兼容，也不能带来其他直接效益，则买方购买该专利只是作为技术储备，这种情况下，如果双方达成专利转让，交易价格一般会较该专利的真实价值偏低。众所周知，美国在专利运营方面起步较早，积累了大量的成功经验，笔者曾专门就专利价值评估这一话题与美国资深专利律师进行交流，在美国，专利交易的价格一般都是买卖双方通过谈判确定的，而且往往是在专利诉讼的背景下谈妥的。

从时机上看，同一件专利，同样的买卖双方，交易的时机不同，价格也会有明显不同。首先，同一买方在不同的时间对于该专利的需求迫切程度会发生变化，在买方需求迫切的时候达成交易，价格必然较高。其次，对于卖方而言，其在不同的时候达成交易的意愿也不相同，这也会影响交易价格。还是以前面提到过的北电网络为例，其在破产时以 45 亿美元的价格出售了其拥有的 6000 多项专利，平均每项专利的价格达到了 75 万美元，但考虑到这其中有大量通信领域的核心专利，甚至是标准必要专利，这个价格其实是偏

低的，如果不是北电网络当时已经进入破产清算程序，这些核心资产断然没有出售的可能，即便真要出售也将是天价。

理解了上面这两点，专利权人在出售自己的专利时，应当选择技术契合度高、需求迫切的买方，这样才能"卖个好价"。反过来，专利购买者则应当尽量隐藏自己的意图，对自己技术链上的缺失环节及早下手，争取以较低的对价完成交易，甚至还可以提前收购备用技术作为战略储备，以备不时之需。

53
专利转让合同应该包括哪些内容

在专利转让中，买卖双方通常要签订专利转让合同。《合同法》第 2 条规定："本法所称合同是平等主体的自然人、法人、其他组织之间设立、变更、终止民事权利义务关系的协议。"专利转让合同也不例外，其作用就在于约定专利转让中买卖双方各自的权利义务。

《合同法》第 10 条规定："当事人订立合同，有书面形式、口头形式和其他形式。法律、行政法规规定采用书面形式的，应当采用书面形式。当事人约定采用书面形式的，应当采用书面形式。"

根据《专利法》第 10 条的规定，专利转让合同就属于法律规定采用书面形式的合同。那么，一份专利转让合同需要约定哪些内容呢？

《合同法》第 12 条规定："合同的内容由当事人约定，一般包括以下条款：（一）当事人的名称或者姓名和住所；（二）标的；（三）数量；（四）质量；（五）价款或者报酬；（六）履行期限、地点和方式；（七）违约责任；（八）解决争议的方法。"

对于专利转让合同而言，由于专利文件的内容是公开的，标的专利的数量和质量对双方当事人而言都是确定的，因此在合同中可以不必对这两项进行约定，只要明确记载转让专利的相关信息，以使双方当事人能够确定合同标的即可。由于专利号是一件专利独一无二的"身份证"，在合同中载明专利号即可唯一确定标的专利。反之，专利的发明名称、技术领域、专利权人等都不具有唯一性和确定性，在转让合同中仅通过这些信息来描述标的专利是有一定风险的。

由于专利这种标的物的特殊性，专利转让合同相比一般商品的买卖合同也有一些特殊的要求。

第一，在很多情况下，购买一项专利的真实目的在于购买其所代表的技术成果，受让人不仅要获得实施专利的权利，更要能够真正实施该专利技术。然而，很多时候，仅仅知晓专利文件所记载的内容不足以让受让人达到能够真正实施相关专利技术的程度。究其根源，是因为专利保护的是经过归纳的解决技术问题的方案，是抽象的技术思路，要将其真正在产业中实施，往往还需要补充一系列的技术细节。如果专利保护的是一种产品，要真正生产出这种产品来，还需要知晓其生产工艺、所用的原材料等；如果专利保护的是一种方法，要真正实施这种方法并达到预期的效果，该方法的具体操作步骤和参数可能会很关键。这些技术细节，在英文里有个专门的术语，叫作"know how"，有种"知其然不知其所以然"的感觉，国内有时候将其翻译成"诀窍"，笔者觉得反倒没有那么贴切了。如果购买专利是冲着其背后的专利技术去的，为了确保受让人能够真正有效地实施该专利技术，在专利转让合同中就应当明确详尽地列明需交付的技术资料，或者约定转让人需要对受让人实施该专利技术提供怎样的帮助。

第二，与一般的商品不同，专利权有可能派生出一些其他权利，对于这些权利的归属和效力需要在专利转让合同中进行约定。例如，在转让合同签订前，转让人有可能自己就已经对其专利进行了实施，同时，也有可能已经许可他人进行了实施，因此，专利转让合同中应当列明转让人自己实施和许可他人实施该专利的情况。对于许可他人实施的情况，由于许可合同先于转让合同，其效力不会因为在后的转让合同的签订而发生改变，此时，已经存在的专利许可合同必然会对待转让专利的价值产生影响，因此，双方约定专利转让价格时应当充分考虑该情况。如果是转让人自己已经实施其专利的，在专利转让合同中应当就转让人是否可以继续实施进行明确约定；如果没有约定的，专利转让合同正式生效后，受让人有权要求转让人停止实施该专利[1]。

第三，专利权存在一定的不稳定性，即授权专利存在被撤销或无效宣告的可能。《专利法》第 47 条规定："宣告专利权无效的决定，对在宣告专利权无效前人民法院作出并已执行的专利侵权的判决、调解书，已经履行或者强制执行的专利侵权纠纷处理决定，以及已经履行的专利实施许可合同和专利权转让合同，不具有追溯力。但是因专利权人的恶意给他人造成的损失，应当给予赔偿。依照前款规定不返还专利侵权赔偿金、专利使用费、专利权转让费，明显违反公平原则的，应当全部或者部分返还。"

为了平衡上述风险，双方在签订转让合同时，可以对相关责任和处理方式进行约定，例如，受让人可以要求转让人提供一定的保证，以补偿专利被

---

[1] 于海东. 专利实务工作指南 [M]. 北京：知识产权出版社，2019.

撤销或无效宣告情况下己方的损失。

特别地,如果转让合同的标的是尚未授权的专利申请,双方达成转让协议的基础是对该专利申请能够获得授权的共同预期。但不能忽略的是,在转让合同签订后,该专利申请存在不能被授予专利权的风险。因此,在签订合同时,应当就该专利申请未被授权的责任分担和处理方式,尤其是该情况发生是否导致合同被解除进行明确约定。如果未对此进行约定的,按照《最高人民法院关于审理技术合同纠纷案件适用法律若干问题的解释》第 23 条的规定执行,"以专利申请被驳回或视为撤回为由请求解除合同的,该事实发生在办理专利申请权转让登记之前的,则合同可以解除;发生在转让登记之后的,则合同不能解除"。

54
专利转让怎样才算生效

合同作为一种民事法律行为,是当事人协商一致的产物。合同的精髓在于当事人自由意志的汇合,只要不违反法律、道德和公共秩序,每个人都享有完全的合同自由,当事人可以按照自己的意志去自由地决定是否订立合同,自由地决定对方当事人,自由地决定合同的内容,自由地决定合同的形式,其核心和实质是由当事人的意思决定当事人之间的权利义务。

《合同法》第44条第1款规定:"依法成立的合同,自成立时生效。"其中,合同的成立是指双方当事人依照有关法律对合同的内容和条款进行协商并达成一致,合同成立的判断依据是承诺是否生效。而合同生效是指合同产生法律上的效力,具有法律上的约束力。

那么,是不是双方当事人签订了专利转让合同,合同立即就生效了呢?并不是这样的。《合同法》第44条第2款规定:"法律、行政法规规定应当办理批准、登记等手续生效的,依照其规定。"

相应地,《专利法》第10条第3款规定:"转让专利申请权或者专利权的,当事人应当订立书面合同,并向国务院专利行政部门登记,由国务院专利行政部门予以公告。专利申请权或者专利权的转让自登记之日起生效。"

看到这里,有读者可能要问了,前面不是说了合同自由吗,我们一个愿买一个愿卖,也没有损害他人利益,为什么非得要去国家知识产权局登记?

这跟我们熟悉的房产交易类似,我们购买一套房屋并非仅仅是买了一堆钢筋水泥,还在于购买附加在其上的各种权利,例如落户的权利、入学的权利等。所以说,房屋的不动产权并非纯粹的有形资产,也包括一部分无形资产,而这部分无形资产是要由国家认证并提供保护的。因此,不动产权必须要依法批准、登记才能生效,这实际上就是国家提供认证的过程。

相比不动产权,专利权更是一种纯粹的无形资产,专利证书本身就是一张纸,专利文件的内容也都是公开的信息,由国家权力提供保证的专用权才是专利的价值所在。专利审批程序是国家对专利权进行确认的程序,而专利转让登记则是国家对专利权归属变化进行认证的过程，这一手续确保了专利受让人取得的专利权得到国家的承认和保护。即便购买专利不是以实施为主要目的，国家的认证也是专利发挥效力的必要条件。试想，如果签订了专利转让合同而没有办理登记手续，即便拿来申报高新技术企业，在专利登记簿中查询出的专利权人未发生变更的情况下，该专利也不可能被认可。

另外，虽然专利转让是由双方当事人达成的合意，但它并不是单纯的双方民事行为。这也是由专利权的社会公共性所决定的，专利权是国家授予专利权人的合法垄断权，在中国境内对任何单位和个人的行为都会产生普遍的限制作用，相当于是全体公民用自己的一部分自由作为对价"集资购买"了该专利技术信息。既然全体公民都是"出资人"，那么他们当然有权知晓自己付出的自由归谁所有。

有人可能会说，你这样说就是矫情了，不管专利权归谁所有，对公众使用该专利技术都会产生同样的限制作用，社会公众只要不侵犯专利权就行了，没什么区别。但这样的说法实际上是基于没有任何专利侵权行为发生这一理想状态的，然而，现实生活中，侵权行为可以说无时无刻不在发生，有些可能是无意，有些则是因为侵权人预期不会被专利权人制止而采取的故意侵权行为。需要注意的是，专利权作为一种民事权利，在专利权人没有主张权利的情况下，司法机关和行政机关无权主动制止他人实施专利的行为。考虑到专利法的根本宗旨在于"推动发明创造的应用，提高创新能力，促进科学技术进步和经济社会发展"，我们甚至能够隐隐地感觉到，对于专利权人不重视、未实施的"沉睡"专利，他人对其进行研究、改进、实施的行为，立法机关在制定《专利法》时至少不是明确反对的。通过上面的分析，我们就容易理解了，专利权的归属不同，对社会公众的限制作用其实是有区别的。举个简单的例子，大家可能都听说过以"高智公司"为代表的NPE（非专利实体，有时候也被称为"专利流氓"）大量收购高校等专利权人手中的闲置专利，然后以此对侵权者发起诉讼，从而获取赔偿。我们在这里不对这种商业模式进行道德评价，只是想说明，一件沉睡在高校资料堆里的专利大概率是"人畜无害"的，但其在NPE手中则可能掀起一场"腥风血雨"，对于这两类不同的专利权所有者，他人在实施其专利时是会掂量再三的。

以上分析表明，专利转让不只是买卖双方的事，它与其他社会公众都有关系，因此应当向社会公众公示专利权人发生的变更，这也是专利转让需要向国家知识产权局登记的另一个原因。

由于专利相关信息与社会公众的相关性,《专利法》规定了专利授权的登记和公告制度,《专利法实施细则》更是用一章的篇幅对专利登记和专利公报作了详细规定。其中,专利申请权、专利权的转移不仅要在专利登记簿上登记,还要在专利公报中予以公告,并供社会公众免费查阅,如图1所示。

图1 发明专利公报中专利权转移的公告

基于专利转让合同"登记时生效"的特殊性,再次提醒专利购买者,签订了专利转让合同并不意味着专利就是你的了,一定要赶紧去国家知识产权局办理专利转让登记手续,此时专利才真正落袋为安。相应地,合同要件"履行期限、地点和方式"中,不仅要约定付款的时间和方式,还应当约定双方当事人赴国家知识产权局办理专利转让登记的期限和方式。

55

专利许可与转让有哪些不同

相比转让，许可是一种更为灵活的专利货币化方式。那么，专利许可与转让到底有哪些不同之处呢？

第一，两者最根本的区别在于，专利转让的对象是专利的所有权，而专利许可的对象是专利的使用权。专利转让的核心在于专利的所有权转移，前面我们介绍过，除专利所附带的人身权利外，所有财产权利都伴随着专利所有权而转移给受让人。而专利许可并不改变专利权的归属，被许可人取得的权益是专利权人允许其实施专利；从某种意义上说，我们甚至可以认为被许可人得到的只是专利权人不追究其侵犯专利权的承诺。

第二，专利转让具有唯一性，而专利许可则是不唯一的。这是什么意思呢？专利权人只能就自己的专利签订一份专利转让合同，转让给一个受让人（这里的"一个"是从合同唯一性的角度说的，而不是说受让人只能是单独的一个人，实际上，受让人可以是多人，但他们必须与转让人签订同一份合同，转让合同生效后共同拥有专利权）。但专利权人可以签订多份互不相关的专利许可合同，将专利分别许可给多个被许可人（后面我们会详细介绍不同类型的专利许可）。

第三，专利转让具有不可分割性，而专利许可则可以灵活切割。这一点与前两点实际上是相关联的。专利转让的对象是专利的所有权，其载体是专利，专利不可分割，所有权也就不可分割，不可能出现权利要求1的所有权归甲、权利要求2的所有权归乙这种情况。而专利许可的对象是专利的使用权，而使用权是可以分割的，这种分割可以是时间上的（许可可以设定期限），也可以是空间上的（许可可以设定区域限制），还可以是实施方式上的（例如，专利权人可以许可甲制造，同时许可乙销售）。

第四，专利转让具有较大的不确定性和风险，而专利许可对于双方来说都更为稳妥。由于技术信息的秘密性，合同谈判时双方处于信息不对称的状态，受让人或被许可人往往并不能了解技术的全貌（虽然专利文件是公开信息,但 know how 属于技术秘密)。如果双方就签订一份专利转让合同展开谈判,受让人需要仔细评估该专利技术能够达到的效果、潜在的市场价值,以及进一步地,值得自己支付多高的对价;即便对于转让人而言,尤其是在其自己没有实施该专利的情况下,对上述问题也未见得就能做到心中有数。此时,由于专利转让是"一锤子买卖",合同生效之后,即便发现由于之前掌握的信息不全面作出了错误的决策,也断然没有反悔的机会,合同的签订有着较大的不确定性和风险,双方通常都会非常谨慎,这就直接打击了专利转让合同签订的意向。专利许可则不然,虽然进行谈判时仍然存在信息不对称,但对被许可人而言,许可合同相对转让合同金额通常更低,承担的风险就比较小,此外还可以通过先签订一份较短时限的许可合同"试用",达到预期效果后再延长许可期限的策略来进一步控制风险。更重要的影响是,对于许可人而言,许可他人实施专利不影响自己对于专利的所有权,通常情况下也不妨碍自己实施,许可人可以说没有任何风险。而且,如果被许可人实施专利取得了很好的效益,一方面为许可人探好了路,从而减小了自己贸然实施的风险;另一方面还起到了很好的广告效果,能够帮许可人吸引更多潜在的被许可人,从而扩大许可收益。

专利许可与转让的区别简单总结如表 1 所示。

表 1 专利许可与转让的比较

项目	专利转让	专利许可
对象	专利所有权	专利使用权
合同数量	一份	一份或多份
权利的完整性	不能分割	可自由分割
风险	较高	低
灵活性	差	好

这些区别决定了专利许可相比专利转让是一种更加灵活且风险可控的专利货币化方式。实际上,专利许可费已经成为许多技术拥有者的重要收入来源。作为功能手机时代的王者,诺基亚在进入智能手机时代后连续决策失误,经营每况愈下,2013 年,微软以 37.9 亿欧元的价格收购了诺基亚旗下的大部分手机业务,并用 16.5 亿欧元取得了诺基亚的专利许可。然而,这并不意味着诺基亚就此走进了故纸堆,相反,它摇身一变成为了一家轻资产的技术服务公司,每年依靠专利许可费就轻松取得数十亿欧元的收入。以现在热门的

5G 技术为例，2018 年诺基亚公布了其 5G 专利许可费标准为每部 5G 手机 3 欧元。数据显示，作为 5G 手机的元年，2019 年全年华为和三星的 5G 手机出货量分别为 690 万台和 670 万台，按照上述费率计算，两者各自要支付诺基亚超过 2000 万欧元的专利许可费（当然，每家公司的实际专利许可费率通常不同，这里的计算只是示例，并不代表真实的专利许可费）。据中国电信市场部预测，2020 年，中国 5G 手机销量将达到 1.7 亿部，按照这个数字计算，诺基亚在中国就将获得超过 5 亿欧元的 5G 专利许可费收入！移动通信领域的这个案例，充分表明了专利许可作为专利货币化手段的巨大优势：广阔的覆盖度、长久的可持续性和巨大的可成长性，这些特点都使专利许可成为越来越多专利拥有者进行专利货币化的不二选择。

56
专利许可有哪些类型

专利许可的灵活性，还反映在其类型的多样性上。按照许可范围及实施权大小，通常把专利许可分为三种类型：普通许可、排他许可、独占许可。

普通许可，也称非独占性许可，它是最常见的专利许可方式，即许可人在允许被许可人实施其专利的同时，本人仍保留着在该地域内实施其专利的权利，此外还可以将使用权再授予该被许可人以外的第三人。

排他许可，是指许可人不在该地域内再与任何第三方签订同样内容的许可合同，但许可人自己仍有权在该地域内实施该项专利，这种许可也称独家许可。

独占许可，是指许可人允许被许可人在一定条件下独占实施其专利的权利，这种许可的特点是不但许可人不能再向任何第三方授予同样内容的许可，其本人也不能实施这项专利。

从许可合同的数量来看，许可人可以就同一件专利与不同的多个被许可人签订多份普通许可合同，相应地，互不相关的多个被许可人都有权实施该项专利；而排他许可合同和独占许可合同都具有唯一性，也就是说，许可人就同一件专利只能签订一份排他许可或独占许可合同。需要注意的是，虽然许可人就一件专利只能签订一份排他许可或独占许可合同，但理论上这份合同的被许可人却可以不唯一，即通过一份排他许可或独占许可合同可以许可多个当事人实施同一件专利。不过，由于签订排他许可或独占许可合同的被许可人往往目的就在于独占市场、排除竞争，并且许可人与不同被许可人签订的许可合同条款往往有所差异，在实际情况下，同一份许可合同有多个被许可人的情形十分罕见。因此，一般来说，普通许可的被许可人较多，而排他许可和独占许可的被许可人则是唯一的。移动通信领域的专利许可通常属于普通许可，专利权人追求的目标往往是让尽可能多的人使用自己的技术，为此，谋求自己的专利被纳入标准，成为标准必要专利，是该领域的常见策略。

从对许可人的限制来看，在普通许可和排他许可的情况下，许可人本人都有权实施自己的专利，即普通许可和排他许可合同并不会对许可人本人的专利使用权产生限制。但是，对于独占许可而言，其"独占性"的最根本体现在于许可人本人在独占许可合同生效后也不能再实施该专利，即独占许可合同对许可人实施专利也产生了限制作用。从这一点来看，独占许可的效力其实类似于专利转让，被许可人通过独占许可合同全权"代理"了许可人的专利使用权。

从取得权利的性质来看，通常认为，对于普通许可和排他许可，被许可人取得的权利的性质是债权，而独占许可则是物权化的债权。对于前者来说，普通许可合同和排他许可合同具有一般债权合同的特征，被许可人从许可人取得的使用权仅仅是相对权，只能在合同当事人之间发生对抗效力而无法对抗第三人，如果遇到第三人侵犯专利权（即未经许可实施专利），虽然被许可人的权益受到损害，但其无权单独提起诉讼，只能配合专利权人追究第三人的法律责任。而独占许可的效力有所不同，被许可人不仅能排斥其他人实施专利，还能排斥专利权人实施专利，成为唯一的使用主体，因此本来作为债权内容的使用收益权获得了只有物权才具有的效力，即为"债权的物权化"；当第三人侵犯专利权时，独占许可的被许可人有权根据许可合同以自己的名义向侵权人发起诉讼❶。

简单总结一下三种类型专利许可的主要区别，见表1。

表1 三种类型专利许可的比较

许可类型	被许可人数量	许可人本人实施	被许可人独自起诉第三人侵权
普通许可	多	能	不能
排他许可	唯一	能	不能
独占许可	唯一	不能	能

还有一种特殊的许可，这就是"分许可"。分许可也称再许可、从属许可，指原专利许可合同的被许可人经许可人的事先同意在一定的条件下将专利权或者其中一部分权利再授权第三方在一定条件下使用。未经许可人事先同意，被许可人无权与任何第三方签订分许可合同。分许可的概念类似于委托合同中涉及的转委托，也是一种权利的传递。需要注意的是，分许可权来

---

❶ 邱永清. 专利许可合同法律问题研究［M］. 北京：法律出版社，2010.

源于原许可合同，因此，其效力不能超出原许可合同，也就是说，被许可人只能将自己通过许可合同获得的权利进一步分许可给他人，而不能在分许可合同中对自己所不具有的权利进行处分。举例来说，如果专利权人甲与被许可人乙签订了一份普通许可合同，许可乙实施其专利，并且允许乙给出分许可，此时，乙可以与丙签订普通许可合同，允许丙也实施该专利，但乙不能与丙签订一份限制他人实施的排他许可合同或独占许可合同，因为乙无权限制甲自己实施专利或许可他人实施专利。在原许可合同没有特殊约定的情况下，被许可人给出的分许可一般认定为普通许可。

需要注意的是，决定专利许可类型的是许可合同条款的具体约定，后面我们会详细介绍专利许可合同的内容。

57
谁可以给出专利许可

谁可以给出专利许可？这个问题的答案看上去非常明确，当然是专利权人！

这个回答对也不对。为什么这样说？由于对专利进行许可是行使专利权的一种方式，那么，有权对专利进行处分的人才能给出许可。从源头上看，任何专利最初的许可只有专利权人才能给出。但是，在一些情形下，这个问题会变得比较复杂。

为了解释这个问题，我们需要再次强调专利许可的性质。专利许可不改变专利权的归属，被许可人取得的是一种债权，是专利权人允许其实施专利的承诺。那么，探讨谁可以给出专利许可，实际上也就是探讨谁有权允许他人实施专利，并作出不追求其侵犯专利权的有效承诺。

下面我们分别考查不同情形下谁可以给出许可。

首先，如果专利权人之前没有进行过任何专利许可，此时专利权人是专利所有权和使用权的唯一拥有者，他可以自由地行使专利权，包括许可他人实施专利，即专利权人是可以给出许可的。而且，由于此时没有其他任何人对该专利拥有权利，所以也没有其他人可以给出许可。

其次，如果专利权人已经进行了普通许可，但没有进行排他许可和独占许可，由于普通许可合同并不会限制专利权人继续许可第三方实施该专利，所以此时专利权人仍然是可以给出许可的。那么，这种情况下是不是只有专利权人可以给出许可呢？答案是否定的。如果专利权人签订的一份或多份普通许可合同中规定被许可人拥有分许可权，则此时被许可人依据合同的授权也可以自行给出许可。

再次，如果专利权人进行了排他许可或独占许可，由于这两种类型的许可合同均限制专利权人再向任何第三方授予同样内容的许可，也就是说，此时专利权人已不再能给出新的许可了。这是否意味着此后基于同一件专利在相同时间和区域内不会再有新的许可出现了？答案同样是否定的。这要看上述排他许可或独占许可合同中对于分许可权的约定。如果许可合同中没有约定分许可权，此时确实就不再有人可以针对同样的内容给出新的许可了；但如果许可合同支持分许可权，虽然许可人根据合同规定不能再向任何第三方授予同样内容的许可，但被许可人却仍然可以给出新的许可，也就是说，此时被许可人反而成了唯一可给出许可的人。

最后，还有一种特殊的情况需要考虑，如果多个专利权人共有一件专利，此时谁可以给出许可？

对此，《专利法》第15条有明确的规定："专利申请权或者专利权的共有人对权利的行使有约定的，从其约定。没有约定的，共有人可以单独实施或者以普通许可方式许可他人实施该专利；许可他人实施该专利的，收取的使用费应当在共有人之间分配。除前款规定的情形外，行使共有的专利申请权或者专利权应当取得全体共有人的同意。"

可见，根据《专利法》的规定，专利权的任一共有人都可以单独给出普通许可，但只有全体共有人一致同意才能给出排他许可或独占许可。

58

专利许可合同应该包括哪些内容

相比专利转让,专利许可涉及的法律问题要复杂得多,专利许可合同也比转让合同复杂得多,合同条款的拟定需要非常高的技巧,对于双方当事人而言,起草或审核一份权利义务关系约束明确、合同内容考虑周全的专利许可合同,是专利许可谈判中最重要的工作。本节仅概略地介绍组成专利许可合同的常见条款(需要注意的是,在一份专利许可合同中并非必须同时包含下述全部条款)。由于美国知识产权许可制度的理论和实践较为成熟和完善,本节较多地参考了美国专利许可实践❶❷。

1. 合同方和生效日期

为了明确合同规定的权利义务的对象,任何类型的合同中都必须写明合同方。需要注意的是,由于专利许可合同权利义务关系的复杂性,应当将与该专利许可法律行为有关的所有当事人都纳入合同方,否则,合同规定的权利义务只对合同确认的当事人有效,而无权限制第三方的权利或给第三方规定义务。此外,对于每一名当事人,在合同中的指代都要明确、具体,避免混淆的可能性,例如自然人应当写明姓名和身份证号(或护照号等),法人应当写明名称、住所、统一社会信用代码。

生效日期是比较容易被忽略的合同条款,其规定了合同方权利义务生效的时间,同时,其也是计算许可期限、许可费等的起始日期。一般来说,如果许可合同中没有专门约定生效日期,则合同方完成许可合同签署的日期为合同的生效日期。合同方也可以在许可合同中约定其他时间作为合同生效的日期,例如其中一方签署合同并寄送另一方的日期,或者被许可人开始实施该专利的日期等。

---

❶ Robert W. Gomulkiewicz et al. Licensing Intellectual Property: Law and Application(3rd Edition)[M]. New York: Wolters Kluwer Law & Business, 2014.

❷ 斯蒂芬·曼顿. 知识资产整合管理——知识资产发掘和保护指南[M]. 北京:知识产权出版社, 2014.

2. 序言

序言简略介绍合同签署的背景和目的，用于总结合同双方的意图。在某些情况下，例如后期发生许可合同纠纷时，序言能够帮助法官判断双方签署合同时达成的真实合意，从而准确理解合同条款。因此，序言的表述应当准确、不偏不倚。

3. 定义

该部分对合同中涉及的术语进行定义，目的在于清楚界定这些术语的具体含义，以避免合同双方当事人在签订及后续履行合同的过程中出现理解上的分歧。按照部分美国实务专家的观点，定义条款是专利许可合同中最重要的部分。

通常，以下内容有必要在定义条款中予以明确❶：

（1）保密信息

专利许可谈判会涉及双方大量技术和商业信息，且参与人员众多，容易出现信息泄露的情况。因此，有必要对"保密信息"进行定义，凡是符合该定义的信息都是合同双方不得任意披露的。

（2）关联公司

如果被许可人是集团企业，而签订许可合同的只是该集团企业中的一个法人，而被许可人签订该许可合同的目的是集团内的其他非签约法人也能够获得专利许可，那么，此时需要在许可合同中对"关联公司"进行定义。为防止在专利许可期限内被许可人的关联公司状态发生变化，许可人还可以要求被许可人以清单的形式提供其符合"关联公司"定义的实体，并在许可合同中以列举的方式对"关联公司"进行定义。

（3）被许可专利

当被许可专利数量较少或者不涉及标准必要专利时，许可双方通常会将其列在许可合同中或者以被许可专利清单的方式来界定被许可专利。但是，在涉及标准必要专利的许可实践中，专利许可人通常通过对"被许可专利"进行定义的方式来界定被许可产品，而很少以专利清单的方式来提供被许可专利，以避免可能违反 FRAND 义务（关于 FRAND 原则后文会有详细介绍）的情形发生。

（4）被许可产品或被许可服务

被许可产品是被许可人可依据许可合同使用被许可专利的产品范围。实

---

❶ 于海东. 专利实务工作指南［M］. 北京：知识产权出版社，2019.

践中，许可人通常根据被许可人的品牌来限定被许可产品，并在签订合同时要求被许可人提供产品的品牌清单，凡是在许可人认可的品牌清单下的产品均被视为被许可产品，可以依约使用被许可专利。

如果被许可人在对外提供服务时用到被许可专利，此时即为被许可服务。

（5）销售价格及净销售价格

很多情况下，许可费是根据被许可产品的实际销售价格的一定比例收取的。由于被许可人针对不同客户的对外销售价格往往不同，许可合同应当就何为"销售价格"进行定义。一般而言，可将其定义为被许可人向善意第三方销售被许可产品的市场公允价格。在涉及标准必要专利的大型专利许可项目中，计算许可费率的基础通常是"净销售价格"。一般而言，"净销售价格"是将销售价格扣除被许可产品的包装费用、为被许可产品支付的保险及运输费、因销售被许可产品而支付的消费税等税费后的价格。

（6）改进技术

专利许可合同签订后，许可人与被许可人都有可能对被许可专利技术作出改进，从而产生改进技术。对于何为改进，技术改进一方可能倾向于用比较宽泛的标准，而另一方则可能相反。因此，专利许可合同中应该对改进技术进行明确的定义。

4. 许可授权

许可授权条款是专利许可合同的核心，许可人正是通过该条款向被许可人授予专利的相关权利。许可授权条款的关键在于回答两个问题：许可人授予了被许可人什么权利？以及许可的边界在哪里？

为了回答这两个问题，许可合同需要明确专利的许可方式（普通许可、排他许可还是独占许可）、授予权利的内容（制造权、使用权、销售权、许诺销售权、进口权中的一种或多种）、许可的地域范围、被许可人是否有分许可权以及被许可人可行使分许可权的具体范围等。

此外，在许可授权部分通常还要明确许可人保留的权利。一般来说，没有明确授予被许可人的权利都由许可人保留。

5. 对价/许可费用

任何许可都需要支付对价。对价可以采取多种形式，某些情况下，专利许可的对价甚至可以是实施另一件专利的许可，即交叉许可（关于交叉许可在后文会详细介绍）。多数情况下，专利许可的对价采取许可费用的方式支付。

在许可合同的这一部分,需要明确对价的内容。如果对价是许可费用,不仅需要确定许可费用的金额,还要确定其支付方式。常见的许可费用支付方式有两种,一种是一次性支付,另一种是根据实际生产或销售的情况持续付费。持续付费方式又分为两种类型,一种是被许可人周期性地向许可人报告专利使用情况,并根据产品的实际生产或销售情况以销售价格的一定比例或固定许可单价向许可人支付许可费用,即滑动持续付费;另一种则是被许可人按照某一事先确定的生产或销售数量以销售额的一定比例或者固定许可单价周期性地向许可人支付许可费用,即固定持续付费[1]。

对于采取滑动持续付费方式的情形,专利许可合同中还可以包括"会计和审计"条款。该条款规定被许可人需要保留和提交的相关记录,以便许可人核算许可费用。许可人还可以在该条款中约定审计的权利。

6. 期限

专利许可需要指定期限,该期限可以是固定期限,也可以依据专利的有效期而定。在该条款中,还可以明确合同双方延长合同期限的权利和方式。

7. 违约责任

被许可人在履行专利许可合同时,可能会存在未按合同约定支付许可费等违约行为,针对这类行为,许可人可以在合同中设置违约条款,要求被许可人停止生产或销售产品、支付一定数额的违约金,或者撤销合同等。为了减少自己难以弥补的损失,被许可人也可以要求在合同中约定违约通知期,要求许可人在上述情况下应当向被许可人发出通知,并允许被许可人进行补救。

8. 终止、撤销及终止或撤销时的义务

终止是指许可合同按照合同规定的条件结束,而撤销是指许可合同一方违约,通常是实质性违约的情况下另一方结束合同。该条款不仅需要约定合同终止的条件,例如许可到期、项目完成等,还需要约定什么情况下合同方可以选择撤销合同。

当合同终止或撤销时,一部分义务仍将保留,通常是与结束合同相关的义务,合同方也可以在许可合同中约定在合同终止或撤销时保留的权利义务。

9. 责任限制

责任限制条款允许合同方在违约情况发生时减少甚至免除潜在的损害赔偿。合同方可以约定限制损害赔偿的种类和数额。

---

[1] 于海东. 专利实务工作指南 [M]. 北京:知识产权出版社, 2019.

通常，这类限制包括：排除对间接损失、附加损失或特定损失的损害赔偿；排除惩罚性赔偿；设定较低的责任上限，或在某些情况下完全排除责任。但是，一般不排除关键责任类型。

10. 担保

担保是一方当事人对另一方当事人给出的具体保证。典型的条款内容包括：许可人担保自己拥有被许可专利的所有权，或者有权签订该许可合同；若被许可人不当使用被许可专利而导致产生额外支出费用、损害赔偿，被许可人应承担全部费用。

特别地，有一类担保条款称为知识产权瑕疵担保条款，其通常是专利许可合同的必备条款。《合同法》第353条规定："受让人按照约定实施专利、实用技术秘密侵害他人合法权益的，由让与人承担责任，但当事人另有约定的除外。"因此，许可人应担保被许可专利不侵犯第三方知识产权。此外，许可合同还应就应对第三方知识产权侵权诉讼的主体、诉讼费用承担、败诉时侵权损害赔偿责任的承担以及败诉是否对许可合同的效力产生影响等作出明确规定。

11. 免责

合同方（通常是许可人）可以在专利许可合同中否认隐含担保或默认担保的效力。例如，许可人不保证其专利必然属于标准必要专利或者必然被被许可人的产品所使用到，不保证被许可专利不会被他人宣告无效或者不会被无效掉等。

12. 赔偿

赔偿条款也是合同方分配风险的方式。例如，合同一方由于对方违反担保而遭受损失，则其可以向对方提出请求，由对方对其损失进行赔偿。赔偿条款还可以约定合同一方有义务共同应对另一方因己方违反担保而招致的诉讼。

13. 后续改进技术

《合同法》第354条规定："当事人可以按照互利的原则，在技术转让合同中约定实施专利、使用技术秘密后续改进的技术成果的分享办法。没有约定或者约定不明确，依照本法第61条的规定仍不能确定的，一方后续改进的技术成果，其他各方无权分享。"可见，按照合同法的精神，对后续改进技术成果的分享应当以专利许可合同的约定为主，因此，合同方在签订许可合同时，应当考虑后续对专利技术作出改进的可能，并对不同情况下改进技术成果的分享作出约定。例如，如果该改进技术是由许可人作出的，那么被许可人是否可依据许可合同自动获得该改进技术的授权并无须支付额外的许可费用？如果不能的话，是否应该在许可合同中规定后续改进技术的许可费用标准？如果该改进技术是被许可人作出的，那么许可人是否有必要通过许可合同的规定提前获得该后续改进技术的所有权或使用权？

14. 技术资料与技术指导

由于仅依据专利文件所记载的内容很难完整、有效地实施被许可专利，因此，在专利许可合同中还需要约定许可人提供实施专利所需要的技术资料（即前面提到的 know how），同时约定必要时许可人应当应被许可人的请求指派技术专家对许可人实施专利给予技术指导。

15. 争议解决

合同方应当在专利许可合同中约定出现纠纷时的争议解决方式，例如调解、仲裁、诉讼等，并可以由仲裁机构、人民法院等进行指定。

59
专利权人尚未实施专利，该怎样选择许可策略

专利权人经常会面临这样的情况，一方面，希望能够许可他人使用自己的专利，除了可以获取许可费的直接收入之外，还可以起到检验应用前景、培育市场等作用；另一方面，专利权人也担心许可他人使用专利会反过来与自己形成竞争或限制自己的使用，从而危害自己的商业利益。这种情况下，许可人就需要结合自己的技术状况和商业规划，选择恰当的专利许可策略，尤其是在许可他人使用的同时，对被许可人的专利使用权进行适当的限制，以确保自己实现利益最大化，而这种限制往往是通过对专利许可合同条款的设置来实现的。

有一点认识必须要首先明确，许可合同是双方协商的结果，一般来说，合同中约定的双方权利义务基本上是对等的，许可人对许可合同设置的限制条件越多，被许可人取得的专利使用权就越少，则许可人取得的许可费用相应地也越少。因此，许可人对被许可人专利使用权的限制也不是多多益善，这要与自己的商业目标协调一致。

如果专利权人尚未实施被许可专利，该专利并未对其产生价值，相当于是"负资产"，因而其实施专利许可行为的最主要目的是"转负为正"，从该专利中取得直接的收益，这决定了在专利许可合同中，直接收益的大小将是专利权人最关注的内容。

专利权人不实施被许可专利，通常有以下几种原因。

1. 专利权人不看好被许可专利的市场前景

这类"休眠专利"在当前以及可预见的将来都不能产生收益，专利权人还要承担逐年递增的专利年费，早一天许可就早一天收回投资。另外，由于专利权人不看好该专利的市场前景，其从可能的专利许可合同中获得持续成长的回报的可能性也就不大。可见，对于这种情形，专利权人的主要诉求应该是尽快甩掉包袱，只要将"负资产"废物利用就是胜利，在许可费用上则可以适当妥协；相应地，优选的许可策略是尽可能一次性给被许可人更多的

许可授权，以换取尽可能多的当期回报。具体地，可以采用排他许可或独占许可的形式，授予被许可人更多的权利种类（例如，同时授予制造权、使用权、销售权、许诺销售权和进口权），不对许可的地域范围和期限进行限制（即以专利的有效范围和有效期为准），允许被许可人进行分许可，甚至，如果双方能够达成合意，可以直接进行专利转让。

2. 被许可专利与专利权人的自身技术路线不相符

这类专利可能本身的技术价值或市场前景都不错，但与专利权人自身选择的技术路线不一致，在可预见的将来都没有自行实施的可能。大公司可以将这类专利技术作为"备胎"进行储备，以备不时之需（例如，华为的"鸿蒙"系统，如图1所示，在遭受美国制裁的情况下成为华为手中的一张"王牌"），但对于大量中小企业来说，这样的做法投入较大而收益较小，将其进行许可以取得收益是更现实的选择。与前述第一类相同，许可人自己不准备实施专利，所以不需要对权利进行过多保留，但与前者不同的是，由于看好市场前景，在计算许可收益时不能只看当期许可费，还要考虑未来的成长性。此时，有以下策略可供参考：

图1　华为"鸿蒙"系统发布会

（1）优选普通许可而不是排他许可或独占许可。虽然后两者的许可费更高，但普通许可能够保留未来更大的潜在收益，尤其是，如果首次许可取得了良好的经济效益，其本身就是很好的广告，能吸引更多潜在的被许可人，从而大幅增加许可收益。相比排他许可和独占许可更高的一次性许可费收入，普通许可方式显著更高的回报空间是值得尝试的。

（2）许可费用的支付方式优选滑动持续付费。采用这种支付方式的优势在于随着市场的不断扩大，被许可人生产或销售被许可产品的数量增加，许可人能够获得的许可费用也随之增加。在前景向好的市场里，选择滑动持续付费方式收取许可费用能够取得更多的长期收益。

（3）许可期限不宜过长，且合同期限不自动延长（即延长合同期限需要重新谈判）。依然是基于对市场向好的乐观判断，被许可专利的价值也会随之不断提高，许可人会越来越有优势，将有可能从许可合同中取得更大的收益，因此，签订一份长期的许可合同限制自己可能取得的收益对许可人而言不是优选的策略，更好的选择是签订期限较短的许可合同，在每一次重新签订许可合同时根据市场成长的情况相应地提高许可条件。

（4）不向被许可人授予分许可权。这一条很好理解，允许被许可人给出分许可，显然会与许可人自己的后续许可行为形成竞争，此外，被许可人建立起"发展下线"获取回报的盈利模式之后，也会息于对市场的进一步开发。

这一类情况在通信技术领域十分常见，前文提到的诺基亚就是采取上述策略运营其拥有的核心专利。

3. 专利权人有实施被许可专利的计划

有些情况下，由于种种原因，专利权人在取得专利权后暂时没有实施，但该专利技术已经纳入专利权人未来的实施计划中了。此时，专利权人许可他人实施该专利的目的就不仅是获取直接收益，还在于一些间接收益，例如通过被许可人实施专利技术的效果来对自己未来实施该专利进行可行性验证。而专利权人在这两个目标中的权衡，即更看重直接收益还是间接收益，则要看专利权人对自己实施紧迫性和收益大小的预估了。一般来说，实施计划越紧迫，预期收益越大，越看重间接收益，此时专利权人往往更倾向于以较为优惠的条件促成许可合同的尽快达成，对于许可费用可以适当妥协，而较为看重许可类型、许可费支付方式、许可期限、分许可权等条件。反之，在还没有明确的实施计划，或者预期收益不太大的情况下，专利权人会更看重直接收益，此时对于签订许可合同相对较为谨慎，对许可费用的要求也相对较高。

60
专利权人已经实施专利，该怎样选择许可策略

如果专利权人自己已经实施被许可专利，该专利技术已经产生效益了，除标准必要专利等特殊情况外，专利许可费用等直接收益通常不是专利权人最为看重的因素，因为虽然专利许可能够带来直接收益，但同时也会给自己制造直接的竞争对手，从而威胁自己所占有的市场，两相比较，未见得就是有利的。此时，决定专利许可合同的常常是商业开发上的考虑。

我们按以下几种情形来分析。

一、被许可专利技术价值高但专利权人的市场开发不足

这种情况下，专利权人的盈利模式是通过实施专利直接获利，面临的最大问题是"蛋糕"不够大，所以其主要诉求不是通过专利许可获得许可收益，而是通过专利许可将更多"玩家"引入该领域，一起把"蛋糕"做大，当市场容量显著扩张时，即便专利权人自己所占据市场份额相对缩小，其绝对收益依然会明显增加。另外，通过专利许可的方式吸引更多被许可人加盟，可以达到扩大技术同盟军的效果，进而增加被许可技术在市场上对同类技术的竞争优势，甚至有可能成为行业标准，这将为专利权人带来持续的技术优势地位和源源不断的后期收益，所谓"一流企业做标准"就是此意。因此，当面临上述情况时，专利权人优选的许可策略是以较为优惠的条件（例如较低的许可费用）将专利授予尽可能多的被许可人，并为他们提供充分的技术支持，以促进该技术的推广和应用。某些激进的专利权人甚至会采取免费提供相关专利技术的策略，如2014年特斯拉公司宣布开放其全部专利的事件轰动一时（如图1所示），其目的就在于吸引合作者和推广标准。

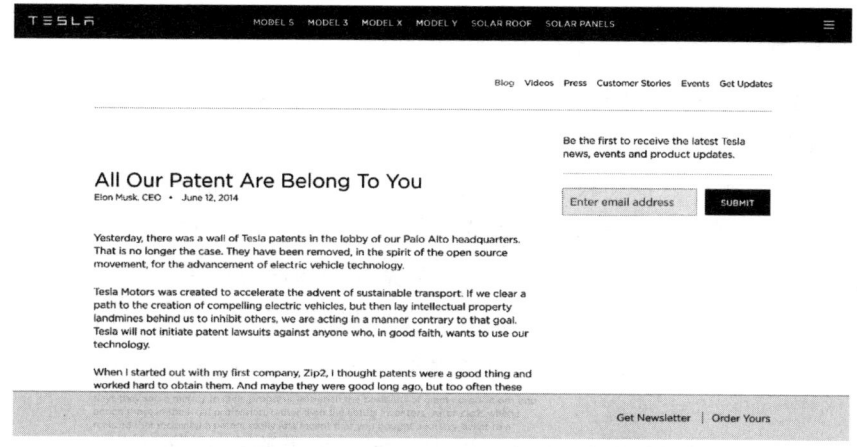

图 1　马斯克宣布特斯拉开放其电动汽车相关专利

这一策略配合较短的专利许可期限以及对被许可人后续改进技术享有一定权利的合同约定，将会使许可人的利益达到最大化。

二、专利权人无力或不愿控制全产业链

通常，完整的产业链包括技术研发、零部件生产、最终产品组装、市场拓展等各个环节，在产业分工越来越细致的情况下，市场主体的比较优势也逐渐凸显，由一个市场主体控制从研发、生产到销售的全流程既不现实也无必要，反而会导致效率低下。市场主体专注于自己擅长的产业环节，并通过许可合同与拥有其他方面优势的市场主体合作开发产品，能达到双赢的效果。苹果公司研发新的 iPhone 手机，但其并不从事手机生产，而是将相关专利许可给富士康公司，由富士康负责大规模生产，生产出的手机再交由苹果公司销售。当然，在两者的合作中，苹果向富士康授予的许可更重要的其实在于商标的使用，这里不再展开叙述。

对于这种情况，许可人与被许可人之间是分工合作的关系，他们必然会签订一揽子的商业协议，仅就专利许可合同而言，重点在于明确许可人向被许可人授予权利的内容。仍然以苹果公司和富士康公司的合作为例，富士康只负责手机的生产，那么，在专利许可合同中应当规定被许可人富士康对被许可的产品专利仅有制造的权利，对被许可的方法专利仅有使用的权利，而没有销售、许诺销售、进口等权利。

三、专利权人无力开发某些地域的市场

不同国家乃至同一国家内不同区域的市场，常常有着一些或明或暗的准入限制或壁垒，由于自身条件的限制，很多时候专利权人无力独自开发所有的潜在市场。此时，专利权人可以有所取舍，对不同的地域采取不同的市场开发策略，例如，自己独自开发或者与他人合作开发本国市场，许可在其他国家或地区有完善商业渠道的当地企业独家开发当地市场等。

与上述各种市场开发策略相配合，在这些情况下，专利许可合同中需要明确许可的类型和地域范围。需要注意的是，由于专利权自身就有地域的限制，中国专利只在中国境内（不包括港澳台地区）有效，而美国专利只在美国有效，在不同国家的市场开发合作中，被许可专利应当是不同的，向被许可人授予中国专利在美国的使用权是不能成立的。此外，基于合同自由，双方可以在专利许可合同中约定更为细致的地域范围，例如约定被许可人只能在中国的某个省级乃至更低级别的行政区域行使专利权。

许可合同中还可以将许可方式、地域范围与权利内容等相结合，从而更为灵活地进行专利许可。例如，许可人可以给予被许可人甲在中国 A 省制造专利产品的独占许可，给予被许可人乙在中国 B 省销售、许诺销售的排他许可，给予被许可人丙在中国除 B 省外的其他区域销售、许诺销售的普通许可，同时给予被许可人丁在美国全境进口、销售、许诺销售的排他许可。

61
许可人可以通过合同任意限制被许可人的权利吗

与一般的合同相比，专利许可合同中往往存在一类特殊的条款——限制性条款。作为一种法律赋予的权利，专利权具有合法的垄断性，在专利许可合同中双方当事人的地位并不平等，因此，许可人可以利用其优势地位，通过在许可合同中设定特殊的条款限制被许可人的权利。

前面我们介绍了合同自由原则，理论上，只要合同双方协商一致，可以就双方的权利义务约定任何内容。但另外，公平原则也是合同法的基本原则。《合同法》第5条规定："当事人应当遵循公平原则确定各方的权利和义务。"在专利合同中，许可人借合同自由的形式设置的限制性条款，并不当然地达到法律上的公正，有时候反而是对合同自由中的缔约自由和决定合同内容自由的破坏。根据《合同法》第54条第1款的规定，在订立合同时显失公平的，当事人一方有权请求人民法院或者仲裁机构变更或者撤销。

同时，《合同法》通过确认限制性条款的效力体现了对专利权滥用的规制。《合同法》第329条规定："非法垄断技术、妨碍技术进步或者侵害他人技术成果的技术合同无效。"《最高人民法院关于审理技术合同纠纷案件适用法律若干问题的解释》以列举的形式将《合同法》第329条规定的"非法垄断技术、妨碍技术进步"这一技术合同无效事由细化为六种情形：①限制技术使用、研发和改进；②限制技术来源；③限制技术实施；④搭售；⑤限制被许可方购买渠道；⑥禁止对有效性提出异议。

此外，在设定限制性条款时，许可人如果滥用专利权，导致排除、限制竞争，则还可能构成《中华人民共和国反垄断法》（以下简称《反垄断法》）规定的违法行为。《反垄断法》第55条规定："经营者依照有关知识产权的法律、行政法规规定行使知识产权的行为，不适用本法；但是，经营者滥用知识产权，排除、限制竞争的行为，适用本法。"

在专利许可中，涉嫌滥用专利权的限制性条款主要有❶：

---

❶ 于海东. 专利实务工作指南 [M]. 北京：知识产权出版社，2019.

（1）搭售。将搭售被许可人实施专利不必需的设备、技术、原料等作为授予专利许可的前提。

（2）强制性一揽子许可。许可人将拥有的一系列专利组合打包进行许可，无论被许可人需要哪些专利的许可，都必须为整个专利包支付专利许可费。

（3）限购。不合理地要求被许可人在实施专利技术时必须从许可人处采购原料，或者限制被许可人与许可人的竞争对手进行交易。

（4）歧视性差别收费。对不同被许可人执行有明显差异且没有合理理由的专利许可费收费标准。

（5）强制回授。强制要求被许可人将后续改进技术独家回授给许可人。

（6）不合理限制出口市场。限制被许可人出口其生产的产品，或者只能出口到许可人指定的市场。

下面我们来看一个不合理的限制性条款构成排除、限制竞争行为的典型案例。2013年11月26日，高通公司发布官方消息称正接受中华人民共和国国家发展和改革委员会（以下简称发改委）对其进行的反垄断调查，揭开了轰动一时的高通反垄断案的序幕。经过对数十家国内外手机生产企业和基带芯片制造企业的调查，发改委指出了高通公司滥用市场支配地位的"三宗罪"：

（1）收取不公平的高额专利许可费。对国内的手机制造商按整机批发净售价的5%收取专利许可费，该标准高于对苹果、三星以及诺基亚的收费标准，构成价格歧视；对我国企业进行专利许可时拒绝提供专利清单，过期专利一直包含在专利组合中并收取许可费；要求我国被许可人将持有的相关专利向其进行免费反向许可，拒绝在许可费中抵扣反向许可的专利价值或提供其他对价。

（2）搭售非无线通信标准必要专利许可。不将性质不同的无线通信标准必要专利与非无线通信标准必要专利进行区分，并分别对外许可，而是利用在无线通信标准必要专利许可市场的支配地位，没有正当理由地将非无线通信标准必要专利许可进行搭售。

（3）在基带芯片销售中附加不合理条件。将签订和不挑战专利许可协议，作为我国被许可人获得其基带芯片供应的条件；如果潜在被许可人未签订包含了以上不合理条款的专利许可协议，或者被许可人就专利许可协议产生争议并提起诉讼，均拒绝供应基带芯片。

经过14个月的调查，如图1所示，高通接受了发改委开出的60.88亿元的天价罚单，并提出一揽子整改措施：对为在我国境内使用而销售的手机，按整机批发净售价的 65% 收取专利许可费；向我国被许可人进行专利许可时，将提供专利清单，不对过期专利收取许可费；不要求我国被许可人将专利进行免费反向许可；在进行无线标准必要专利许可时，不得没有正当理由搭售非无线通信标准必要专利许可；销售基带芯片时不要求我国被许可人签订包含不合理条件的许可协议等。

重罚　　　　　　　　新华社发　徐骏 作

图 1　高通认罚

62
为什么要对专利许可合同进行备案

前面我们介绍了,专利转让合同自登记之日起生效,那么专利许可合同什么时候生效呢?也需要向国家知识产权局登记吗?我们先来看一下有关法律规定。《专利法》中没有对专利许可合同的生效时间进行规定,但《专利法实施细则》第14条第2款规定:"专利权人与他人订立的专利实施许可合同,应当自合同生效之日起3个月内向国务院专利行政部门备案。"

细心的读者可能注意到了,与专利转让合同自"登记"之日起生效不同,专利许可合同生效是在"备案"之前,可见,登记是专利转让合同生效的必要条件,而备案不是专利许可合同生效的必要条件。

由于专利权是民事权利,如果专利权人自己不主张权利,其他人是无权要求司法机关和行政机关制止侵权行为的,司法机关和行政机关也不能主动执法。相比转让,许可由于不涉及专利权的转移,与他人的关系较小,因此专利许可可以看作纯粹的民事行为,只要双方的意思表示达成一致,订立合同,按照《合同法》第44条第1款的规定,此时合同就已生效,对双方当事人也就产生了约束力,他们就应当相互享有权利和履行义务。对于被许可人来说,其从许可合同中获得的权利是自由实施相关专利,只要其与许可人的合同有效,许可人就不能对其主张专利权,被许可人也就可以自由实施该专利。

那么,《专利法实施细则》又为什么要规定专利许可合同需要"备案"呢?这还是要回到专利许可合同的效力上来,没有经过备案的专利许可合同对合同双方的确是具有效力的,但其不具有对抗第三人的效力。

我们来看看下面的例子,专利权人甲将专利排他许可给了乙,但没有对该许可合同进行备案,此后甲又将同一件专利许可给了丙。此时,显然甲违反了与乙签订的专利许可合同,应当承担违约责任。但是由于丙在与甲签订许可合同时,并不能合理地得知乙与甲签订的在先排他许可合同,则丙对乙来说是善意第三人,乙与甲签订的排他许可合同并没有对抗丙与甲签订的许可合同的效力,即乙并不能禁止丙实施该专利。乙由此产生的损失只能向甲追偿,如果甲没有能力赔偿或怠于赔偿,丙不承担连带责任。

还有另一种情形是专利权人甲先将专利许可给了乙,然后又再次将该专利排他许可或独占许可给了丙,如果在后的许可合同经过备案,其就可以对抗在先被许可人乙,也就是说,丙可以根据在后签订的排他许可或独占许可合同禁止乙实施该专利。此时,乙只能通过追究专利权人甲的违约责任来获得救济。

可见,备案程序对专利许可合同起到了一个确认和公示的作用,对减少许可合同纠纷有重要的作用。

《专利实施许可合同备案办法》(国家知识产权局令第62号)对专利许可合同备案作了详细的规定(该办法可以从国家知识产权局网站获取,网址为:http://www.cnipa.gov.cn/zcfg/zcfgflfg/flfgzl/zlbmgz/1020118.htm)。笔者总结的专利许可合同备案的流程如图1所示。

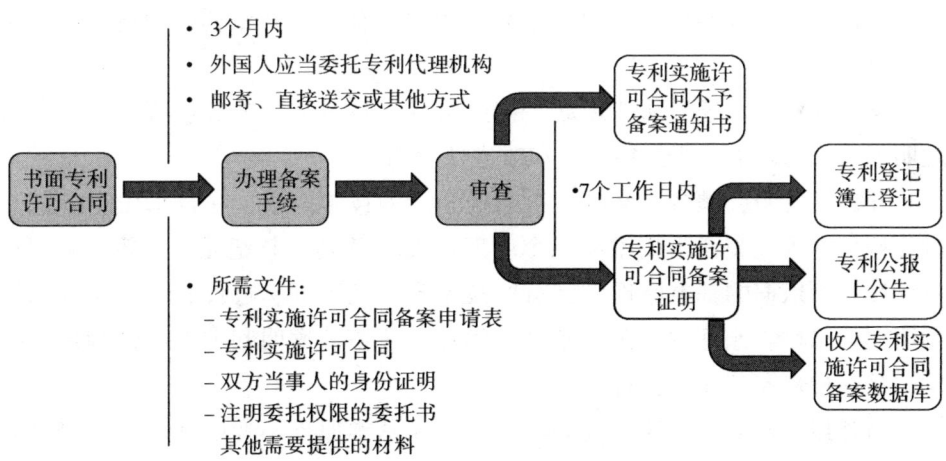

图1 专利许可合同备案简要流程

63
自己的专利一定就可以自由实施吗

大家都知道,申请专利的目的首先就是保护自己的发明创造,使得他人在未获得自己许可的情况下不能随意使用。那么,这是不是意味着,自己获得了专利权的技术,就一定可以自由实施呢?乍一看,答案似乎是显而易见的,自主研发的技术,还获得了专利权,如果自己不能使用那还有谁能使用?况且前面也说了,专利权人可以授予他人实施自己专利的许可,如果自己都不能实施,又凭什么去许可他人实施?

但这个问题的答案还真的就这么反常识,自己拥有专利权的技术不一定就可以自由实施。

这个问题我们还得从头说起,按照与现有技术之间的关联程度,可以将发明创造分为两类:开拓性发明和改进性发明。

开拓性发明,顾名思义,是指一种全新的技术方案,在技术史上未曾有过先例,它为人类科学技术在某个时期的发展开创了新纪元。一般说来,开拓性发明所依据的基本原理与已有的技术有质的不同,近代和现代的开拓性发明大都以科学原理的突破为条件。因此,开拓性发明基本上不依赖现有技术,是一种从零到一的创新。

与开拓性发明相对应,改进性发明是在基本原理不变的情况下,对已有的技术作程度不同的改变和补充。改进性发明可能是以新的科学发现为前提,也有可能是依靠长期的经验积累和摸索,没有科学原理的根本性突破,也可能产生重大价值的改进性发明。因此,改进性发明是以现有技术为基础产生的,是一种从一到多的创新。

开拓性发明往往导致技术系统的根本性变革,意义重大,但显然这样的发明创造数量极其稀少,绝大部分发明创造都是改进性发明。改进性发明的产生过程通常是以现有技术作为发明起点,针对该现有技术某方面存在的缺陷或者不足进行研发,从而得到一个能够克服该缺陷或不足的改进技术方案。可见,改进性发明与作为其发明起点的现有技术有着千丝万缕的联系,很多情况下在实施改进技术方案的同时也必然会实施该现有技术,因此必须取得实施在先专利的许可。举例来说,在先专利是一种化合物A,其用于治疗疾病X,但副作用比较大,后来发现将物质B与A制成复方制剂,在保持对疾病X的治疗效果的同时,能够大大减小副作用。此时,A+B的复方制剂是能够取得专利权的,但该在后专利的实施,即制备A+B的复方制剂,必然需要实施化合物A的在先专利,制备、使用化合物A。

还有另一种情况,在先专利是开拓性发明,其专利保护范围通常是概括性的,且范围较大,在其基础上进一步改进得到的改进性发明很容易落入其保护范围之内,没有在先专利的权利人的许可,在后的改进性专利无法实施。还是上面化合物A的例子,假如在先专利包括如"一种治疗疾病X的药物组合物,其包含化合物A"的药物组合物权利要求,这一保护范围与发现药物A能够治疗疾病X的贡献是相匹配的。此时,虽然在后专利发现B与A组合使用能够减小副作用,解决了新的技术问题,但是A+B的复方制剂仍然落入在先专利"包含化合物A的药物组合物"的保护范围之内。

那么,开拓性发明总该可以自由实施了吧?很遗憾,也未必。发明创造的产生不依赖现有技术作为基础,并不意味着其实施也可以完全脱离现有技术。众所周知,电灯是一项开拓性的发明,其与人类之前使用过的所有照明工具的原理完全不同,因此电灯本身是不可能侵犯在先专利权的。但是,要实施电灯专利,也就是制造电灯,需要加工玻璃灯泡和灯丝,还需要给灯泡抽真空等步骤,这些加工过程使用的原料、设备、方法都可能存在相应的专利权,要实施这些相关专利同样需要得到许可。

本节的最后,我们介绍一种在改进性发明实施过程中常见的专利许可策略——交叉许可。专利交叉许可是一种基于谈判的,在产品或产品生产过程中需要对方拥有的专利技术的时候,相互有条件或无条件允许对方使用己方专利技术的专利许可协定。在交叉许可合同中,双方均具有双重身份,一方既是某项技术的许可方,同时也是另一项技术的被许可方。在交叉许可合同中,除授权对方使用己方专利技术外,还可以包括许可费或其他条件,这取决于双方对各自专利技术的估值。

在上面化合物A的例子里,如果在先化合物A专利的专利权人甲已经生产了单方药物A的产品,用于治疗疾病X,但受制于其较大的副作用,应用受限。而同时,专利权人乙拥有复方制剂A+B的专利,复方制剂A+B的治疗效果与单方药物A相当,但副作用大大减小,其应用前景显著好于单方药物

A。前面已经分析了，在没有取得甲的许可的情况下，乙不能生产复方制剂 A+B，而同时，甲生产这种产品显然也侵犯了乙的专利权。因此，对于甲乙双方而言，最佳策略是通过谈判达成专利交叉许可，互相允许对方使用己方专利，从而双方均可以生产复方制剂 A+B 这种产品，共享这一市场。

在实践中，专利交叉许可是降低企业成本、获取专利效益的一条有效路径。如此，不仅不再需要向其他企业支付昂贵的专利许可费用，有时还能产生实实在在的效益。在这方面，华为是一个很好的例子，其向外缴纳的专利许可费最高一度达到产品销售收入的 7%。近年来，华为十分重视研发，2015 年，华为在研发方面投入 596 亿元，占销售收入的 15%。依靠这样的大投入，目前华为已拥有国内外专利数量超过 5 万件。广东省知识产权局公布的《2015 年广东省专利监控报告》中提到，当年华为向苹果公司许可专利 769 件，苹果公司向华为许可专利 98 件（如图 1 所示），这是华为加强专利运用的一个典型案例。

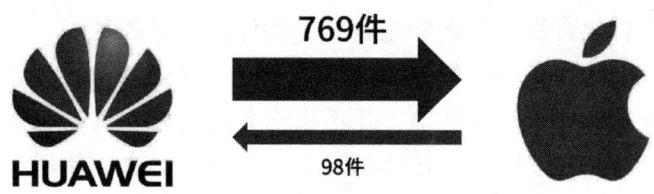

图 1　华为和苹果的专利交叉许可

64
什么是专利强制许可

一般情况下,专利许可都是双方自愿的行为,但也有一种例外,即专利强制许可,又称专利实施强制许可,是指国家知识产权局在法定的情形下,不经专利权人许可,授权他人实施发明或者实用新型专利的法律制度。申请人获得这种许可后无须专利权人同意即可实施该专利,但应支付合理的使用费。

《专利法》第6章和《专利法实施细则》第5章分别对专利强制许可的制度设计作了规定,此外,《专利实施强制许可办法》(国家知识产权局令第64号)对其具体操作给出了更细化的规定(该办法可以从国家知识产权局网站获取,网址为:http://www.cnipa.gov.cn/zcfg/zcfgflfg/flfgzl/zlbmgz/1020112.htm)。下面,我们从以下几个方面对专利强制许可制度进行简要介绍。

1. 颁发事由

以下几种情形下,国家知识产权局可以给予专利强制许可:

(1) 专利权人自专利被授予之日起满3年,且自提出专利申请之日起满4年,无正当理由未实施或者未充分实施其专利。其中,未充分实施其专利,是指专利权人及其被许可人实施其专利的方式或者规模不能满足国内对专利产品或者专利方法的需求。

(2) 专利权人行使专利权的行为被依法认定为垄断行为,为消除或者减少该行为对竞争产生的不利影响的。

(3) 国家出现紧急状况或者非常情况时。

(4) 为了公共利益的目的。

(5) 一项取得专利权的发明或者实用新型比前已经取得专利权的发明或者实用新型具有显著经济意义的重大技术进步,其实施又有赖于前一发明或者实用新型的实施。

特别地,如果强制许可涉及的发明创造为半导体技术,其实施只限于上述第(2)和第(4)两种情形。

2. 销售市场

为了公共健康目的［属于前述第（4）种情形"公共利益目的"的一类］，对取得专利权的药品，可以给予制造并出口的强制许可，出口的市场限于最不发达国家或地区，或者依照有关国际条约通知世界贸易组织表明希望作为进口方的该组织的发达成员或者发展中成员。

除了上述情况以及前述第（2）种情形外，强制许可的实施应当主要为了供应国内市场。

3. 提出强制许可请求的主体

对于前述第（1）种和第（2）种情形，具备实施条件的单位或个人可以向国家知识产权局提出强制许可申请。

对于前述第（3）种和第（4）种情形，国务院有关主管部门可以建议国家知识产权局给予其指定的具备实施条件的单位强制许可。

对于前述第（5）种情形，后一专利权人可以请求给予实施前一专利的强制许可。国家知识产权局给予实施前一专利的强制许可的，前一专利权人也可以请求给予实施后一专利的强制许可。

4. 对强制许可的限制及救济

给予强制许可的决定，应当根据强制许可的理由规定实施的范围和时间。强制许可的理由消除并不再发生时，国家知识产权局应当根据专利权人的请求，经审查后作出终止强制许可的决定。

取得强制许可的单位或者个人不享有独占的实施权，并且无权允许他人实施。

取得强制许可的单位或者个人应当付给专利权人合理的使用费，或者依照我国参加的有关国际条约的规定处理使用费问题。付给使用费的，其数额由双方协商；双方不能达成协议的，由国家知识产权局裁决。

专利权人对国家知识产权局关于强制许可的决定不服的，专利权人和取得强制许可的单位或者个人对国家知识产权局关于强制许可的使用费的裁决不服的，可以自收到通知之日起3个月内向人民法院起诉。

在2020年的新型冠状病毒疫情中，美国吉利德公司的抗病毒药物瑞德西韦（如图1所示）被部分人认为是潜在的"神药"，甚至被戏称为"人民的希望"，因此，国内许多人都提出了"专利强制许可"的呼声。但笔者仍然要强调，专利权是一种合法的垄断权利，强制许可本质上是对专利制度"公开换保护"原则的违反，其只是出于维护公共利益的需要而在制度设计上采取的平衡，因此处处体现了"必要"和"适当"的原则。此外，既然是"不得已而为之"，在强制许可请求的审批上也必然要严格把关。我国从 1984 年第一部《专利法》中就规定了强制许可制度，但是近 40 年过去了一直是"零实施"的状态。2009 年甲型 H1N1 流感暴发期间，广州白云山医药集团股份有限公司提出了抗流感药物达菲的专利强制许可申请，最终未获得有关部门的批准。但因为广州白云山医药集团股份有限公司的申请，达菲的专利持有人罗氏制药也作出了让步，授权国内制药厂生产仿制药，使得国内药品供应逐渐达到平衡。可见，虽然在国家大力优化营商环境的背景下，专利强制许可不可能当成"常规武器"来使用，但作为一种制度设计，其存在本身对于平衡专利保护和公共利益就是有积极作用的。

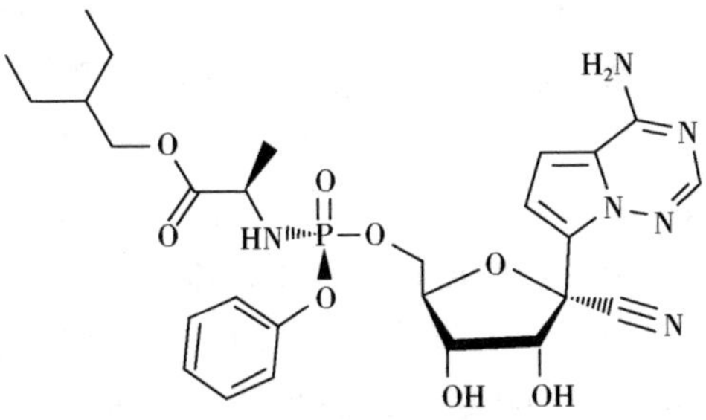

Remdesivir（GS-5734）

图 1　瑞德西韦

65
标准必要专利的许可有什么特殊要求

标准必要专利（Standard-Essential Patent，SEP），是指包含在国际标准、国家标准和行业标准中，且在实施标准时必须使用的专利，也就是说当标准化组织在制定某些标准时，部分或全部标准草案由于技术上或者商业上没有其他可替代方案，无可避免地要涉及的专利。当这样的标准草案成为正式标准后，实施该标准时必然要使用其中含有的专利技术[1]。

从上述定义可以看出，标准必要专利具有标准上的强制性、技术上的锁定性和实施上的必然性，其相比普通专利具有更强的话语权，更容易导致垄断。出于寻求因公共使用目的而进行的技术标准化和专利权保护之间的平衡，标准化组织在其相关知识产权政策中，不仅要求标准参与者及时向标准化组织披露其拥有或者实际控制的专利，而且要求其承诺以公平（fair）、合理（reasonable）和无歧视（non-discriminatory）的条件许可所有标准实施者使用其专利，这就是通常所说的"FRAND"原则。其中，公平、合理的专利许可费率水平应有助于该标准的推广，同时应保证专利权人在其知识产权方面的投资获得合理回报；无歧视原则要求专利权人不应对同等交易的实施者给予不同的交易条件，并因此导致其处于不利竞争地位。FRAND原则鼓励专利持有人向所有市场新进入者开放专利，同时保障专利持有人获得公平的回报，从而进一步开展新技术的研发。

移动通信是技术密集型产业，任何产品都必须遵循一定的技术标准，因此，有关标准必要专利及其许可相关法律问题的实践和探索最为深入。其中，华为诉IDC一案有着重要的意义。

华为公司和美国IDC公司同为欧洲电信标准化协会（ETSI）的成员，IDC宣称自己在2G、3G、4G和IEEE802领域中拥有很多标准必要专利，华为承认IDC的这些标准必要专利已经被纳入中国无线通信标准，而且自己的产品必须符合这些标准。2008年9月至2012年8月，IDC先后四次向华为发

---

[1] 谭增. 标准必要专利——专利中的战斗机[J]. 中国知识产权，2013（11）：39-41.

送书面授权要约。前两次要约中,IDC 希望从华为获得的 2009 年至 2016 年的许可费相当于同期收取美国苹果公司的 100 倍,相当于同期收取韩国三星公司的 10 倍(IDC 向不同企业收取专利许可费的费率如图 1 所示);第三次要约中 IDC 希望获得的专利许可费相当于同期收取苹果的 35 倍;第四次要约中 IDC 希望获得的专利许可费相当于同期收取苹果的 19 倍。在这四次要约中,IDC 没有对标准必要专利和非标准必要专利作出任何区分,且在第四次要约中,IDC 公司明确表示,对任何一个具体要约条款的拒绝意味着对整个要约的拒绝。为了迫使华为接受其要约授权条件,2011 年 7 月和 9 月,IDC 分别向美国国际贸易委员会和美国特拉华州联邦地方法院投诉和起诉,控告华为的通信产品侵犯其专利权,要求颁发禁令,禁止华为产品进口至美国境内以及销售。据此,华为于 2011 年 12 月向深圳市中级人民法院提起诉讼,控告 IDC 的四次要约都违反 FRAND 原则,并要求 IDC 以符合 FRAND 原则的许可费率授予其中国标准必要专利许可。2013 年 10 月,广东省高级人民法院二审判决,认定 IDC 就涉案标准必要专利许可对华为的不公平过高定价和搭售行为构成滥用市场支配地位,违反《反垄断法》,酌定 IDC 赔偿华为 2000 万元。

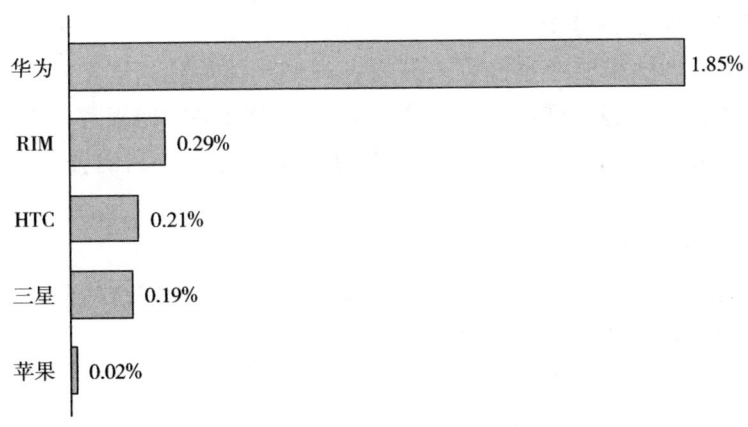

图 1　IDC 公司向不同企业收取的专利许可费的费率比较

许可费率是 FRAND 原则的核心问题。许可费率计算的理想状态是综合考虑标准必要专利价值、产品利润贡献率、市场贡献率、专利研发成本等因素后量化出的一个费率。在实际中按上述要素进行计算,非常复杂,基本行不通。实践中往往采取以下几种方式确定标准必要专利的专利许可费率[1]：

（1）经验原则

①25%原则。即许可人根据许可技术预期可获得的营业利润，收取其中的 25%~33.3% 作为许可费率。这里的营业利润是指在计算销售成本、综合行政管理费用之后的利润水平，并不考虑利息收入、利息支出和所得税等。

②销售收入的 5%。将销售收入的 5% 作为许可费率的原则。

③行业标准法。使用实践中已经存在的、在相同或相近的技术领域中其他 SEP 专利权人所收取的许可费率，通过比较方法，综合 SEP 的专利数量、专利强度等因素，来最终确定适当的许可费率。这是比较常见且操作性较强的方法。在华为诉 IDC 案中，广东省高级人民法院在判断 IDC 向华为收取的许可费率是否过高时，即是以 IDC 向苹果收取的许可费率作为参照的。

④研发成本回报率法。根据知识产权的价值为其提供一个公平的回报率。

（2）侵权损害赔偿分析法

这种方法通过比较侵权销售的期望利润和正常的行业利润水平之间的差别来确定合理的许可费。其中，正常的行业利润率可以通过对同一时期同行业的竞争产品或者相似产品进行比较而获得。

（3）投资回报率分析法

这种分析方法需要考察许可人开发各种资产能得到的期望利润，通过为公司的整体资产（包括许可技术在内）估算一个公平的回报率，然后将其按类型分配给公司使用资产业务从而可以得到某个特定专利的公平的回报率，并将其作为许可费率。

（4）贴现率分析法

这种方法是投资回报率分析法的延伸，即使用贴现现金流量法，用现在的价值代替预期的价值。

---

[1] 张俊艳，等. 标准必要专利的国际比较及其许可收入分析［EB/OL］.（2016-10-22）［2020-2-25］. http://www.cnipa.gov.cn/gwyzscqzlssgzbjlxkybgs/zlyj_zlbgs/1062633.htm.

第五章 专利纠纷处理

引 言

要讲清楚专利纠纷处理的相关问题，首先要介绍一下中国的专利保护体制。可以说，中国的专利保护体制具有较强的中国特色，包括司法保护和行政保护，两种保护形式并行。针对专利侵权纠纷，专利权人或者利害关系人可以请求管理专利工作的部门处理，也可以向人民法院起诉。

司法保护，一般是指专利侵权诉讼。专利侵权诉讼属于民事诉讼的范畴，遵循民事审判制度，包括两审终审制和不服终审判决的民事再审，以及强制执行。对地方知识产权管理部门作出的行政决定，法律为当事人提供了行政诉讼的救济措施❶。

行政保护，主要包括地方知识产权管理部门的行政调处和知识产权海关保护措施两部分内容。地方知识产权管理部门的行政调处主要是指地方知识产权管理部门对专利侵权行为进行行政调查、调解和裁决。

在中国专利的司法保护和行政保护体制下，专利纠纷可以分为行政纠纷和民事纠纷两大类。专利行政纠纷是指当事人不服专利管理部门所作出的具体行政行为，以专利管理部门作为被告起诉到人民法院要求撤销、变更行政决定的纠纷。而民事纠纷是指公民之间、法人之间、其他组织之间以及他们相互之间因财产关系和人身关系发生的纠纷，是平等民事主体之间的民事纠纷。专利民事纠纷有多种类型，包括专利申请权纠纷，专利权权属纠纷，专利权、专利申请权转让合同纠纷，专利实施许可合同纠纷，侵犯专利权纠纷，假冒他人专利纠纷，发明专利申请公布后、专利权授予前使用费纠纷，职务发明创造发明人、设计人奖励、报酬纠纷，诉前申请停止侵权、财产保全以及发明人、设计人资格纠纷等❷。

---

❶ 徐申民. 中国专利侵权诉讼实务［M］. 北京：知识产权出版社，2017：5.
❷ 程永顺. 专利纠纷与处理［M］. 北京：知识产权出版社，2006：9.

66
收到了侵权警告信（律师函），我应该怎么办

1. 专利侵权行为

专利侵权行为（图1），是指在专利权有效期限内，行为人未经专利权人许可又无法律依据，以生产经营为目的实施他人专利的行为。

图1　专利侵权行为

根据《专利法》第11条的规定，实施专利，对发明和实用新型专利权而言，是指制造、使用、许诺销售、销售、进口专利产品，使用专利方法以及使用、许诺销售、销售、进口依照该专利方法直接获得的产品；对于外观设计专利权而言，是指制造、许诺销售、销售、进口外观设计专利产品。

《专利法》第11条列举的五种行为是对侵犯专利权行为的穷举，未列入其中的行为，不构成实施专利的行为，不能采用类比的方式将其纳入侵犯专利权行为的范畴。例如，设计专利产品的行为，如果未将该设计转化为专利产品，则设计行为本身不构成实施专利的行为；仓储和运输专利产品的行为，如果该专利产品不是由行为人制造，行为人也未销售或许诺销售该专利产品，则仓储和运输行为不构成实施专利的行为，但构成共同侵权的除外。

2. 侵权警告信及发出侵权警告信的目的

《专利法》第60条规定，未经专利权人许可，实施其专利，即侵犯其专利权，引起纠纷的，由当事人协商解决。当专利权人认为其专利权受到侵害

时，其可以向被疑侵权人发送警告信（也称律师函），这是专利权人寻求与被疑侵权人协商解决纠纷的沟通手段之一，被经常使用。

专利权人发送警告信的目的在于让被警告者知悉其可能存在侵害他人权利的事实，自行停止侵权或者与专利权人积极沟通、协商解决纠纷，专利权人无须再提起侵权诉讼而解决专利纠纷。警告信作为专利权人维护其专利权的一种自力救助行为，对于遏制侵权具有一定的作用，目前对警告信的利用正在不断增加❶。

警告信要达到上述目的，一般包括如下内容：

（1）警告信一般会写明被侵害的具体专利权，给出相关专利号。涉及的权利要求较多时，还应列出具体权利要求。

（2）警告信中一般会明确指出被警告人实施的具体侵权行为，例如侵权产品的名称和型号或者具体生产方法，以使被警告人清楚自己的侵权产品或者方法。

（3）明确告知专利权人的具体要求，例如要求对方停止制造、销售和使用或者要求在限定时间内与专利权人协商解决。

3. 收到了侵权警告信，应该怎么办

收到侵权警告信并不意味着就一定侵犯了专利权，所以无需慌张。收到侵权警告信以后，有委托律师的，及时与律师进行沟通，研究确定应对策略，没有委托律师的，可以尝试从以下方面做好相关应对工作。

（1）需要对照侵权警告信中列明的内容，查实侵权警告信中要求权利主张的权利人是否能够依法主张相关权利，核实被疑侵权的发明、实用新型或者外观设计专利是否维持有效。

（2）结合侵权警告信中主诉的具体侵权行为，结合自己的产品、方法或者相关行为，确认其中提到的侵权行为是否属实。

（3）如果经过比对核实，发现自己确实侵犯了别人的专利权，则应当及时停止侵权行为，防止产生更大的赔偿责任，同时积极与专利权人沟通，协商解决专利侵权问题，需寻求专利许可、转让等解决方式。

（4）如果经过比对核实，对相关专利权人所诉专利侵权行为不认可，则应当积极准备专利侵权抗辩理由和证据，与专利权人协商解决专利侵权纠纷问题，并同时做好专利侵权行政调处或者诉讼的准备。

对于被控专利侵权的抗辩，一般有现有技术（现有设计）抗辩、专利权

---

❶ 徐申民. 中国专利侵权诉讼实务［M］. 北京：知识产权出版社，2017：89-90.

用尽、先用权、科研与实验目的以及 Bolar 例外等。在此分别简要介绍如下：

现有技术（现有设计）抗辩，是指根据《专利法》第 62 条的规定，在专利侵权纠纷中，被控侵权人有证据证明其实施的技术或者设计属于现有技术或者现有设计的，不构成侵犯专利权。

专利权用尽，是指根据《专利法》第 69 条第（一）项的规定，专利产品或者依照专利方法直接获得的产品，由专利权人或者经其许可的单位、个人售出后，使用、许诺销售、销售、进口该产品的，不视为侵犯专利权。

先用权，是指根据《专利法》第 69 条第（二）项的规定，在专利申请日前已经制造相同产品、使用相同方法或者已经作好制造、使用的必要准备，并且仅在原有范围内继续制造、使用的，不视为侵犯专利权。

科研与实验目的，是指根据《专利法》第 69 条第（四）项的规定，专为科学研究和实验而使用有关专利的，不视为侵犯专利权，注意该规定适用范围不包括外观设计专利权。

Bolar 例外，是指根据《专利法》第 69 条第（五）项的规定，为提供行政审批所需要的信息，制造、使用、进口专利药品或者专利医疗器械的，以及专门为其制造、进口专利药品或者专利医疗器械的，不视为侵犯专利权。

67

别人侵犯了我的专利权，我该怎么办

《专利法》第60条规定，未经专利权人许可，实施其专利，即侵犯其专利权，引起纠纷的，由当事人协商解决；不愿协商或者协商不成的，专利权人或者利害关系人可以向人民法院起诉，也可以请求管理专利工作的部门处理。

根据专利法的相关规定，当专利权人的专利权受到侵犯时，首先应当收集有关证据，当事人可以自行收集证据，也可以委托代理人进行调查取证，或者申请公证机构进行证据保全（公证取证），侵权证据通常包括侵权产品原物、购买发票、附在侵权产品包装中的说明书等，在及时固定侵权证据的基础上根据具体情况可以采取如下措施：

一、与侵权人协商解决侵权问题

专利权人可以向被疑侵权人发送警告信（也称律师函），告知其存在侵害他人专利权的事实，必须自行停止侵权或者及时与专利权人沟通、协商解决侵权纠纷。警告信一般应明确告知被侵害的具体专利权，给出专利号以及受到侵害的具体权利要求。专利权人需要在警告信中明确指出被警告人实施的具体侵权行为，例如侵权产品的名称和型号或者具体生产方法，以使被警告人清楚自己的侵权产品或者方法。此外，警告信中还需明确告知专利权人的具体要求，例如要求对方停止制造、销售和使用或者要求在限定时间内与专利权人协商解决。

专利权人不愿与侵权人协商解决侵权问题或无法协商解决侵权问题时，当事人可以依法通过行政途径请求管理专利工作的部门进行行政裁决，或者通过司法途径向人民法院提起诉讼。当事人也可以两种救济途径同时使用，即先请求行政裁决，以迅速制止侵权行为，再向人民法院提起诉讼，以彻底制止侵权行为并获得赔偿。行政机关依职权或者依当事人申请作出行政处理决定的过程中，不影响当事人向人民法院提起相关的民事诉讼。行政机关对侵权行为进行行政处罚之后，权利人仍然可以向人民法院提起民事诉讼，请求民事赔偿。但法院在审理民事赔偿案件中，并不依据行政机关已经作出的

认定侵权结论为前提，人民法院对是否侵权可以依法重新作出认定❶。

二、向当地管理专利工作的部门提出专利侵权行政裁决

专利侵权行政裁决，是指管理专利工作的行政部门根据当事人申请，根据法律法规授权，居中对与行政管理活动密切相关的民事纠纷进行裁处的行为。除当事人达成调解协议并撤回处理请求的以外，管理专利工作的部门应当作出专利侵权纠纷行政裁决，认定侵权行为是否成立；认定侵权行为成立的，可以责令侵权人立即停止侵权行为。专利侵权纠纷行政裁决具有效率高、成本低、专业性强、程序简便的特点，有利于促成专利侵权纠纷的快速解决，发挥化解民事纠纷的"分流阀"作用。

按照级别管辖原则，省、自治区管理专利工作的部门负责本行政区域内专利侵权纠纷行政裁决工作的指导、管理和监督工作，负责处理本行政区域内重大、复杂、有较大影响的专利侵权纠纷案件。对于跨市（地、州、盟）的重大专利侵权纠纷案件，省、自治区管理专利工作的部门在必要时可以协调处理。直辖市管理专利工作的部门负责处理本行政区域内的专利侵权纠纷案件。设区的市（地、州、盟）级管理专利工作的部门负责处理除前述规定以外的专利侵权纠纷案件。根据地方性法规规定，不设区的市、县（市、区、旗）管理专利工作的部门有权办理本行政区域内的专利侵权纠纷案件。

若对管理专利管理工作的部门作出的停止专利侵权的行政决定不服，可以依法向人民法院提起撤销改行政决定的专利行政诉讼。

三、向人民法院提出专利侵权诉讼

如果当事人协商不成或者不愿意协商解决纠纷，可以向人民法院提起民事诉讼。人民法院审理专利民事纠纷依照民事诉讼法，并依照其他民事程序及实体法律、法规、司法解释进行。对于侵权事实复杂，或者所涉及的技术复杂的专利侵权纠纷，利用司法途径解决纠纷有利于权利人更彻底地制止侵权行为，并得到侵权赔偿。到人民法院起诉与要求行政机关查处案件不同，需要缴纳案件受理费，专利民事案件的受理费根据诉讼标的递减收取。在民事诉讼中，人民法院应当按照民事诉讼法及民事诉讼的证据规则来审理案件，有严格的程序及证据要求。另外，人民法院审理案件具有法律规定的审理期

---

❶ 程永顺. 专利纠纷与处理 [M]. 北京：知识产权出版社，2006：9.

限，一审民事案件的审理期限是 6 个月，二审民事案件的审理期限是 3 个月❶。

当事人应该向何级人民法院提起诉讼呢？由于专利侵权案件具有较强的技术性，比一般民事案件更复杂，更特殊，因此，《最高人民法院关于适用〈中华人民共和国民事诉讼法〉的解释》（法释〔2015〕5 号）第 2 条第 1 款规定，专利纠纷案件由知识产权法院、最高人民法院确定的中级人民法院和基层人民法院管辖。《最高人民法院关于审理专利纠纷案件适用法律问题的若干规定》第 2 条第 1 款规定，专利纠纷第一审案件，由各省、自治区、直辖市人民政府所在地的中级人民法院和最高人民法院指定的中级人民法院管辖❷。

可见，并不是所有的中级民法院均具有专利侵权诉讼的一审管辖权。另外，损害赔偿额请求额特别高的重大案件的第一审案件，也可以由有管辖权的高级人法院审理，《最高人民法院关于调整地方各级人民法院管辖第一审知识产权民事案件标准的通知》（法发〔2020〕5 号）进一步明确了高级人民法院受理一审专利侵权案件的标准，其第 1 条规定，高级人民法院管辖诉讼标的额在 2 亿元以上的第一审知识产权民事案件，以及诉讼标的额在 1 亿元以上且当事人一方住所地不在其辖区或者涉外、涉港澳台的第一审知识产权民事案件。

对于四川省内的创新主体，如果发生专利侵权纠纷需向人民法院提起诉讼，可受理专利侵权诉讼第一审案件的是成都市中级人民法院，或者根据诉讼标的额及诉讼一方当事人的具体情况，可选择向四川省高级人民法院提起诉讼。

---

❶ 程永顺. 专利纠纷与处理［M］. 北京：知识产权出版社，2006：11-12.
❷ 徐申民. 中国专利侵权诉讼实务［M］. 北京：知识产权出版社，2017：94.

68
我想无效别人的专利，应该怎么做

专利无效宣告是指发明创造获得专利授权后，依据《专利法》第 45 条的规定，自国务院专利行政部门公告授予专利权之日起，任何单位或个人发现该授权专利存在不符合授权条件时，可以请求专利复审委员会宣告该专利权无效。

一、提起专利无效的理由

根据《专利法实施细则》第 65 条第 2 款的规定，被授予专利的发明创造不符合《专利法》及《专利法实施细则》以下规定的，可以作为无效宣告请求的理由：

①不符合《专利法》第 2 条、第 20 条第 1 款、第 22 条、第 23 条、第 26 条第 3 款和第 4 款、第 27 条第 2 款、第 33 条的规定。

②不符合《专利法实施细则》第 20 条第 2 款、第 43 条第 1 款的规定。

③属于《专利法》第 5 条、第 25 条的规定。

④依照《专利法》第 9 条的规定不能取得专利权。

本节按照发明和实用新型、外观设计分别介绍常见的无效宣告请求理由。

1. 针对发明和实用新型常用的无效宣告请求理由

（1）发明和实用新型不具备新颖性或者创造性

专利的"三性"问题往往是最容易受到攻击的，请求人多以不具备新颖性和创造性为由申请宣告专利权无效。

《专利法》第 22 条规定："授予专利权的发明和实用新型，应当具备新颖性、创造性和实用性。新颖性，是指该发明或者实用新型不属于现有技术；也没有任何单位或者个人就同样的发明或者实用新型在申请日以前向国务院专利行政部门提出过申请，并记载在申请日以后公布的专利申请文件或者公告的专利文件中。创造性，是指与现有技术相比，该发明具有突出的实质性特点和显著的进步，该实用新型具有实质性特点和进步。"

缺少新颖性或者创造性，是实务中请求宣告专利权无效最常用的理由，因为即使专利权被维持有效，专利权人在抗辩专利无效宣告请求的理由时所作的任何说明都可以作为禁止反悔的根据，用以限制和缩小专利权的保护范围。

（2）修改超范围

《专利法》第 33 条规定："申请人可以对其专利申请文件进行修改，但是，对发明和实用新型专利申请文件的修改不得超出原说明书和权利要求书记载的范围，对外观设计专利申请文件的修改不得超出原图片或者照片表示的范围。"

在专利申请的实质审查程序中，为了使申请符合专利法及其实施细则的规定，对申请文件的修改可能会进行多次。不论申请人对申请文件的修改属于主动修改还是针对通知书指出的缺陷进行的修改，都不得超出原说明书的记载范围，即不得违反《专利法》第 33 条的规定。

在实务中，修改超范围是专利无效宣告请求最常见的理由之一。

（3）说明书记载的技术方案不清楚、不完整和无法实现

《专利法》第 26 条第 3 款规定："说明书应当对发明或者实用新型作出清楚、完整的说明，以所属技术领域的技术人员能够实现为准；必要的时候，应当有附图。"

在实务中，该无效宣告请求理由即使未得到支持，但是通过专利权人或者利害关系人的说明和解释，可澄清说明书中表达不清楚或者多重含义用语的确切含义，有利于厘清专利保护的范围。

（4）权利要求得不到说明书的支持

《专利法》第 26 条第 4 款规定："权利要求书应当以说明书为依据，清楚、简要地限定要求专利保护的范围。"以说明书为依据，是指权利要求应当得到说明书的支持。权利要求书中的每一项权利要求所要求保护的技术方案应当是所属技术领域的技术人员能够从说明书充分公开的内容中得到或概括得出的技术方案，并且不得超出说明书公开的范围。清楚，是指权利要求书是否清楚，不仅每一项权利要求应当清楚，构成权利要求书的所有权利要求作为一个整体也应当清楚，这对于确定发明或者实用新型要求保护的范围是极为重要的。

（5）缺少必要技术特征

《专利法实施细则》第 20 条第 2 款规定："独立权利要求应当从整体上反

映发明或者实用新型的技术方案,记载解决技术问题的必要技术特征。"

独立权利要求缺少必要的技术特征是指,发明或者实用新型为解决其技术问题所不可缺少的技术特征,其总和足以构成发明或者实用新型的技术方案,使之区别于背景技术中所述的其他技术方案。

(6) 重复授权

《专利法》第9条第1款规定:"同样的发明创造只能授予一项专利权。"该条款规定了不能重复授予专利权的原则,禁止对同样的发明创造授予多项权利。两项发明专利、两项实用新型专利或者发明专利和实用新型专利的保护范围相同的,都可以成为请求宣告专利权无效的理由。

2. 针对外观设计常用的无效宣告理由

请求宣告外观设计专利权无效的常见理由为涉案外观设计专利权违反《专利法》第9条、第23条和第27条第2款的规定。

(1) 外观设计专利是现有设计、现有设计的组合或者与在先权利相冲突

《专利法》第23条规定:"授予专利权的外观设计,应当不属于现有设计;也没有任何单位或者个人就同样的外观设计在申请日以前向国务院专利行政部门提出过申请,并记载在申请日以后公告的专利文件中。授予专利权的外观设计与现有设计或者现有设计特征的组合相比,应当具有明显区别。授予专利权的外观设计不得与他人在申请日以前已经取得的合法权利相冲突。本法所称现有设计,是指申请日以前在国内外为公众所知的设计。"

《专利法》第23条规定了三种不能授予外观设计专利权的外观设计专利申请,即现有设计、现有设计的组合或者与在先权利冲突的外观设计专利申请,这也是请求宣告具有该三种情况之一的授权外观设计专利权无效的理由。

(2) 重复授权

外观设计重复授权是指同样产品的相同外观设计被授予两项以上的外观设计专利权。《专利法》第9条第1款规定:"同样的发明创造只能授予一项专利权。"由于外观设计专利申请不进行实质性审查,重复授权的外观设计专利时有发生,以违反《专利法》第9条的规定,请求宣告重复授权的外观设计专利权无效的案件较为多见。

(3) 外观设计专利的视图未清楚地显示产品的外观

《专利法》第59条第2款规定:"外观设计专利权的保护范围以表示在图片或者照片中的该产品的外观设计为准,简要说明可以用于解释图片或者照片所表示的该产品的外观设计。"

外观设计专利保护的是产品的外观，其保护范围以外观设计专利视图中的产品显示的外观设计为准。为此，《专利法》第 27 条第 2 款规定："申请人提交的有关图片或者照片应当清楚地显示要求专利保护的产品的外观设计。"当外观设计专利的视图未能清楚显示要求保护的产品的外观时，无法确认其保护范围，这也是请求宣告外观设计专利权无效的理由之一。

二、应该如何启动专利无效程序

根据《专利法实施细则》第 56 条第 1 款和《专利法》第 45 条的规定，请求宣告专利权无效或者部分无效的，应当向专利复审委员会（现为国家知识产权局专利局专利复审和无效审查部）提交专利权无效宣告请求书和必要的证据一式两份。无效宣告请求书应当结合提交的所有证据，具体说明无效宣告请求的理由，并指明每项理由所依据的证据。

无效一个专利成本很高。需要投入很多人力、花费很多时间和金钱，所以要想无效他人的专利，首先要想清楚为什么要无效这个专利，然后估算需要投入的成本，再看看手上有什么证据素材判断一下无效成功的可能性。

举例来说，比如你自己的公司 A 准备上市，但是同行 B 公司一直是自己的竞争对手，那么 A 公司就要考虑在之后上市过程中可能会发生的侵权诉讼风险，这样的情况在科创板屡见不鲜。

那么 A 公司能做些什么呢？首先要提前判断 B 公司如果发起诉讼，可能会使用哪些专利，然后进一步检索、评估相关专利的稳定性，准备好无效证据，确定提起无效的理由，甚至写好无效请求书。这样未雨绸缪，一旦对手提起侵权诉讼，才可以快速发起反击（提起无效）。

69
别人想无效我的专利，我该怎么办

要讲清楚这个问题，我们首先要厘清几个基本的概念。

一、什么是专利无效宣告制度

专利无效宣告制度是指专利权被授予后，任何单位或个人发现该专利权存在不符合授权条件的情形，可请求专利复审委员会（现为国家知识产权局专利局专利复审和无效审查部）确认并宣告其无效的制度。被宣告的专利权视为自始不存在。

专利无效宣告制度被广泛应用于企业的专利侵权诉讼中，一般是创新主体常用的一项专利战略，他们通过专利无效宣告的手段削弱甚至消灭竞争对手的专利权，为自己的产品获得市场空间。在专利侵权诉讼实务中，当被告被诉专利侵权时，一个有效的应诉手段通常是提出专利无效宣告请求。

二、无效宣告请求的期限和主体

《专利法》第45条规定："自国务院专利行政部门公告授予专利权之日起，任何单位或者个人认为该专利权的授予不符合本法有关规定的，可以请求专利复审委员会宣告该专利权无效。"也就是说，自专利被授权之日起，到该专利权终止前的任一时间，任何人或者单位都可以就此专利向专利复审委员会提出专利无效宣告的请求。

专利无效宣告请求人的范围广泛，在司法实践中，提起专利无效宣告请求的主体集中分为两类，一是与该专利的技术领域有关的市场竞争者；二是在专利侵权诉讼中涉嫌侵犯该专利权的被告。此外，大多数无效宣告请求人都是实名的，但也不排除有些企业不希望让专利权人知道自己是专利无效宣告的请求人，特意以其他自然人或企业的名义提起专利无效宣告请求。

三、无效宣告请求的理由

根据《专利法实施细则》第65条第2款的规定，被授予专利的发明创造不符合《专利法》及《专利法实施细则》以下规定的，可以作为无效宣告请求的理由：

①不符合《专利法》第 2 条、第 20 条第 1 款、第 22 条、第 23 条、第 26 条第 3 款和第 4 款、第 27 条第 2 款、第 33 条的规定。

②不符合《专利法实施细则》第 20 条第 2 款、第 43 条第 1 款的规定。

③属于《专利法》第 5 条、第 25 条的规定。

④依照《专利法》第 9 条规定不能取得专利权。

四、我该怎么办

从前面的介绍可以看出，在专利申请被授予专利权之后，任何单位或者个人只要认为专利权的授予不符合专利法的有关规定，都可以随时向专利复审委员会提出无效宣告请求。当企业自己的专利权被提起无效宣告请求后，应当做好哪些准备工作呢？

1. 全面评估相关专利

从无效宣告请求的理由来看，专利权如果存在实体方面的缺陷，就会被无效宣告请求人据此提出无效宣告请求。因此，当相关专利权被提起无效宣告请求后，应当对该专利权利要求的稳定性进行较为全面的评估，做到心中有数。作为无效宣告最常见的情形，专利权人至少应当就相关专利从以下几方面进行评估。

一是涉案发明或者实用新型是否符合《专利法》第 22 条有关新颖性、创造性和实用性的规定，外观设计是否符合《专利法》第 23 条有关不相同和不相近似并不得与他人在先取得的合法权利相冲突的规定。"三性"问题是专利无效最常见的理由之一，权利人必要时应当通过全面检索查新等手段，明确相关权利要求是否可能存在新颖性或创造性问题。

二是看发明或实用新型专利说明书是否对发明或实用新型作出清楚完整的说明，使所属技术领域的技术人员能够实施，或者其权利要求书以说明书为依据，即评估授权专利文件说明书和权利要求书是否符合《专利法》第 26 条第 3 款、第 4 款的规定。还要看发明或者实用新型权利要求书是否符合《专利法实施细则》第 19 条第 1 款关于权利要求书应当记载发明或者实用新型的技术特征，清楚、简要地表述请求保护的范围的规定，或者其独立权利要求不符合《专利法实施细则》第 20 条第 2 款关于独立权利要求应当从整体上反映发明或实用新型的技术方案，记载解决技术问题的必要技术特征的规定。

三是看专利文件是否符合《专利法》第 33 条的规定，即对发明和实用新型专利申请文件的修改是否超出了原说明书和权利要求书记载的范围，对外观设计专利申请文件的修改超出原图片或者照片表示的范围。

除了从专利法角度全面评估专利权的稳定性外，企业还应当从该专利涉及的技术更新、产品布局和企业专利布局等角度出发进行技术评估和战略评估，作为企业制定应对策略的依据。

2. 确定应对策略

根据对相关专利的全面评估，结合企业专利布局和经营战略确定应对策略。例如，如果经过评估发现该专利权利要求稳定性存在一定缺陷，需要针对相关缺陷积极准备答辩意见，确保在无效审理阶段通过修改、意见陈述等方式克服相关缺陷，即使权利要求保护范围被进一步缩小或者部分权利要求被无效，也可以依据保留的部分权利要求作为与竞争对手谈判的筹码。如果从企业经营战略上来看，认为该专利是否无效对企业不构成实质影响，则可以考虑直接放弃相关专利。

3. 积极做好应对无效宣告的准备

如果对相关专利权利的稳定性有信心，则要做好应对无效宣告的准备工作，例如研究无效请求人的理由和证据，准备提出反对无效的理由、证据，并考虑可能的修改等。通常还会有口头审理的程序，双方都有机会在复审员面前陈述自己的理由和证据。

如果专利被无效了，但是对无效结果有异议，还可以走专利行政诉讼，向人民法院起诉国家知识产权局专利局专利复审和无效审查部。

70
哪些法院可以受理专利诉讼

在回答这个问题之前,我们先简要介绍一下我国人民法院的组织机构。

《中华人民共和国宪法》规定,人民法院是国家的审判机关,依照法律规定独立行使审判权,不受行政机关、社会团体和个人的干涉。最高人民法院对全国人民代表大会和全国人民代表大会常务委员会负责。地方各级人民法院对产生它的国家权力机关负责。

一、我国法院的组织体系

我国法院的组织体系分为四级,即基层、中级、高级和最高人民法院,同时还设置了军事、铁路、海事、水运等专门人民法院。

基层人民法院包括县人民法院和市人民法院、自治县人民法院和市辖区的人民法院。

中级人民法院包括省、自治区内按地区设立的中级人民法院,直辖市内设立的中级人民法院,省、自治区所辖市的中级人民法院和自治州人民法院。

高级人民法院包括省高级人民法院、自治区高级人民法院和直辖市高级人民法院。

基层、中级和高级法院称为地方各级法院。

最高人民法院设于北京,是国家的最高审判机关。

二、可以受理专利诉讼的人民法院

专利侵权诉讼属于民事诉讼的范畴,遵循民事审判制度,包括两审终审制和不服终审判决的民事再审、强制执行。一般来说,专利侵权案件的第一审案件,由最高人民法院指定的有管辖权的知识产权法院和中级人民法院审理,若当事人不服第一审判决,可以在法定期限内向该中级人民法院的上一级法院即高级人民法院提起上诉。高级人民法院的二审判决为终审判决,专利侵权诉讼即告终止。损害赔偿请求额特别高的重大案件的第一审案件,也可由有管辖权的高级人民法院审理，该类案件的第二审法院是最高人民法院。

此外，专利行政及民事案件不同于其他的普通行政或者民事案件，除地域及级别管辖的限制以外，专利案件都具有专属的管辖权。

对于行政案件的管辖权，根据被告的不同，有以下两种情况：

1. 以国家知识产权局专利局为被告的专利行政案件的诉讼管辖

这类行政案件根据相关法律和有关司法解释的规定，均由北京市第一中级人民法院管辖，北京市高级人民法院作为第二审法院，案件由行政审判庭审理。

2. 以管理专利工作的部门为被告的专利行政案件的诉讼管辖

2001年6月19日《最高人民法院关于审理专利案件适用法律问题的若干规定》第1条明确规定，不服管理专利工作的部门行政决定的案件属于人民法院受理的专利纠纷案件；第2条规定，专利纠纷第一审案件，由各省、自治区、直辖市人民政府所在地的中级人民法院和最高人民法院指定的中级人民法院管辖。司法解释的这一规定，明确了这类案件的性质及诉讼管辖，即这类案件属于专利行政纠纷案件，应当由行政审判庭审理。

但是，并非所有的法院或者作为被告的管理专利工作的部门所在地的法院均有管辖权，而是应当由有专利纠纷案件管辖权的中级人民法院作为一审管辖法院。

对于民事案件管辖权，在地域管辖上，实行"原告就被告"原则，即被告所在地的人民法院对案件有管辖权。同时，因专利或技术合同发生的纠纷，合同履行地的人民法院有管辖权；因侵犯专利权行为发生的纠纷，侵权行为地人民法院有管辖权。因此，因侵权纠纷提起的诉讼，被告所在地及侵权行为地法院均有管辖权，因合同纠纷提起的诉讼，被告所在地及合同履行地法院均有管辖权。

专利民事纠纷案件在级别管辖上均由中级以上的人民法院管辖，而且专利民事纠纷案件与专利行政纠纷案件一样，实行的是特别指定管辖。目前，负责审理一审专利民事纠纷案件的中级人民法院有51个。同样，各省、自治区、直辖市的高级人民法院及最高人民法院对专利民事案件均具有管辖权。

各地的中级及高级人民法院受理专利一审案件的标的额有所不同，因此，在立案之前，应当对当地法院的收案标准进行了解，以便准确确定案件的管辖法院。

三、知识产权法院

根据 2014 年 8 月《全国人民代表大会常务委员会关于在北京、上海、广州设立知识产权法院的决定》，2014 年 11 月至 12 月，北京、广州、上海三家知识产权法院相继挂牌成立。三家知识产权法院管辖有关专利、植物新品种、集成电路布图设计、技术秘密、计算机软件等专业技术性较强的第一审知识产权民事和行政案件。知识产权法院同时管辖依法应由中级人民法院一审管辖的特殊类型民事案件，例如涉及驰名商标认定的民事案件和垄断民事纠纷案件。

北京知识产权法院目前审理北京地区的知识产权案件，北京地区以外的案件还是由地方法院负责管辖，知识产权授权确权类行政案件全国范围内由北京审理。广州知识产权法院主要对专利、植物新品种、集成电路布图设计、技术秘密、计算机软件民事和行政案件，涉及驰名商标认定、垄断纠纷案件的第一审民事案件实行跨区域管辖（深圳除外），以及对不服广州市各基层人民法院知识产权民事和行政判决、裁定的上诉案件实行管辖。上海知识产权法院与上海三中院等合署办公，依法管辖专利、计算机软件、驰名商标等一审知识产权民事行政案件，以及著作权、商标权等其他知识产权二审案件。

71
除了向人民法院起诉，还能找谁解决专利侵权纠纷

为解决专利侵权纠纷，除了向人民法院起诉，还可以找地方知识产权局进行行政调处或者申请仲裁。

在具体说明上述两种途径前，我们先介绍一下专利侵权纠纷的解决机制。

一般而言，根据纠纷处理的方法和制度，专利侵权纠纷的解决机制通常包括自力救济、社会救济和公力救济三种。其中，自力救济包括自决与和解，是指纠纷主体依靠自身力量解决纠纷，以达到维护自身权益的目的；社会救济包括诉讼外调解和仲裁；公力救济则主要包括行政途径和司法途径。

具体到侵犯专利权纠纷，根据《专利法》第60条的规定："未经专利权人许可，实施其专利，即侵犯其专利权，引起纠纷的，由当事人协商解决；不愿协商或者协商不成的，专利权人或者利害关系人可以向人民法院起诉，也可以请求管理专利工作的部门处理。管理专利工作的部门处理时，认定侵权行为成立的，可以责令侵权人立即停止侵权行为，当事人不服的，可以自收到处理通知之日起15日内依照《中华人民共和国行政诉讼法》向人民法院起诉；侵权人期满不起诉又不停止侵权行为的，管理专利工作的部门可以申请人民法院强制执行。进行处理的管理专利工作的部门应当事人的请求，可以就侵犯专利权的赔偿数额进行调解；调解不成的，当事人可以依照《中华人民共和国民事诉讼法》向人民法院起诉。"

可见，当专利侵权行为发生时，专利权人可以进行自力救济，自行与侵权人协商解决，如果不愿意协商或者协商不成，希望寻求公力救济的，还有两种方式——诉至人民法院请求司法保护或者请求行政处理。

因此，在发生专利侵权纠纷后，除了自行协商解决以及向人民法院起诉之外，还可以通过行政途径申请行政调处或申请仲裁。

一、行政调处

《专利法实施细则》第79条规定："专利法和本细则所称管理专利工作的

部门,是指由省、自治区、直辖市人民政府以及专利管理工作量大又有实际处理能力的设区的市人民政府设立的管理专利工作的部门。"省、自治区、直辖市人民政府以及专利管理工作量大又有实际处理能力的设区的市人民政府设立的管理专利工作的部门,亦即地方知识产权局,享有执法权。国家知识产权局对地方知识产权局处理专利侵权纠纷、查处假冒专利行为、调解专利纠纷进行业务指导。

根据《专利法》第60条和第63条、《专利法实施细则》第85条以及《专利行政执法办法》的规定,管理专利工作的部门所享有的执法权包括处理专利侵权纠纷、调解专利纠纷以及查处假冒专利行为。具体而言,包括责令停止专利侵权行为、调解专利侵权损害赔偿数额、调解关于专利临时保护期间费用的纠纷、调解专利申请权纠纷、调解专利权属纠纷、调解职务发明创造的发明人或者设计人与单位之间发生的奖金或者报酬纠纷、调解发明人或者设计人资格纠纷、查处假冒专利行为。

对请求人而言,选用专利纠纷行政途径具有如下优点❶:

第一,专利侵权纠纷行政解决途径具有快捷性。专利侵权纠纷的行政解决途径立案快、查处快、结案快,程序简便。

第二,专利侵权纠纷行政解决途径具有便民性。专利侵权纠纷的行政解决途径中普遍采用现场勘验程序,并且可以由执法主体主动调查取证,在特定情形下可以采用封存、暂扣等强制措施,降低民事主体的举证难度,具有方便解决纠纷的特点。

第三,专利侵权纠纷行政解决途径具有经济性。专利侵权纠纷的行政解决途径的立案费用较低。

二、申请仲裁

《仲裁法》第2条规定:"平等主体的公民、法人和其他组织之间发生的合同纠纷和其他财产权益纠纷,可以仲裁。"也就是说,合同纠纷、侵权纠纷等财产权益纠纷均可以适用仲裁。显然,专利侵权纠纷也能够适用仲裁。虽然从当前的实践情况来看,专利侵权纠纷采取仲裁方式来解决的案例还不是很多,知识产权仲裁尚未发展成为常态,但是,仲裁也是解决专利纠纷的一种有效途径❷。

---

❶ 李勇. 专利侵权与诉讼 [M]. 北京:知识产权出版社,2013:4-5.
❷ 李勇. 专利侵权与诉讼 [M]. 北京:知识产权出版社,2013:7-8.

仲裁的前提是双方当事人自愿，并在订立的合同中约定仲裁的途径、仲裁的机构、仲裁的事项。这种约定和选择是对诉讼途径的一种排斥，也就是说，当事人只要在合同中约定了仲裁方式，在发生纠纷后，就不能再寻找司法诉讼途径，除非双方当事人在合同中对仲裁机构的约定不清楚或者约定无效。

根据《仲裁法》的规定，目前我国实行的是"一裁终局"，当事人可以在合同中约定的仲裁机构选择仲裁员，组成仲裁庭，仲裁庭作出的仲裁裁决为终审裁决，当事人必须履行。否则，对方当事人可以申请人民法院强制执行。

72
什么是诉前保全

诉前保全包括诉前证据保全和诉前财产保全两个概念。

一、诉前证据保全

证据保全是指依当事人的申请,法院对有可能灭失或以后难以取得的证据,在当事人起诉前加以固定和保护的制度。在专利侵权案件中,专利权人想要证明存在侵犯专利行为以及侵权人应当由此承担侵权责任时,必须证明被控侵权人的行为落入了其专利权的保护范围,并且证明该行为给专利权人造成了损失。但是,专利权的权利客体是发明创造,也就是有关技术方案或者设计方案,在实践中,证据往往处于侵权人控制下(如在侵权人工厂内使用侵权专利设备),很容易被侵权人销毁或转移。被控侵权人在得知其被诉专利侵权(接到起诉状副本)后,通常会采取变更技术方案、拆卸掉涉嫌侵权的产品部件、停止使用涉嫌侵权的方法等措施,有的会销毁或隐藏相关账册,从而使得专利权人及法院无法获得侵权证据和侵权数额。因此,在专利侵权诉讼中,证据的取得和保全难度比较大,所以诉前证据保全制度尤为重要。

根据法律规定,人民法院应当自接受诉前证据保全申请之时起 48 小时内作出裁定;裁定采取保全措施的,应当立即执行。当事人申请保全证据的,人民法院可以要求其提供相应的担保。申请人自人民法院采取保全措施之日起 15 日内不起诉的,人民法院应当解除该措施[1]。

二、诉前财产保全

财产保全是指人民法院在利害关系人起诉前或者当事人起诉后,为保障将来的生效判决能够得到执行或者避免财产遭受损失,对当事人的财产或者争议标的物采取限制当事人处分的强制措施。专利侵权诉讼案件中提出专利侵权赔偿请求的原告,为保障其赔偿请求得到人民法院认可后的执行,通常

---

[1] 张晓东. 专利诉讼实务教程 [M]. 上海:华东理工大学出版社,2014:11.

都会向人民法院申请财产保全。

财产保全一般分为诉前财产保全和诉中财产保全。

诉前财产保全，是指在起诉前或仲裁前，对于因情况紧急不立即申请保全将会使利害关系人的合法权益遭受到难以弥补的损害，依据利害关系人的申请而对被申请人的财产采取的保全措施。

《民事诉讼法》第101条第1款规定："利害关系人因情况紧急，不立即申请保全将会使其合法权益遭受难以弥补的损害的，可以在提起诉讼或者申请仲裁前向被保全财产所在地、被申请人住所地或者对案件有管辖权的人民法院申请采取保全措施。"

诉前财产保全只能由当事人提出申请，并且申请人必须提供担保。人民法院接受诉前财产保全的申请后，必须在48小时内作出是否采取保全措施的裁定。申请人在人民法院采取保全措施后30日内不提起诉讼或者申请仲裁的，人民法院应当解除保全。

申请财产保全，需要明确拟保全的对象。通常可以进行财产保全的对象主要是被告所有、占有、享有的实物财产和财产权利，通常包括：

①被告在银行开立的账户（户名必须与被告名称一致）中的存款。

②被告在房地产交易中心登记在案的、拥有所有权的房产，或者拥有使用权的土地。

③被告对外投资的股权、持有的股票、债券及股息、红利等收益。

④被告拥有所有权的车辆。

⑤被告拥有所有权的厂房、机器设备及原材料、半成品、产成品等货物。

⑥被告享有的对其他人的到期债权，其他人应付给被告的租金等。

⑦被告享有专用权的专利、商标等知识产权。

⑧其他各类被告拥有金钱价值和权利的财产。

实际的保全对象以人民法院作出的裁定书中记载的保全范围为准❶。

---

❶ 徐申民. 中国专利侵权诉讼实务［M］. 北京：知识产权出版社，2017：120-122.

73
侵犯专利权的赔偿金额该如何确定[1]

《专利法》第 65 条规定："侵犯专利权的赔偿数额按照权利人因被侵权所受到的实际损失确定；实际损失难以确定的，可以按照侵权人因侵权所获得的利益确定。权利人的损失或者侵权人获得的利益难以确定的，参照该专利许可使用费的倍数合理确定。赔偿数额还应当包括权利人为制止侵权行为所支付的合理开支。权利人的损失、侵权人获得的利益和专利许可使用费均难以确定的，人民法院可以根据专利权的类型、侵权行为的性质和情节等因素，确定给予一万元以上一百万元以下的赔偿。"

1. 按权利人的实际损失确定

专利权人因被侵权所受到的实际损失是确定损害赔偿金额的首要标准。侵权产品侵占专利产品的市场，对专利权人的影响主要体现在专利产品的销售价格下降、专利产品的销售量下降，甚至是销售价格与销售量的双重下降，权利人所获得的利润也相应缩减。

《最高人民法院关于审理专利纠纷案件适用法律问题的若干规定》第 20 条第 1 款规定，《专利法》第 65 条规定的权利人因被侵权所受到的实际损失可以根据专利权人的专利产品因侵权所造成销售量减少的总数乘以每件专利产品的合理利润所得之积计算。权利人销售量减少的总数难以确定的，侵权产品在市场上销售的总数乘以每件专利产品的合理利润所得之积可以视为权利人因被侵权所受到的实际损失。即权利人的实际损失按下列公式计算：

权利人的实际损失 = 专利产品因侵权所造成的销售量减少的总数（或侵权产品的总销售量）×每件专利产品的合理利润。

实务上专利权人主张按实际损失赔偿时，需提供下列证据：

（1）专利产品合理利润的证据。

（2）专利权人产品销售数量减少或者销售价格下降的证据。

（3）专利侵权导致专利产品销售数量减少或者销售价格下降的证据。

---

[1] 徐申民. 中国专利侵权诉讼实务 [M]. 北京：知识产权出版社，2017：116-118.

2. 按侵权人获得的利益确定

权利人因侵权所受到的实际损失是计算专利侵权损害赔偿最直接的方法，但造成专利产品销售价格或者销售量下降的原因有很多，包括该专利产品市场需求的减少，该专利产品的生命周期进入衰退期，或者其他功能相同的产品的市场替代等。权利人要举证证明其专利产品销售价格或者销售量的下降是由于侵权人侵犯其专利权的行为造成的有一定的难度，并且侵权产品的销售数量和利润属于侵权人的商业秘密，很难从公开渠道获得。另外，专利权人举证证明专利产品销售数量减少和销售价格的下降以及其产品的合理利润，都会被要求公开其财务账册，以便质证，而这些是专利权人不愿公开的商业秘密。因此，在实务中，专利权人很少主张实际损失赔偿。

《最高人民法院关于审理专利纠纷案件适用法律问题的若干规定》第20条第2款规定，《专利法》第65条规定的侵权人因侵权所获得的利益可以根据该侵权产品在市场上销售的总数乘以每件侵权产品的合理利润所得之积计算。侵权人因侵权所获得的利益一般按照侵权人的营业利润计算，对于完全以侵权为业的侵权人，可以按照销售利润计算。即侵权人获得的利益按下列公式计算：

侵权人获得的利益=侵权产品在市场上销售的总数×每件侵权产品的合理利润。

司法解释规定该款的目的是减轻专利权人的举证责任，但专利产品合理利润的计算仍涉及专利权人的商业秘密，因此在实务中依据该款规定要求赔偿的案例也很少。

3. 按专利许可使用费确定

专利权人无法举证证明自己因侵权造成的实际损失，也无法证明侵权人因侵权获得的利益时，如果持有与第三方签订的相关专利的许可使用合同，则可以根据专利权的类型、侵权行为的性质和情节、专利许可的性质、使用范围及时间等因素，参照该专利许可使用费的合理倍数要求赔偿。合理倍数一般情况下可以是专利许可使用费的两倍的损害赔偿金额，若侵权情节恶劣，如多次侵权、长时间侵权等，则可以参照专利许可使用费的三倍要求赔偿。

4. 按法定赔偿确定

在实务中，持有对应的专利许可合同的情况并不多见。即使有专利许可使用合同，实际发生的专利侵权行为与专利许可使用合同约定的事项也并不一定相同。例如，专利许可使用合同许可的是对专利产品的销售行为，但侵权人实际实行的是未经许可的专利产品的制造；或者专利许可使用合同包括了数十种专利和其他技术秘密，而被侵权的只是其中的一件专利；或者专利许可使用合同签订后，被许可方并没有严格按照合同规定支付许可费，也未办理相应的备案手续。在许可使用合同约定事项与侵权行为不对应或者无法证明该专利许可使用合同已实际履行的情况下，人民法院也难以将该许可合同作为计算赔偿的依据。另外，专利许可使用合同仍属于专利权人的商业秘密，很少有专利权人愿将专利许可使用合同提供给人民法院作为计算损害赔偿金额的依据。

因此，《专利法》第 65 条第 2 款规定的法定赔偿方法是专利侵权诉讼中使用最多的法律依据。依据该规定，专利权人的损失、侵权人获得的利益难以确定，并且也没有专利许可使用费可以参照或者专利许可使用费明显不合理的，人民法院可以根据专利权的类型、侵权行为的性质和情节等因素，在 1 万元以上 100 万元以下确定损害赔偿金额。

一般情况下，侵犯发明专利的法定赔偿金额高于侵犯实用新型专利，侵犯实用新型专利的法定赔偿金额又高于侵犯外观设计专利；而专利侵权行为侵权时间的长短、侵权范围的大小、侵权情节的恶劣程度，如多次侵权、恶意侵权等是人民法院加重法定赔偿金额的重要依据。

5. 按推定赔偿确定

除《专利法》明确规定的四种赔偿方式外，实务中还有一种侵权赔偿的计算方式，即推定赔偿。

法律规定的四种赔偿方式中的前三种操作难度较大，司法实践中除法定赔偿外，该三种损害赔偿的计算方法实际很少被采用。相比之下，推定赔偿原则上只要被告无正当理由拒不提供侵权获利证据即可适用，在司法实践中操作较为简单。同时，推定赔偿是一种倾向于保护知识产权权利人权益的损害赔偿方式，并且可以减轻知识产权权利人的侵权举证责任，更受到知识产权权利人及相关利害关系人的青睐。

《最高人民法院关于民事诉讼证据的若干规定》第 75 条规定："有证据证明一方当事人持有证据无正当理由拒不提供，如果对方当事人主张该证据的内容不利于证据持有人，可以推定该主张成立。"

《最高人民法院关于审理侵犯专利权纠纷案件应用法律若干问题的解释（二）》第 27 条规定，权利人因被侵权所受到的实际损失难以确定的，人民法院应当依照《专利法》第 65 条第 1 款的规定，要求权利人对侵权人因侵权所获得的利益进行举证；在权利人已经提供侵权人所获利益的初步证据，而与专利侵权行为相关的账簿、资料主要由侵权人掌握的情况下，人民法院可以责令侵权人提供该账簿、资料；侵权人无正当理由拒不提供或者提供虚假的账簿、资料的，人民法院可以根据权利人的主张和提供的证据认定侵权人因侵权所获得的利益。

在专利侵权诉讼中，若被告持有诉讼相关证据但无正当理由拒不提供，而原告持有非来源于被告的第三方的证明，该证明中记录了有关可以推定被告获利状况的内容，并且原告以这些资料为证据要求人民法院推定被告的侵权赔偿数额的，人民法院将会依据上述规定认定原告的证据，并且依据原告的主张和上述现有证据推定被告的侵权赔偿数额。

6. 按合理费用确定

除损害赔偿外，专利权人还可以向侵权人主张其为制止侵权行为所支付的合理费用，该合理费用包括律师费、调查取证费用、制止侵权所支出的差旅费和报酬、查阅收集证据材料支出的费用、必要的鉴定费、咨询费、公证费、证据保全费和证据材料的制作、邮寄费用等。合理费用中最主要的两部分为调查取证费用和律师费用。

74
我应该应诉还是和解[1]

利用专利的司法保护和行政保护手段维护创新主体利益的行为,近年来已经逐渐演变为市场竞争的重要手段之一。遇到专利纠纷时是选择应诉还是和解,是很多创新主体面临的主要问题。是应诉还是和解,不能一概而论。对创新主体来讲,作出的每个决策都应当有理有据,本节我们就从一般的思路出发,讨论在遇到专利纠纷时如何采用适当的应对策略。

一、充分的侵权风险评估

对于专利侵权是否成立的风险评估一般包括初步评估、侵权评估和赔偿评估三个方面,通过充分评估确定侵权是否成立、可能需要承担的赔偿责任等,为后续制订应对策略奠定基础。

1. 初步评估

企业接到警告信(律师函)或起诉书后,应组织对风险进行识别,分别从"是否属于不视为侵权行为""专利权是否有效""技术方案是否相关"及"对方发起纠纷或诉讼的目的"等角度进行分析评估。

(1)不视为侵权行为的判断

不视为侵权的行为包括专利权用尽、先用权、临时过境和科学研究与实验性使用四种。创新主体应当首先就涉嫌侵权产品或技术是否属于这四种例外情形之一进行判断。如果属于上述四种情形之一,则可以不必对复杂的技术和法律问题进行研究。

(2)专利权是否有效的判断

创新主体应当对涉及专利的法律状态进行调查,判断专利权的有效性。首先,核查专利是否已经授权,如果已经授权,还要核查该专利权是否已经终止,比如专利权期限是否届满终止,是否因没有按照规定缴纳年费而终止,是否有专利权人主动放弃导致的专利权终止。其次,要进一步核查该专利是

---

[1] 张蕾. 浅谈企业专利侵权纠纷应对策略[J]. 中国发明与专利, 2018, 15(1): 45-48.

否已经无效，比如是否被国家知识产权局撤销或被专利复审委员会宣告无效。如确定涉案专利存在尚未取得授权、已经失效或者无效的情况，则无须做进一步的评估。

（3）技术相关性的判断

由技术人员对涉案专利与涉嫌侵权产品进行对比分析。初步判断涉案专利与涉嫌侵权产品是否相关，如果技术主题或技术方案相差较大，可等待对方的进一步动作再作决定。此外，需要判断涉嫌侵权产品是否由供应商提供，或者涉案专利是否与企业相关供应商的产品或技术有关，如相关，则应将警告函或起诉书转发至供应商，与供应商结盟共同应对该专利纠纷或诉讼，或根据与供应商达成的供货协议中有关知识产权纠纷、诉讼的处理责任条款，明确相关责任和义务，将纠纷、诉讼的风险和责任转移到供应商。

（4）纠纷或诉讼目的分析

通过判断对方发出警告函或起诉书的原因推知对方想达到的结果。由市场人员对对方的背景、近期的商业活动等情况进行调查和分析，判断对方发出警告函或起诉书的目的，以便企业有的放矢地去解决问题，制订适宜的应对方案。

引起专利纠纷或诉讼的原因，或者说对方发起纠纷或诉讼的目的一般有以下几种情况：一是为在短期内提高企业知名度，使企业股票升值；二是迫使竞争对手退出相关市场；三是扰乱竞争对手的市场推进策略；四是通过向竞争对手发起专利侵权诉讼，收取高额的侵权赔偿金，从而达到本企业利润增长或使竞争对手经营成本增大的目的。

2. 侵权评估

对初步评估后认为具有侵权风险的专利，由知识产权人员、法律人员、技术人员进一步分析，判断侵权风险的大小，必要时，征求专利律师的意见。

首先，做好侵权事实的判断，即判断涉嫌侵权产品或技术是否落入涉案专利的保护范围。其次，经过侵权事实判断，如认为涉嫌侵权产品或技术落入涉案专利保护范围的风险较大，则可以对涉案专利权的稳定性进行评估，目的是寻找宣告专利权无效的证据和理由。

3. 赔偿评估

经过初步评估和侵权评估后，如认为侵权风险较高，则需要进一步分析赔偿责任，评估赔偿金额。

二、选择合适的纠纷应对策略

在上述分析、评估工作的基础上,根据具体情况拟定纠纷或诉讼的应对策略。对于认为侵权不成立的情况,可以收集相关证据,向对方回函阐述不侵权的观点,也可以同时指出涉案专利的权利瑕疵,以争取与对方和解的机会,并使企业处于相对主动的有利位置。对于认为侵权成立的情况,应积极与对方谈判,了解对方意图,力争达成和解,避免损失的扩大。如果和解不成,一方面积极准备应诉,另一方面还可以利用提出专利交叉许可、无效宣告请求以及反诉对方侵权等手段,改善自身在专利纠纷中的被动局面,甚至借此扭转不利局面,变被动为主动。

第六章　职务发明创造

引　言

从广义上来说，职务发明泛指所有职务技术成果，主要包括职务发明创造（专利）、职务作品（含软件）、集成电路布图设计、单位商业秘密中的技术秘密和其他与技术相关的职务成果。从狭义上来说，职务发明仅指专利法所规定的三种专利（发明专利、实用新型专利和外观设计专利），即专利法所称职务发明创造[1]。本章主要讨论狭义的职务发明，即专利法所称的职务发明创造。

职务发明长久以来一直是企业科研人员和知识产权从业人员较为关注的话题之一。职务创新成果的权利归属和利益分配制度，直接影响和决定了科研人员及其所在机构进行科技创新和转化运用的积极性。《专利法》第6条规定了我国职务发明相关权利的归属原则；《专利法实施细则》第12条给出了职务发明的相关定义，第76~78条进一步规定了职务发明奖励的相关原则。但在实际中，尚有很多企业职工对职务发明的定义、权属，特别是奖励报酬等事关发明人本身利益的问题缺乏基础的理解和认识。本章将深入浅出地介绍职务发明的定义、职务发明的权属、奖励和报酬以及与原单位的人事或劳动关系改变后的发明创造归属问题，旨在让读者对职务发明的基本概念和一般性问题有一定的了解。

尽管2015年《职务发明条例草案（送审稿）》已向社会公开征求意见，但至今尚未正式公布，其中的相关原则或规定在此不作引入。本章在讨论与职务发明创造的相关问题时，主要以《专利法》《专利法实施细则》《促进科技成果转化法》等相关法律以及国家知识产权局的有关规章、四川省人民政府的有关条例中的相关规定为主。

---

[1] 国家知识产权局2012年软科学研究项目《职务发明制度研究》。

75 什么是职务发明

根据国家知识产权局发布的统计数据，2017年我国国内发明专利授权量为42万件，其中职务发明授权量为30.4万件，占92.8%；2018年国内职务发明授权量为32.3万件，占93.3%[1]；2019年国内职务发明授权量达34.4万件，占95.4%[2]。由此可以看到，近几年我国授权的国内发明专利中，职务发明的占比逐年上升。那么，什么是职务发明呢？

《专利法》第6条规定："执行本单位的任务或者主要是利用本单位的物质技术条件所完成的发明创造为职务发明创造。"《专利法实施细则》第12条进一步明确了《专利法》第6条所称执行本单位的任务所完成的职务发明创造，一是指在本职工作中作出的发明创造；二是指履行本单位交付的本职工作之外的任务所作出的发明创造；三是指退休、调离原单位后或者劳动、人事关系终止后1年内作出的，与其在原单位承担的本职工作或者原单位分配的任务有关的发明创造。

可见，从法律规定上来看，职务发明创造有两种情况：一种是发明人或设计人执行本单位的任务所完成的发明创造；另一种是发明人或者设计人主要利用本单位的物质技术条件所完成的发明创造。同时，在《专利法实施细则》中，对第一类情况包含的情形作出了进一步规定。综合起来，以下发明创造属于职务发明创造：

（1）在本职工作中作出的发明创造。

（2）履行本单位在本职工作之外分配的任务所作出的发明创造。

（3）退休、调离原单位后或者劳动、人事关系终止后1年内作出的，与其在原单位承担的本职工作或者原单位分配的任务有关的发明创造。

（4）主要是利用本单位的资金、设备、零部件、原材料或者不对外公开的技术资料等物质条件所完成的发明创造。

---

[1] 国家知识产权局2017/2018年统计年报：http://www.sipo.gov.cn/tjxx/gjzscqjtjnb/index.htm。

[2] 2019年知识产权主要数据发布：http://www.cnipa.gov.cn/zscqgz/1145388.htm。

判断是否属于职务发明创造,不是简单地看发明创造是否在单位内还是在单位外作出,也不是简单地看是否是在工作时间内还是在工作时间外的业余时间作出,只要属于执行本单位的任务或者主要是利用了本单位的物质技术条件,一般就认为属于职务发明创造。

在界定职务发明的过程中,还有两个较为重要的概念,下面分别对其含义进行解释。

"本单位"是指发明人或设计人所在的、能够以自己的名义从事民事活动、独立享有民事权利、独立承担民事责任和义务的组织,既包括法人单位,也包括能够独立从事民事活动的非法人单位,如个人独资企业、合伙企业等。本单位包括借调、兼职、实习等建立临时劳动关系的临时工作单位,以及在作出发明创造之前1年内发明人或设计人办理退休、调离手续或者劳动、人事关系终止的单位。

"本职工作"是指根据劳动合同、聘用合同等确定的工作人员的工作职责。一般来说,一个单位研发部门工作人员的本职工作即为从事研究、开发、设计等,他们在执行相应的研究、开发、设计任务中完成的发明创造属于在本职工作中作出的发明创造。如果发明人或设计人的本职工作并非研发,而是其他不涉及技术创造的工作,如行政管理、秘书、人力资源管理等,其没有从事发明创造的义务,如果其在完成相应职责工作之余作出了与本单位相关的发期创造,则不属于在本职工作中完成的发明创造。

76
谁才是真正的发明人

要说清楚发明创造的权利归属问题，首先，要清楚"发明人或者设计人"的概念。大家都知道，所有的发明创造都是由自然人作出的，《专利法实施细则》第10条对发明人或者设计人的含义进行了具体规定，也就是"对发明创造的实质性特点作出创造性贡献的人"。在完成发明创造过程中，只负责组织工作的人、为物质技术条件的利用提供方便的人或者从事其他辅助工作的人，不是发明人或者设计人。

其次，还需要明确这里的"权利"包括哪些内容。从《专利法》第6条的规定来看，其涉及"申请专利的权利"和"专利权"两种。所谓"申请专利的权利"，就是指发明创造完成之后，权利人享有的是否就该发明创造申请专利以及申请何类专利的权利；而"专利权"，大家都比较熟悉了，就是指发明创造经审查公告授予专利权后，权利人享有的转让其专利权、许可他人实施其专利、禁止他人侵犯其专利权行为的权利。此外，在讨论发明创造的权利归属问题时，还应当注意"专利申请权"，乍一看人们会以为它跟"申请专利的权利"是一回事儿，其实不然。"专利申请权"出现在《专利法》第10条"专利申请权可以转让"这一条款中，它指的是就发明创造提交了专利申请之后，申请专利的人享有的是否继续进行申请程序、是否转让专利申请的权利。

从上面的分析可以看出，从发明创造所处的阶段来讲，在发明创造完成到正式提出专利申请之前，权利人享有"申请专利的权利"；在就发明创造提交了专利申请到审查确权之前，权利人享有"专利申请权"；在发明创造获得授权并维持有效期间，权利人享有"专利权"。那么，对于职务发明和非职务发明而言，上述权属应该如何区分呢？

根据《专利法》第6条的第1款和第2款的规定，对于非职务发明，上述三项权利都应当属于该发明创造的发明人或者设计人。对于职务发明，申请专利的权利属于单位，申请被批准后，单位为专利权人。在申请专利的过程中，专利申请权也应当属于该单位。

此外，还可以通过合同约定权属。《专利法》第 6 条第 3 款还规定了对于主要利用本单位的物质技术条件所完成的发明创造，单位和发明人或者设计人可以通过订立合同来约定对发明创造申请专利的权利和专利权的归属。对于执行本单位的任务完成的发明创造，其申请专利的权利和专利权原本就应当属于单位，因此不在合同约定权利的范围之内。

大家可能会问，职务发明的发明人或者设计人是否就不享有任何权利了呢？答案是否定的。根据《专利法》第 16 条和第 17 条的规定，职务发明创造的设计人和发明人享有两项权利：一是获得奖励和报酬的权利，二是专利文件上署名的权利。署名权比较容易理解，就是在专利申请文件的公开文本或者授权公告文本上的发明人或设计人位置予以署名，而获得奖励和报酬的权利，则是我们下一节要详细讨论的内容。

77

授权专利的奖励和报酬一般怎么计算

在讨论职务发明创造发明人、设计人的奖励和报酬之前，我们还是先列出相关的法律依据。《专利法》第16条规定，被授予专利权的单位应当对职务发明创造的发明人或者设计人给予奖励；发明创造专利实施后，根据其推广应用的范围和取得的经济效益，对发明人或者设计人给予合理的报酬。

从专利法的上述规定可以看出[1]，职务发明创造被授予专利权后，无论发明创造是否已经实施，单位都应当对发明人或者设计人给予奖励，同时，职务发明创造实施后，单位应当根据其推广应用的范围和取得的经济效益，对发明人或者设计人给予合理的报酬。

奖励和报酬一般指什么呢？

一般来讲，奖励是指给予发明人或设计人金钱或物品奖励，以对其进行勉励。奖励可以表现为货币形式的奖金或物品形式的奖品，也可以是期权或股权等方式，但通常表现为奖金。报酬是作为报偿付给发明人或设计人的金钱或实物等。报酬通常表现为货币形式的金钱，即一定比例的营业利润提成，也可以是期权或股权等方式。

那么，对于职务发明的奖励和报酬应当如何计算呢？

根据《专利法实施细则》第76条和第77条的相关规定，一般通过两种方式来确定奖励和报酬：一是遵守约定优先原则；二是根据法定标准。简单来讲，就是职务发明人或设计人与所在单位事先约定奖励和报酬的数额、支付方式以及支付时间的，单位应当按照约定支付奖励和报酬；单位与发明人或设计人之间没有约定或约定不明时，按照《专利法》及其实施细则、《合同法》以及其他相关法律法规的规定支付奖励和报酬。

按照约定优先原则，奖励、报酬的形式可以多种多样。除了采取货币形式之外，还可以采取股票、期权等其他物质形式，只要能达到《专利法》及其实施细则规定的合理的原则要求即可。约定的奖励和报酬采用货币形式予

---

[1] 尹新天. 中国专利法详解（缩编版）[M]. 北京：知识产权出版社，2012：139.

以支付的，约定的数额既可以比法定标准高，也可以比法定标准低。单位可以根据自身的行业特性、生产研发状况、知识产权战略发展需求等自主制定相应的具体标准❶。

对于双方没有约定或者单位没有相关规章制度的，相应的奖励和报酬分别由《专利法实施细则》第77条第1款、第78条第2款确定法定标准。

奖励的法定标准是：被授予专利权的单位未与发明人、设计人约定也未在其依法制定的规章制度中规定《专利法》第16条规定的奖励的方式和数额的，应当自专利权公告之日起3个月内发给发明人或者设计人奖金。一项发明专利的奖金最低不少于3000元；一项实用新型专利或者外观设计专利的奖金最低不少于1000元。

应当注意，上述奖励的法定标准是针对一项专利来确定的，并不是该项专利的每一名发明人或者设计人应当获得的奖励额度。如果一项专利由多名发明人或设计人共同完成，则他们共享3000元（发明专利）或1000元（实用新型或者外观设计专利）奖励，至于如何分配，可以由单位根据不同发明人或者设计人在发明创造过程中实际承担任务的多少、作出贡献的大小来进行分配，可以由发明人或者设计人协商确定分配金额。

报酬的法定标准是：被授予专利权的单位未与发明人、设计人约定也未在其依法制定的规章制度中规定《专利法》第16条规定的报酬的方式和数额的，在专利权有效期限内，实施发明创造专利后，每年应当从实施该项发明或者实用新型专利的营业利润中提取不低于2%或者从实施该项外观设计专利的营业利润中提取不低于0.2%，作为报酬给予发明人或者设计人，或者参照上述比例，给予发明人或者设计人一次性报酬；被授予专利权的单位许可其他单位或者个人实施其专利的，应当从收取的使用费中提取不低于10%，作为报酬给予发明人或者设计人。

对于报酬的上述法定标准，需要解释一下其中"实施"的含义。根据立法本意，上述条款中的"实施"包括专利权人自己实施专利的行为，包括制造、销售、许诺销售和使用专利产品等，也包括许可他人实施专利的行为，但不应当包括质押和起诉他人侵权获得赔偿的情况。

---

❶ 国家知识产权局. 专利纠纷行政调解指引（试行）[Z]. 2016：140.

78
专利技术应用后有奖励吗

此处的"应用",在专利领域的标准术语为"实施"。结合上一节的分析说明,职务发明获得授权后,发明人或者设计人可以获得相应的奖励;而专利在实施后,包括专利权人自己或许可他人制造、销售、许诺销售或使用专利产品后,发明人或者设计人有权根据专利技术推广应用的范围和取得的经济效益获得相应的报酬。也就是说,专利技术应用后,发明人或设计人能够获得相应的报酬而不是奖励。

专利技术实施后发明人或设计人依法取得的报酬,同样遵循约定优先原则,即通过发明人或设计人与单位之间通过合同约定或规章制度来确定相应的奖励或报酬方式及标准。在发明人或设计人与单位之间没有就相关报酬的方式及数额进行约定的情况下,可以依据相关法律法规规定的标准确定。

涉及专利技术实施后发明人或设计人应当取得报酬的法定标准,除了前述《专利法实施细则》第78条第1款的规定外,在《促进科技成果转化法》《关于进一步加强职务发明人合法权益保护促进知识产权运用实施的若干意见》等法律和部门规章中还有进一步规定,同时各地方政府结合本地发展水平,也形成了具有地方特色的法定标准。

其中,《促进科技成果转化法》第45条规定,职务科技成果自行实施或者与他人合作实施的,应当在实施转化成功投产后连续3~5年,每年从实施该项科技成果的营业利润中提取不低于5%的比例。

由国家知识产权局、教育部、科技部等13部门于2012年11月发布的《关于进一步加强职务发明人合法权益保护促进知识产权运用实施的若干意见》中要求,要提高职务发明的报酬比例,在未与职务发明人约定也未在单位规章制度中规定报酬的情形下,国有企事业单位和军队单位自行实施其发明专利权的,给予全体职务发明人的报酬总额不低于实施该发明专利的营业利润的3%。

各地方对于专利实施后给予发明人或设计人报酬的法定标准,由于各地科技和经济发展差异有所不同。以四川省为例,《四川省促进科技成果转化条例》第 66 条规定,职务科技成果自行实施或者与他人合作实施的,应当在实施转化成功投产后连续 3~5 年,每年从实施该项科技成果的营业利润中提取不低于 5% 的比例。此外,《四川省专利保护条例》第 15 条规定,专利实施取得经济效益后,应当在专利权有效期内,每年从实施该发明专利或者实用新型专利的营业利润中提取不低于 5% 或者从实施该外观设计专利的营业利润中提取不低于 5‰ 的比例,作为报酬支付给发明人或者设计人;采用股份形式以专利技术入股实施转化的,发明人、设计人可以获得不低于该专利技术入股时作价金额 20% 的股份或者报酬。

上述规定中的报酬比例一般都是在营业利润的基础上按照一定比例提取。这里的营业利润是指所在单位在一定时间内实施专利后获得的营业收入相对于未实施专利时的营业收入增加的利润,减去相应比例的营业费用、管理费用以及财务费用后所剩余的数额,相当于会计学上的税后利润。《关于进一步加强职务发明人合法权益保护促进知识产权运用实施的若干意见》中要求,单位应当建立职务发明的报酬核算机制。在核算报酬数额时,应当考虑每项职务发明对整个产品或者工艺经济效益的贡献,以及每位职务发明人对每项职务发明的贡献等因素。

在法律适用方面,对于涉及专利实施后的报酬问题,适用专利管理相关的法律法规和部门规章。对于确定报酬数额的依据,一般情况下,当地方性法规对职务发明人提取报酬比例标准有规定时,如果其不低于《专利法实施细则》中规定的标准,从保护发明人利益出发,应当优先适用地方标准。

79

专利许可或转让给他人了,我有奖励吗

根据《促进科技成果转化法》《专利法实施细则》以及由国家知识产权局、教育部、科技部等13部门于2012年11月发布的《关于进一步加强职务发明人合法权益保护促进知识产权运用实施的若干意见》等法律法规,专利许可或转让给他人后,发明人或设计人有权依法获得相应的奖励或报酬。

专利许可或转让后发明人或设计人依法取得的奖励和报酬,还是遵循约定优先原则,即通过发明人或设计人与单位之间通过合同约定或规章制度来确定相应的奖励或报酬方式及标准。在发明人或设计人与单位之间没有就相关报酬的方式及数额进行约定的情况下,可以依据相关法律法规规定的法定标准确定。

《促进科技成果转化法》第45条规定,科技成果完成单位未规定,也未与科技人员约定奖励和报酬的方式和数额的,职务科技成果转让、许可给他人实施后,应从该项科技成果转让净收入或者许可净收入中提取不低于50%的比例对完成、转化职务科技成果作出重要贡献的人员给予奖励和报酬;利用职务科技成果作价投资的,应从该项科技成果形成的股份或者出资比例中提取不低于50%的比例对完成、转化职务科技成果作出重要贡献的人员给予奖励和报酬。

《专利法实施细则》第78条规定,被授予专利权的单位许可其他单位或者个人实施其专利的,应当从收取的使用费中提取不低于10%,作为报酬给予发明人或者设计人。

《关于进一步加强职务发明人合法权益保护促进知识产权运用实施的若干意见》中进一步要求,要提高职务发明的报酬比例,转让、许可他人实施发明专利权或者以发明专利权出资入股的,给予全体职务发明人的报酬总额不低于转让费、许可费或者出资比例的20%。因单位经营策略或者发展模式的需要而低价、无偿转让或者许可他人实施职务发明专利或者相关知识产权时,

应当参照相关技术的市场价格，合理确定对职务发明人的报酬数额。单位许可他人实施或者转让知识产权的，应当在许可费、转让费到账后 3 个月内支付报酬；以股权形式支付报酬的，应当按法律法规和单位规章制度的规定予以分红。单位应当在自行实施知识产权之日或者许可合同、转让合同生效之日起的合理期限内，将自行实施、许可他人实施或者转让知识产权等有关情况通报给相关的职务发明人。

与国家的上述法律法规相对应，地方政府也结合本地实际情况制定了明确的专利许可或转让后发明人、设计人依法可获得奖励或报酬的标准。《四川省促进科技成果转化条例》第 66 条规定，职务科技成果转让、许可给他人实施的，从该项科技成果转让净收入或者许可净收入中提取不低于 70% 的比例对完成、转化职务科技成果作出重要贡献的人员给予奖励和报酬；利用职务科技成果作价投资的，从该项科技成果形成的股份或者出资比例中提取不低于 70% 的比例对完成、转化职务科技成果作出重要贡献的人员给予奖励和报酬。

此外，《四川省专利保护条例》第 15 条规定，许可他人实施专利的，应当在取得专利许可使用费后 3 个月内从专利许可使用费中提取不低于 20% 的比例作为报酬支付给发明人或者设计人；专利权转让的，应当在取得专利权转让费后 3 个月内从专利权转让费中提取不低于 20% 的比例作为报酬支付给发明人或者设计人。

同样地，在法律适用方面，对于涉及专利许可和转让后的奖励或报酬问题，适用专利管理相关的法律法规和部门规章。对于确定报酬数额的依据，一般情况下，当地方性法规对职务发明人提取报酬比例标准有规定时，如果其不低于《专利法实施细则》中规定的标准，从保护发明人利益出发，应当优先适用地方标准。

80
离职了是否就可以自己申请专利呢

从原单位离职后是否就可以自己申请专利呢？应当具体问题具体分析。

《专利法实施细则》第12条规定，在退休、调离原单位后或者劳动、人事关系终止后1年内作出的、与其在原单位承担的本职工作或者原单位分配的任务有关的发明创造，属于《专利法》第6条所称的执行本单位的任务所完成的职务发明创造。职务发明创造申请专利的权利属于单位，申请被批准后，单位为专利权人。

因此，离职后是否可以申请属于自己的专利，主要看两个条件：一是时间条件，即是否与原单位解除劳动或人事关系满1年；二是技术上的相关性，即所申请专利与其在原单位所承担的本职工作或原单位分配的任务是否有相关性。如果同时满足这两个条件，相应的发明创造属于职务发明创造，其申请专利的权利、授权后的专利权都属于原单位。

如果离职后申请的专利在技术上与在原单位所承担的本职工作或原单位分配的任务毫无关系，无论离职时间长短，发明人或者设计人完全有权就这样的发明创造申请专利，授权后享有相应的权利。

如果是在离职1年后提交的专利申请，即使该专利申请在技术内容上与本人在原单位承担的本职工作或者原单位分配的任务有关，按照《专利法实施细则》的上述规定，也不属于原单位的职务发明创造，申请人或设计人享有相应的权利。

对单位来讲，如果职工在离开单位1年后再提出其在单位期间的本职工作或者与交付的任务相关的发明创造的专利申请，按照《专利法实施细则》的规定，这样的发明创造不属于原单位的职务发明创造，单位无法追溯主张相关权利。对单位来说如何避免出现这种被动局面呢？

对此，单位可以通过建立严格的管理制度，要求承担研发任务的人员离职前将其所有研发成果交给单位，订立有关合同约定即将完成的发明创造的权利归属，以充分维护原单位的利益。有些涉及敏感技术或者竞争性较强技术的公司还会采取一种特殊做法，即在其聘用的研发人员达到公司规定的退休年龄之前的一定时期内（如两年），就将其调离原来的研发部门，让其从事公司内的其他工作直到退休为止[1]。

---

[1] 尹新天. 中国专利法详解（缩编版）[M]. 北京：知识产权出版社，2012：55.

81
跳槽到同行申请了专利，老东家会不会找麻烦

既然是同行，新东家和老东家显然存在业务上的竞争关系，职工本人可能也与老东家签订了保密协议或者约定了附有竞业限制条款的劳动合同，如果跳槽到同行后申请了专利，老东家肯定会找麻烦。

《专利法实施细则》第12条规定，职工在调离原单位后或者劳动、人事关系终止后1年内作出的、与其在原单位承担的本职工作或者原单位分配的任务有关的发明创造属于职务发明创造，职务发明创造申请专利的权利属于单位，申请被批准后，单位为专利权人。根据本条的规定，如果职工跳槽到新的单位后1年内，提出与其在原单位承担的本职工作或者原单位分配的任务有关的发明创造的专利申请，显然会产生专利权属的纠纷。

实践中也可能出现另一种会产生争议的情况，即职工离开原单位到新单位就职后，主要是利用新单位的物质技术条件从事与原单位相同的研发任务，作出了与原单位承担的本职工作或者原单位交付的任务相关的发明创造。在这种情况下，原单位和新单位均可能主张专利是本单位的职务发明创造。对于这种情况，《全国法院知识产权审判工作会议关于审理技术合同纠纷案件若干问题的纪要》第6条规定，完成技术成果的个人既执行了原所在法人或者其他组织的工作任务，又就同一科学研究或者技术开发课题主要利用了现所在法人或者其他组织的物质技术条件所完成的技术成果的权益，由其原所在法人或者其他组织和现所在法人或者其他组织协议确定，不能达成协议的，由双方合理分享。

此外，根据《劳动合同法》第23条、第24条规定的竞业限制条款，用人单位可以在劳动合同或者保密协议中与劳动者约定竞业限制条款，要求劳动者不得在劳动合同解除或者终止后两年内到与本单位生产或者经营同类产品、从事同类业务的有竞争关系的其他用人单位，或者自己开业生产经营同类产品、从事同类业务❶。

---

❶ 尹新天. 中国专利法详解(缩编版) [M]. 北京：知识产权出版社，2012：55-56.

82
退休了能不能自己申请专利

退休后能否自己申请专利的法律依据仍然是《专利法实施细则》第 12 条的相关规定。根据该条规定，在退休后 1 年内作出的、与其在原单位承担的本职工作或者原单位分配的任务有关的发明创造，属于《专利法》第 6 条所称的执行本单位的任务所完成的职务发明创造。职务发明创造申请专利的权利属于单位，申请被批准后，单位为专利权人。

因此，退休后是否可以申请属于自己的专利，主要看两个条件：一是时间条件，即退休后是否满 1 年；二是技术上的相关性，即所申请专利与其在原单位所承担的本职工作或原单位分配的任务是否有相关性。如果同时满足这两个条件，相应的发明创造属于职务发明创造，其申请专利的权利、授权后的专利权都属于原单位。

如果退休后申请的专利在技术上与在原单位所承担的本职工作或原单位分配的任务毫无关系，无论离职时间长短，发明人或者设计人完全有权就这样的发明创造申请专利，授权后享有相应的权利。

如果是在退休 1 年后提交的专利申请，即使该专利申请在技术内容上与本人在原单位承担的本职工作或者原单位分配的任务有关，按照《专利法实施细则》的规定，也不属于原单位的职务发明创造，申请人或设计人享有相应的权利。

对单位来讲，如果职工在离开单位 1 年后再提出其在单位期间的本职工作或者与交付的任务相关的发明创造的专利申请，按照《专利法实施细则》的规定，这样的发明创造不属于原单位的职务发明创造，单位无法追溯主张相关权利。对单位来说如何避免这种被动局面呢？

对此，单位可以通过建立严格的管理制度，要求承担研发任务的人员离职前将其所有研发成果交给单位，订立有关合同约定即将完成的发明创造的权利归属，以充分维护原单位的利益。有些涉及敏感技术或者竞争性较强技术的公司还会采取一种特殊做法，即在其聘用的研发人员达到公司规定的退休年龄之前的一定时期内（如两年），就将其调离原来的研发部门，让其从事公司内的其他工作直到退休为止。

第七章　合作专利中的"是是非非"

引　言

合作创新是指企业之间，企业、科研机构、高等院校之间以及其他创新主体的联合技术创新行为，以资源共享或优势互补为前提，有明确的合作目标、合作期限和合作规则，基于共同投入、共担风险、共享成果而实现共同利益。世界范围内，不同主体之间联合创新、合作开发研究已经成为推动技术进步和社会发展的重要力量。在合作过程中，高校科研院所、企业等这些主体既是相互联系又是各自独立的，为了使自身取得的利益最大化，有时多方在合作创新中会面临进退两难的处境，称为"合作创新困境"❶，具体表现在知识产权（特别是专利）的归属、机会主义倾向等方面。由于专利权的"独占、排他"等专有属性，有学者指出专利的专有与知识的共享存在必然冲突。在合作之前如果没有事先考虑专利归属和利益分享机制，很可能在合作中埋下纠纷的隐患。

随着科学技术的多元化发展趋势，合作创新的形式也在不断推陈出新、更加灵活，比如开放式创新。目前合作创新的形式主要包括产学研合作、合资公司、技术许可、战略联盟、产业孵化园等，其中产学研合作创新一直是我国政府政策导向驱动的主要创新形式。在产学研创新中，由于涉及国家、单位（组织）和个人三种不同层次主体之间的合作（见图1），且每类主体对合作成果的诉求不同，所以因研发成果权属不清引发的原始权利归属、职务成果与后续改进、运用实施等知识产权争议屡见不鲜。因此，识别合作专利中不同主体的"小心思"，清楚界定和分配合作过程中产出的专利成果值得深思，特别是在合作中提前考虑知识产权（专利）的归属以及确定成果分享机制。

---

❶ 郭永辉，郭会梅. 合作创新中的知识产权问题研究［J］. 中国科技论坛，2010（09）：40-44.

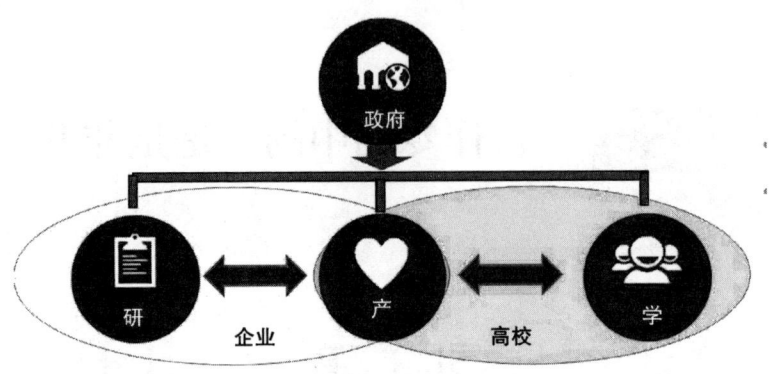

图 1　我国常见的产学研关系

　　与自主创新不同，多主体参与所形成的专利按照占有形式的不同，可分为独占型和共享型。独占型专利顾名思义为单个主体拥有，而共享型专利基于合作创新在资金、技术、人员等多层次共享和整合，为多主体以协议形式、法规约束等所共有。从独享型和共享型专利的划定角度，确认合作创新过程中的专利归属问题主要聚焦在以下四个方面：①如何界定以专利为表现形式的合作成果；②怎么识别和区分独享型专利；③怎样落实合作过程中对各自独享型专利的保护；④怎样分配合作过程中所产生的共享型专利。对于企业而言，解决上述专利归属问题最为安全稳妥的方式就是采用合同的形式提前约定相关技术成果的归属问题，特别是技术合同，这也是解决合作专利问题的一个重要手段。

83
专利归属——是申请专利的权利还是专利申请权或专利权

专利权作为一种独占权利,首先必须明确其权利归属。在解决专利权的权利归属问题上,我国《专利法》并不是直接从专利权归属角度切入的,而是将讨论的起点追溯到申请专利的权利上,也就是在完成发明创造之后,从有资格申请专利的人入手,再等到专利授权之后,申请人变成了专利权人,相应的专利权归属问题自然就迎刃而解。采取这种解决思路的前提在于:专利权并不是天然产生的,只有有权启动申请程序的主体提出专利申请,经国务院专利行政部门审查符合《专利法》《专利法实施细则》规定的条件之后才能被授予,这是一个法定连贯的过程。因此,不能本末倒置地等到专利授权之后,才去解决专利权的归属问题,否则专利制度的运行会因为权利的归属问题混乱而产生障碍。此外,国务院专利行政部门在审查过程中也无法判断专利的归属,通常采用谁提出专利申请就认为谁享有申请专利的权利,进而在授权阶段相应地授权给该主体。

《专利法》明确规定了"申请专利的权利""专利申请权"和"专利权"这三种权利的具体定义与权利归属的判定思路。结合图 1 从专利审批程序的角度来看,三种权利存在于不同的时间阶段(申请前、申请后授权前、授权后)。

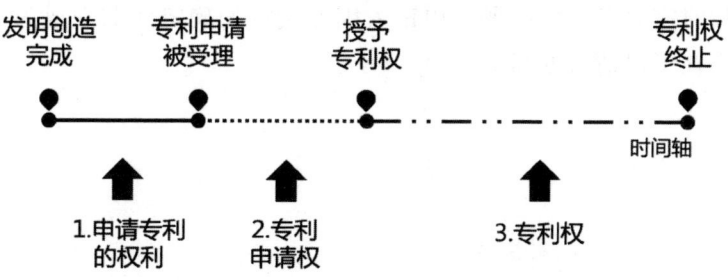

图 1 三种权利存在于不同的时间阶段

申请专利的权利是指从发明创造完成到提出专利申请之前,权利人享有决定对该发明创造是否申请专利以及如何申请专利的权利,其指向的是已经完成但专利申请尚未被受理的发明创造。

专利申请权是指从发明创造被提交专利申请之后到被授予专利权之前，申请人享有的处置该专利申请的权利，包括修改申请文件、决定是否继续进行申请程序等相关权利，其指向的是已经提出申请但尚未被授权的发明创造。

专利权是指发明创造被公告授予专利权之后，专利权人享有的对该发明创造进行处置的权利，包括放弃其专利、转让其专利、许可他人实施其专利，以及制止他人未经专利权人许可，以生产经营为目的实施专利的权利等，其指向的是已经被授予专利权的发明创造。

三种权利贯穿整个专利权的"诞生"过程，即"申请—审批—获权"，最终的专利权人对特定的发明创造在一定期限内依法享有的独占实施权，其必然是通过申请相应的专利而获得的权益。单位或个人在完成发明创造后而拥有申请专利的权利时，任何单位或个人都可以通过向国务院专利行政部门提出专利申请，并经过相应的授予专利权的程序而获得专利权。

我国采用以"先申请制"为基础的专利制度，当两个或两个以上的人就同样的技术分别向国家知识产权局提出专利申请时，专利权授予最先提出申请的人。因此谁先提出申请，谁就为未来能够获得专利权占领了先机。在合作期间，有时候完成发明创造而拥有申请专利的权利的人可能不是最先提出专利申请的人，忽视了先申请的时机就不能顺利获得相应的专利权。而有时先提出专利申请获得专利权的人，往往又因为在申请专利权上"站不住脚"，而导致专利获权之后陷入专利权属的纠纷之中。此外，专利授权条件针对的是"发明创造"是否满足授权条件，如新颖性、创造性、实用性以及其他形式要件，并不会针对"人"，也就是申请人是否是有资格的获权主体，并不是审查、授权时需要考虑的问题，申请人因专利权的确定而顺理成为专利权利人，其核心在于申请人的确定。

84

合作者中谁拥有"申请专利的权利"

在合作创新中,确定发明人的意义在于划分合作各方中谁针对某一成果具有申请专利的权利,也是为了厘清专利权的归属。根据我国《专利法实施细则》第 13 条的规定,对于发明人或者设计人的判断从正反两面作出了划分:一方面,只有对发明创造的实质性特点作出创造性贡献的人才属于发明人或设计人,这是从正面角度考虑的;另一方面,在完成发明创造过程中,只负责组织工作的人,为物质技术条件的利用提供方便的人或者从事其他辅助工作的人,不是发明人或者设计人,这是从反面角度排除的。

根据《专利法实施细则》第 13 条的规定,先讨论从正面的角度如何界定,其确定的核心聚焦到:①发明创造的实质性特点是什么;②什么样的工作才有"创造性贡献"。

遗憾的是,在我国《专利法》和《专利法实施细则》中并没有就"发明创造的实质性特点"给出具体的诠释。实践中,多数观点认为应参考《专利法》第 22 条第 3 款、第 23 条第 2 款中针对评价发明或实用新型、外观设计"创造性"的文字描述,即对发明或者实用新型而言,"与现有技术相比,该发明具有突出的实质性特点和显著的进步,该实用新型具有实质性特点和进步"中的"实质性特点";对外观设计而言,"授予专利权的外观设计与现有设计或者现有设计特征的组合相比应当具有实质性区别"中的"实质性区别",两者具有同样的含义。所以在一般情况下,对于是否存在"实质性特点"的确定,最终落到审查过程中创造性的评价上,即发明创造的独立权利要求特征部分记载的"区别于最接近的现有技术的技术特征",或者外观设计的"设计要点"的确认,这种观点在法院实践中有类似的案例。

例如,在(2012)穗中法知民初字第 10 号和(2014)粤高法民三终字第 33 号关于是否享有涉案专利的署名权一案中❶,法院认为:专利法所称的发

---

❶ 广东省工业设备安装公司张广志等与余荣煜发明创造发明人、设计人署名权纠纷,(2012)穗中法知民初字第 10 号和(2014)粤高法民三终字第 33 号。

明人是指对发明创造的实质性特点作出创造性贡献的人，专利发明人的署名权取决于其是否对专利的实质性特点作出了创造性贡献。"实质性特点"的认定应当与《专利法》第 22 条第 3 款中的"实质性特点"具有同样的含义。

对于如何确定发明人资格的"创造性贡献"中的"创造性"，我国《专利法》和《专利法实施细则》中也没有具体的规定，虽然其与《专利法》第 22 条规定的"创造性"是同一词汇，但评价的角度却不同。这里采用《中国专利法详解》中尹新天教授的观点❶，作为确定发明人或者设计人资格的"创造性贡献"，是指当有两个以上自然人对一项发明创造的完成作出贡献的情况下，评判哪些人对发明创造的"实质性特点"作出了贡献，且其中在内部相互比较之下谁的贡献更为"突出"。

有观点认为此处的创造性贡献具体应当理解为《最高人民法院关于审理技术合同纠纷案件适用法律若干问题的解释》（简称《技术合同解释》）第 6 条中对创造性贡献的规定："……人民法院在对创造性贡献进行认定时，应当分解所涉及技术成果的实质性技术构成。提出实质性技术构成并由此实现技术方案的人，是作出创造性贡献的人……。"尽管关于确定发明人资格的"创造性贡献"中的"创造性"如前所述法律并没有给出明确的定义，而基于上述《技术合同解释》中第 6 条的规定结合实践中的相关案例，可以理解"作出创造性贡献的人"应当是对发明创造的实质性特点提出实质性技术构成并由此实现技术方案的人。

例如，在（2018）川 01 民初 2236 号关于福建福特科光电股份有限公司（以下简称福特科公司）与成都易瞳科技有限公司（以下简称易瞳公司）专利权权属纠纷案中，易瞳公司委托福特科公司开发定制化 360°全景镜头模组，双方签订了《360°全景镜头模组委托开发协议》（以下简称涉案协议）。协议签订后，福特科公司全面履行了协议并交付了全景镜头模组产品及相关技术资料。之后易瞳公司向国家知识产权局提出申请号为 CN201510600697.0，名称为"全景图像采集装置"的发明专利等四项专利申请。专利获得授权后，福特科公司认为易瞳公司的前述专利是涉案协议开发的技术成果，应归福特科公司所有，故提起本案诉讼，请求法院判令涉案专利的专利权归福特科公司所有，并对该专利的发明人予以变更。

本案涉及利用技术开发合同的技术成果申请的专利权归属如何认定的问题。成都市中级人民法院审理认为，依据《专利法》第 8 条的规定，合作完

---

❶ 尹新天. 中国专利法详解 [M]. 北京：知识产权出版社，2012.

成或者委托发明创造的权利归属，有约定的从其约定；无约定或约定不明的，申请专利的权利属于完成的单位或者个人，申请被批准后，申请的单位或者个人为专利权人。按照"谁创造谁保护"的原则确认专利权归属更符合专利制度鼓励创新的基本原则，故除另有约定外，对专利的"实质性特点"作出了创造性贡献的单位或个人，应认定为专利权利人。在本案中，按照"首先确认合同技术成果与专利权利要求书记载的技术方案的异同以及专利的实质性特点；再审查前述两个技术方案的区别更接近专利的实质性特点还是公知技术"的方法，以此查明专利技术的完成人。即使合同相对人参与了专利技术的开发，但其能够预期并接受专利申请人利用合同技术成果申请专利的，不应当分享专利权。

经审查，本案诉争专利的实质性技术特征是由易瞳公司提出的，且福特科公司在缔约之时就已明确知晓并接受易瞳公司有利用合同技术成果并附加技术特征申请专利的可能，故易瞳公司申请诉争专利没有恶意。法院最终判决驳回福特科公司的全部诉讼请求。

不过，实践中不同法院对"实质性特点"给出的具体描述并不完全相同。在实践中，评判谁是发明人时具体方式如下：

（1）谁是发明人的评判可以采用与评判创造性类似的标准和手段进行，即一般认为在一项发明创造中，发明人是对区别于现有技术作出了创造性劳动的人，这种创造性对于本领域普通技术人员而言存在显而易见的特点。

（2）发明人的判断是综合考量发明创造整个过程的结果，诸如从技术方案的选题、技术方案的提出，到创造性思想的提出和具体实施方案的完成。以事实为依据结合所提供的证据综合考察参与者所作的贡献是否属于创造性贡献，以此来最终确定谁是发明人。

（3）专利的效力一般不影响发明人的认定逻辑，实践中法院一般不会在民事案件中审查专利的效力。在涉案专利没有被专利复审和无效审理部宣布无效之前，法院会先认定专利的有效性，并在专利有效的基础上对专利实质性特点进行审查。对于确定专利发明人的诉讼，尽管法院不能直接宣布专利权无效，然而实践中法院却无法回避对专利实质性特点的确定。

85

怎么判断技术合同中的专利权归属

在民法体系中,首要的是私权神圣原则,当事人通过意思自治,实现"自己的事情自己做主"。专利权从性质上来讲属于私权,专利权人在不违反法律强制性规定的情况下,可以自由处分自己的权利,如买卖、许可、无偿转让。创新合作中各主体具有平等的主体地位且意志独立,如果各主体能事前约定好合作专利的归属,那么这既符合当事人的意思自治原则,又充分尊重各方主体各自不同的利益诉求。事前约定的方式一般采用合同的形式,特别是技术合同。

对于技术合同的具体规定,我国《合同法》在合同法分则中专设第18章技术合同内容予以明确。《合同法》第322条给出了技术合同的定义,技术合同是指当事人就技术开发、转让、咨询或者服务订立的确立相互之间权利和义务的合同,主要围绕合作过程中"技术成果的归属和收益的分成办法"进行事前约定。技术合同是双务的、有偿的合同,根据《技术合同认定登记管理办法》(国科发政字〔2000〕063号)的规定,国家对技术合同认定登记工作实行统一政策、归口管理的原则,认定登记实行卖方按地域、一次登记制度。登记机构对技术合同当事人申请认定登记的合同文本既要从技术上进行核查,还要确定其是否符合技术合同要求、属于何种技术合同,通过进行分类登记、核定技术交易额(技术性收入)实现技术合同专项管理。

"技术成果"不仅仅限于专利,按照《技术合同解释》的规定,还包括利用科学技术知识、信息和经验作出的涉及产品、工艺、材料及其改进等的技术方案,包括专利、专利申请、技术秘密、计算机软件、集成电路布图设计、植物新品种等,这些技术成果虽然受不同的相关法律保护,但都具有"技术性"这一共同特点,反映在合同本身的技术属性上。

特别需要注意技术合同所反映出来的以下技术属性特征:

(1) 技术合同的标的是技术成果,这是技术合同的首要特征也是最突出的特征。技术成果可以理解成一种具体的技术方案,能够可靠地解决特定的技术问题,并能在一定的条件下重复再现预期结果,兼具"实用性"和"可重复性"。值得注意的是，某些情况下技术成果并不完全等同于"知识产权"，比如当技术尚没有完成"权利化"，再比如技术成果表现为知识产权，但某些已经进入公有领域，技术服务合同中的技术就有可能是公知技术。

（2）技术合同是双务有偿合同，即当事人双方互负对等给付义务，互相基于利益的交换而形成了互为依赖的给付义务关系。但是这种"一手交钱、一手交货"的模式在技术合同履行的"对价"上比较难确定，技术合同标的物一方面类型多且各异性普遍，单个具体的技术合同中的内容通常属于"一次性劳动"，很多时候没有相应的以往惯例和交易习惯可以参照，技术合同履行情况的界定和时间节点的确定会存在一定的困难；另一方面，技术成果的生产是一种特殊的劳动，技术成果的价值和其"生产"的成本并不一定成正比，且特定技术成果实施后可能带来的经济效益、社会效益的多少和时间在技术合同订立之初实际上难以确定，因此某一技术合同的成果究竟价值几何，各主体只能凭借各自可以获得的信息和主观认知进行判断。各方认知的偏差越大，成果归属的确定风险就越大。

（3）技术合同应有利于技术成果转化、应用和推广，这个既是技术合同的"本质特征"，也是基础原则，如果某一合同不具有这一特征甚至与这一特征的表现正好相反，那么这一合同就不能称为技术合同，如涉及"非法垄断技术、妨碍技术进步或者侵害他人技术成果"，可以认定技术合同无效。

（4）技术合同的类型由法律规定。根据《合同法》的规定，技术合同包括"技术开发合同、技术转让合同、技术咨询合同以及技术服务合同"四大类。其中，技术开发合同可细化为合作开发和委托开发合同，而转让合同可细分为专利权转让合同、专利实施许可合同、专有技术转让合同等。

（5）合同标的的多样性，使技术合同受多种法律、法规的约束和调整。除了本身受《合同法》和《促进科技成果转化法》的约束外，技术合同内容还受多种标的主体相关法律法规的调整，包括但不限于《专利法》《专利法实施细则》《著作权法》《著作权法实施条例》《集成电路布图设计保护条例》《反不正当竞争法》等，此外如果涉及境外合作，还要考虑《进出口管理条例》等专门性法律法规的规制。

此外，由于技术研究的延展性和可延续性，很多时候还需要就阶段性的技术成果进行后续深度开发，那么创新主体不仅要在合作创新开始时在技术合同中考虑成果的归属，后续改进技术成果的分享最好也通过合同明确下来。在不违反技术合同不得构成技术垄断，以及阻碍技术进步等法律强制性规定的条件下,各方提前规划好后续专利权的归属,能够有效降低后续的权属纠纷风险。

那么围绕技术合同的内容,合作主体具体应怎么判定专利权的最终归属呢?简而言之,"有约定从约定,无约定看类型"。"类型"主要是技术成果的类型(也可以认为是知识产权的类型)和技术合同的类型,从现有的专利权属纠纷案件的类型来看,主要集中在技术开发合同上。

在我国,技术协作和合作开发是企业与高校(科研机构)研发合作最基本的模式,其中最常见的合作模式是以签订技术开发合同的形式实现。为便于厘清技术开发合同中专利权归属的思路,以下主要围绕企业与高校(科研机构)的合作进行讨论,其他主体之间(如企业与企业之间)的合作情况参照类比。

技术开发合同分为委托开发合同和合作开发合同。如果是委托开发合同,学校的合作方一般仅提供资金、设备、材料等物质条件或者承担辅助协作事项,而真正承担研究开发工作的主体是学校,这种"合作"实质上是一方对另一方的委托开发,"一方出钱、一方出力"。研发创新的主要工作由一方具体完成。《合同法》第339条规定:"委托开发完成的发明创造,除当事人另有约定的以外,申请专利的权利属于研究开发人。研究开发人取得专利权的,委托人可以免费实施该专利。研究开发人转让专利申请权的,委托人享有以同等条件优先受让的权利。"学校作为研究开发的主体,如果合作方企业在委托事项中没有明确要求,那么对于发明创造(包括可以申请专利的发明、实用新型和外观设计)等委托开发的成果均归学校所有,专利申请权和专利权均归属于学校。值得注意的是,这里并不涉及职务发明的扩展讨论,因为承担和负责完成学校的技术合同任务,一般情况下是在执行学校的任务,即委托内容满足具体的"任务标准"。高校与企业技术委托常见形式如图1所示。

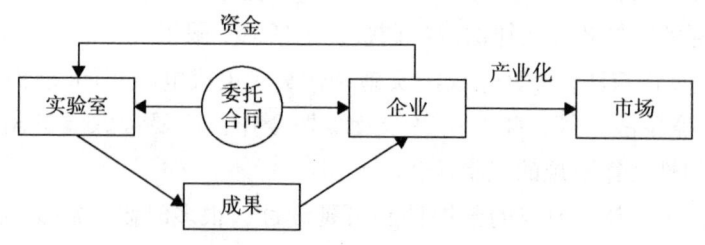

图1 高校与企业技术委托常见形式

如果是合作开发合同,根据《合同法》第340条第1款的规定,"合作开发完成的发明创造，除当事人另有约定的以外，申请专利的权利属于合作开发的当事人共有。当事人一方转让共有的专利申请权的，其他各方享有以同等条件优先受让的权利"。有约定的情况，权属关系比较容易解决。重点关注没有约定的情况，对于共同完成中"谁完成"的认定要通过参与主体对专利成果的实质性特点作出"创造性贡献"判断，具体参照《合同法》第335条及《技术合同解释》第19条的规定。

《合同法》第335条从原则上明确了合作开发各方的主要义务，具体强调约定分工明确，"合作开发合同的当事人应当按照约定进行投资，包括以技术进行投资；分工参与研究开发工作；协作配合研究开发工作"；结合《技术合同解释》第19条中关于从分工的实质性工作划分方式，明确应从整个研究过程考虑参与研究开发工作具体涉及哪些方面，进而界定出对专利成果的实质性特点作出"创造性贡献"的工作内容，具体包含设计、工艺、试验、试制等。

可以肯定的是，在无约定时，两个以上的主体共同完成的发明创造，专利申请权由其共有的前置条件是，双方均对"完成"作出了创造性贡献。如果某一方工作内容的贡献标准达不到对实质性特点作出"创造性贡献"的要求，那么其将不具有专利申请权。对于贡献标准的判断兼具客观性和主观性，实践中在不同情况下会有不同的解读和判断标准，如在司法实践中就对"提供一定的帮助或技术建议"产生过分歧。

例如，在"魏某与北京富雷实业股份有限公司专利权权属纠纷上诉案"中❶，上诉人魏某（北京互联新网科技发展有限公司总经理）请求改判名称为"一种新型彩票切票单元"、申请号CN2012×××117.2的实用新型专利权归魏某、北京富雷公司共有。理由：北京互联新网科技发展有限公司（以下简称互联新网公司）委托外籍专家马某作为特聘技术顾问，对涉案实用新型专利进行研究，针对北京富雷公司生产的即开型彩票自助机软硬件的评估内容，指出了软硬件存在的问题并给出改进建议，因此互联新网公司参与了涉案实用新型专利的研发工作，并作出了实质性的技术贡献。

本案审理的焦点为：①互联新网公司是否实际参与了涉案实用新型专利的研发工作；②魏某能否主张涉案实用新型的专利权属。一审法院审理认为，上诉人魏某提供的证据不能证明互联新网公司实际参与了涉案实用新型专利

---

❶ "魏某与北京富雷实业股份有限公司专利权权属纠纷上诉案"，北京市高级人民法院(2016)京民终547号。

的研发工作，互联新网公司聘请的外籍专家马某不是一个技术开发者，只是对现有的技术开发成果提出建议，单纯的建议不能算作对发明创造的实质性贡献。二审法院则有相反的认识："互联新网公司及其聘用人员马某在与北京富雷公司合作研究即开型彩票切票机头装置过程中，针对该装置的技术问题，提供了明确具体的解决方案，该方案涉及的螺线管、弹簧等关键部件最终均写入了涉案实用新型专利的权利要求。可见，马某在即开型彩票切票机头装置的设计、研发中，提供的并非单纯的技术建议，而是针对上述装置的技术特征给出了可行的技术内容……互联新网公司参与了研发工作，其为涉案实用新型专利研发的核心技术构思作出了必要的贡献。"在判断参与发明创造者是否作出了实质性贡献上，从这个案件的审查分析思路提供了一个具体可操作性的标准，即针对相关技术问题提供的技术方案是否最终写入了专利权利要求中。

86
合作产生的发明创造是否应该申请专利

对于一项新的技术成果,特别是技术方案,可以通过申请专利(发明、实用新型或外观设计)的方式来进行保护,也可以采取技术保密措施,作为企业的商业秘密进行保护。两种保护方式各有利弊,一般来说专利保护方式的优点在于权利明确、保护范围便于认定,且我国专利侵权案件的判定方法有统一的标准,缺点在于技术方案的公开、获权风险以及保护期限有限。我国《反不正当竞争法》第10条明确规定:"本条所称的商业秘密,是指不为公众所知悉、能为权利人带来经济利益、具有实用性并经权利人采取保密措施的技术信息和经营信息。"商业秘密是主体自力保护的方式,因其秘密性使之不为公众普遍知悉且不易获得,但是权利范围不好界定且界限不清楚。如果主体自身的保密制度有疏漏的话,则很容易导致该商业秘密得不到法律的保护。具体选择何种方式保护,可参考表1。

表1 专利与商业秘密的特性对比

特性	专 利	商业秘密
权利主体	确定,公开可查	不确定,不公开
权利客体	发明、实用新型:技术方案 外观设计:具有美感的工业设计	技术信息、经营信息;包括技术秘诀、工艺流程、设计图纸、技术数据、化学配方、制造方法、技术资料、技术情报等技术科学方面的专有知识
取得方式	申请审批制度	经过必要的保密措施,自动获得
保护期限	发明:自申请日起20年 实用新型、外观设计:自申请日起10年	无明确限制
地域范围	在哪申请,在哪保护(获得专利授权的国家或地区)	无地域限制

续表

特性	专利	商业秘密
保护成本	相对固定（申请费、审查费、年费）	不确定，一般较高（企业采取保密措施所需费用）
涉及法律	《专利法》《专利法实施细则》等	《合同法》《反不正当竞争法》等
权利风险	较低；期限届满、未缴纳年费、主动放弃、被宣告无效等	较高；意外泄露、他人非法泄露、反向破译或他人研发获得后公开等

各方对于是否申请专利往往存在分歧，主要是由于各方主体的利益诉求不同。对于高校来说，由于部分高校对科研成果具有强制性要求，高校考核制度中职称评定、岗位职级等都与具体的科研成果相关联，因而高校师生会惯性地选择发表论文或申请专利的形式固化科技成果从而使之公开。对于企业来说，一方面专利申请确权周期有时"追赶"不上核心技术的更新周期，专利权还没申请下来时，该技术已经被市场淘汰，因此企业从保障短期技术垄断优势的角度考虑，会更倾向于采用商业秘密的形式将其"藏起来"；另一方面如果核心技术在面向公众之后能够被反向工程破解，那么应用该技术的产品一旦被竞争对手获得，其很可能利用反向工程掌握核心技术，这时企业会更倾向于采用"公开换保护"的形式争取专利权，获得一个明确的保护范围，以此能够主张自己的权利。因此，出于自身现阶段各自利益的考量，高校、科研院所、企业等不同主体在是否申请专利这一问题上经常出现不同的选择。

在判断是否申请专利上，还可以借鉴多因素指标去综合考虑，许春明等构建了一个包含技术、法律和市场三个维度、17个指标的分析体系[1]，通过指标权重和指标评分的确定，为申请主体在寻求保护策略时给出指引性的建议。其中，技术因素是专利保护的基础，法律因素是专利保护的保障，而市场因素是专利保护的归属，具体选择指标详见图1。整个体系类似于专利价值评估体系，也是基于加权重打分的分析，每个指标分值为两级，评价打分的数值越大越偏向于技术秘密保护，数值越小越偏向于专利保护策略。

---

[1] 许春明，王瑞鹏，申晨. 技术方案知识产权保护策略选择指标体系构建[J]. 中国发明与专利，2019，16（03）：62-69.

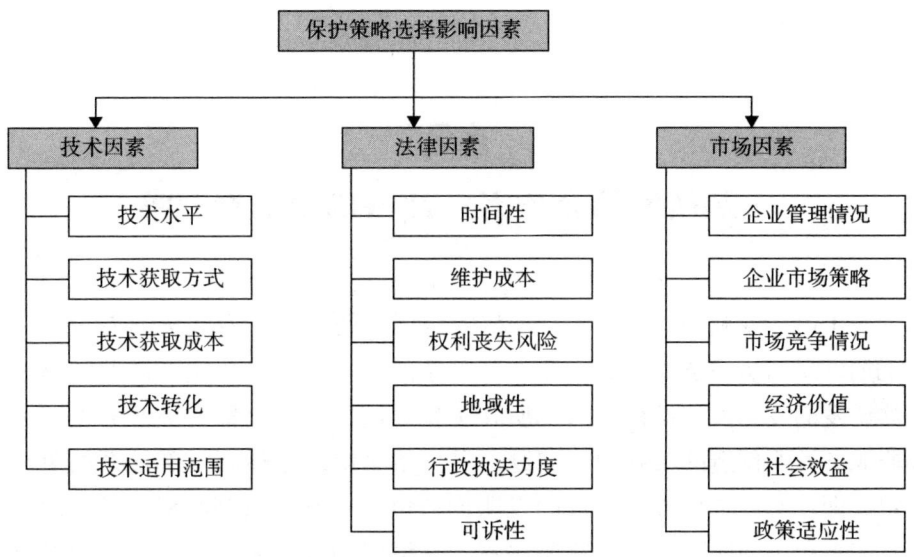

图 1　保护策略选择因素及其指标

87
一起研发的合作者，都可以申请专利吗

关于申请专利的权利以及专利权的归属问题，在《专利法》专设了两条规定加以说明。一条是解决主体内部关系的第6条规定，主要涉及的是参与具体研发的发明人、设计人与其所在单位之间的关系，即解决职务发明创造和非职务发明创造的权利归属问题；另一条是解决主体间外部关系的第8条规定，即针对以合作方式完成的发明创造申请专利的权利归属问题。由于职务发明等相关问题已在前文有所解答，这里仅围绕第8条规定的内容进行展开说明。

《专利法》第8条规定："两个以上单位或者个人合作完成的发明创造、一个单位或者个人接受其他单位或个人委托所完成的发明创造，除另有协议的以外，申请专利的权利属于完成或共同完成的单位或者个人；申请被批准后，申请的单位或者个人为专利权人。"根据此条规定，在不考虑约定优先原则下，实行侧重保护完成方的规则。所以明确了完成方是谁，谁就可以申请专利，即获得相应的专利申请权的"资格"。

一般而言，在合作研究开发的情况下，各方都会出资，也会派人员共同参与研究开发工作，判断合作者的专利申请权，是从判断具体发明人的思路入手的，即界定谁"对发明创造的实质性特点作出创造性贡献"。如果合作各方派出的人员对发明创造的完成都作出创造性贡献，那么各方就是共同完成发明创造的单位或个人，即共有申请专利的权利，若不考虑职务发明，合作者可以申请专利但要在其他合作者一致同意的前提下，不能单独行动。如果是合作一方对发明创造的完成作出创造性贡献，其他合作方虽然参与了研究开发，但是就某一项发明创造来说没有作出创造性贡献，那么只有包含发明人所代表的一方享有申请专利的权利和专利权。

结合前述"合作者中谁拥有'申请专利的权利'"的回答，对于谁是发明人就可以从正面着手判断了。然而即使有了这层进一步的判断标准，这种"对发明创造的实质性特点作出创造性贡献"的标准似乎仍显得较为主观。为

了将界限划得更为清晰且易于理解和判断,《专利法实施细则》从反面列举一系列的例子,说明对发明创造的完成作出了一定贡献但不属于创造性贡献的情况。即"在完成发明创造过程中,只负责组织工作、为物质条件的利用提供方便或者从事其他辅助工作的人,不是发明人或者设计人",比如高校课题组或企业研发项目的负责人既要组织领导整个课题或研发项目的全部进程,同时也参与整个过程的具体研究工作,例如研究方向的判断、指导性意见等;但是也有不少情况是,课题或项目的负责人对于整个过程的贡献仅仅在于确定课题或者研发项目的立项、筹集研究经费、协调组织研发人员、课题或研发项目管理、为研发人员正常开展研究工作提供各方面的物质保障等,并没有参与实际的研究工作,概括来说他们就是"只负责组织工作的人",实际上不应当作发明人或设计人。此外,还有一些人员在整个发明创造过程中,承担了"辅助人员"的角色,例如资料收集检索、材料设备采购、实验具体操作等,虽然这些人员在整个发明创造过程中都付出了劳动、作出了贡献,但由于这些劳动贡献并不能满足"对发明创造的实质性特点作出创造性贡献"的标准,因此他们也不应当作为发明人或者设计人。这里上升到辅助人员所在的单位,如果合作单位的参与人员仅仅在合作发明创造过程中承担上述类型的工作,那么即使是一起研发的合作者,其在排除约定之外一般来说也是不能申请专利的。

88
合作过程中就专利申请产生分歧了,怎么办

首先了解一下共有专利申请权的主要特征:

一、约定优先原则

对于共有专利申请权,仍实行约定优先原则。合作主体当事人对是否申请专利、谁主导申请等相关事宜都可以事先约定,后续申请依照其约定执行即可。合作主体对于专利申请权的约定可以有各种各样的方式,既可以约定前期阶段的成果的专利申请权归一方所有,后续开发阶段的成果的专利申请权归另一方所有,也可以约定某些基础性技术研究成果不申请专利,而应用性成果共同申请专利。由于现实中的具体情况多种多样,所以约定必是各不相同,总之,只要是合情合理的且不违反国家的有关法律法规,能够维护好不同当事人的利益,国家不会干预主体所达成的约定。

二、共同共有原则

在没有约定的情况下,合作申请的分歧情况会变得复杂许多,是参照共同共有的规则还是按份共有的思路处理呢?

专利申请权具有财产权的属性,但在《民法通则》《物权法》等相关法律法规中均没有关于共有专利权利的规定,参考共有权利的一般规则,即两个或两个以上的民事主体共同享有物和权利的方式包括按份共有和共同共有。专利权是无形的权利而非实体之物,且在合作研发、共享专利权安排的过程中各方对于权利贡献的程度难以具体衡量,导致专利权一是无法分割,二是无度量不能分割,因此合作成果引发的专利申请权属于共同共有从逻辑上来讲似乎比较合理。

从获权后的运用层面来看,共同共有似乎也更为合理。合作研发是一种集体行动,有助于帮助人们完成个体无法单独完成的目标,但集体选择要想

实现其效率，必须选择"全体一致决"，反映在专利共有问题上表现为：如果允许共有人任意转让其份额，那么新的合作者可随时加入共有，新共有人的随机加入将增大合作破裂的可能性、增加专利实施风险，相应地专利权的经济价值必然随之受限甚至丧失。因此共同共有既限制了专利共有人的数量，也更能借此预防企业联合垄断的企图。德国、法国、日本、韩国等大陆法系国家的立法在共有专利"应有份额"的处分问题上均采用了"全体一致决"的做法。与美国法律的规定不同，"任何一个美国专利的共有人都可以不予理会其他共有人的意志而自由制造、使用、要约出售，或出售获得专利的发明"，这样规定有其便捷性存在，但显然也使得其他共有人利益受损的潜在风险较大。

三、共有专利申请权的产生基础往往是合作开发或委托开发关系

《合同法》第340条规定，在合作开发合同中，各方就专利申请必须达成一致意见，如果一方不同意申请专利，另一方或者其他各方不得申请专利。这也与《专利法》第15条的规定保持实质上的一致，即在共有人没有约定的情况下，除共有人自己实施和以普通许可方式许可他人实施外，行使共有的专利申请权应当取得全体共有人的同意。所以合作开发完成的发明创造，当事人没有约定的，申请专利的权利属于合作开发的当事人共有；如果一方当事人不同意申请专利，另一方或其他各方也不得申请专利，只能作为企业的技术秘密予以保护。这是因为在各方当事人在是否申请专利问题上存在分歧的情况下，如果其中一方申请专利则会导致技术成果的公开，进而会侵害其他各方的技术秘密权利。

委托开发完成的发明创造，当事人没有约定的，申请专利的权利属于研究开发人。换言之，如果委托开发人不能在其与研究开发人的谈判中争取到技术成果的权属，且又不同意研究开发人申请专利的情况下，研究开发人仍有权对自己做出的符合专利法授权条件的技术方案提交专利申请。如果是以技术秘密成果的形式，那么情况则有所不同。《合同法》第341条规定了技术秘密成果的权益分配，即"委托开发合同或合作开发完成的技术秘密成果的使用权、转让权以及利益的分配办法，由当事人约定。没有约定或者约定不明确，依照本法第61条的规定仍不能确定的，当事人均有使用和转让的权利，但委托开发的研究开发人不得在向委托人交付研究成果之前，将研究开发成果转让给第三人"。此外，最高人民法院《关于审理技术合同纠纷案件适

用法律若干问题的解释》针对"技术秘密成果的使用和转让权的行使边界"作出了进一步明确和限定,包括"当事人均有不经对方同意而自己使用或者以普通使用许可的方式许可他人使用技术秘密,并独占由此所获利益的权利。当事人一方将技术秘密成果的转让权让与他人,或者以独占或者排他使用许可的方式许可他人使用技术秘密,未经对方当事人同意或者追认的,应当认定该让与或者许可行为无效"。简而言之,自己实施专利或对外普通许可可由当事人自己做主,而独占、排他许可需要全体共有人一致同意。

因此,在没有技术合同相应约定的前提下,技术开发合同的当事人各方就技术成果的保护方式产生分歧时,其处理方式为:合作开发中商业秘密保护优先,专利保护其次,只有在各方当事人均同意提交专利申请的情况下才适用专利保护方式;如果一方当事人在其他各方不同意申请专利的情况下提交专利申请,则其可以通过违约义务追责;委托开发中,专利保护优先,商业秘密保护其次,只有研究开发人均同意不选择以专利保护方式的情况下,才适用商业秘密保护方式,否则研究开发人有权自行申请专利。

这里延伸一点,作为合作专利中的一方当事人,可以行使什么权利呢?在前面提到过共有专利,一般来说除了约定之外,行使共有权利应当取得全体共有人的同意,体现"一致性同意"的标准。那么在共有人没有约定或者约定不明的情况下,作为共有专利权人,该怎么去充分利用合作专利中属于自己的那一份呢?

《专利法》第17条规定:"……没有约定的,共有人可以单独实施或者以普通许可方式许可他人实施该专利;许可他人实施该专利的,收取的使用费应当在共有人之间分配……"这是专利权不同于物权的一个体现。一方面专利权的保护客体在法律上虽然是独占排他的,但在事实上专利权却不能如实物那样被权利人实际独占,同一时间可以由不同的主体实施,且互不妨碍其他共有人的权利利用;另一方面也体现了《专利法》的立法宗旨,即鼓励发明创造,推动发明创造的实施推广应用,从而实现专利权的经济社会价值。如果规定在任何情况下共有人之一实施该专利都必须获得"一致性同意",就会对专利的实施应用产生妨碍。因此,共有专利权人可以单独实施该专利或者以普通许可的方式许可他人实施该专利。

值得注意的是,共有专利权人对外许可他人实施该专利的许可方式仅限于普通许可。这是因为假如允许共有人实施独占许可,与被许可人签订独占实施许可合同,势必造成在其他共有人对外进行实施许可时,前后两份实施许可合同产生冲突，独占许可意味着实施有且只能有一个主体，结果是不允许他人实施，因此对其他共有人来说是不公平的。本条所述的"普通许可"，是指除"独占许可""排他许可"之外的所有类型的专利实施许可。

不过，共有专利权人将专利许可给他人实施，所获得的专利使用费用不能自己独享，应当在所有共有专利权人之间分配，而单独实施该专利所获得的利益却没有强制要求进行分配。不过无强制分配的约束在有些情况存在着不公允，比如共有专利权人一方是不具有实施条件的高校或科研院所，甚至个人，另一方共有人是具备实施条件的企业、生产主体而能够单独实施专利时，双方在专利权上的获益就存在天壤之别。虽然立法机构没有区分共有人的实施能力，但共有人还有许可的途径，这也间接鼓励不具备实施条件的共有专利权人将专利许可给他人实施，从而实现共有人的共同利益，况且许可使用费规定在共有人之间分配，而没有规定应当在共有人之间平均分配。

89
职务发明专利可以依靠约定原则确定专利归属吗

利用合同等约定方式确定职务发明专利的权利归属是一种特例，根据前述职务发明专利的讨论内容，"在执行本单位的任务或者主要是利用本单位的物质技术条件所完成的发明创造为职务发明创造。职务发明创造申请专利的权利属于该单位；申请被批准后，该单位为专利权人"，专利权似乎天然地归属于本单位所有。但《专利法》第6条的规定中，还有一个特殊的"补充条款"，即"利用本单位的物质技术条件所完成的发明创造，单位与发明人或者设计人订有合同，对申请专利的权利和专利权的归属作出约定的，从其约定"。这是2000年修改《专利法》时的一个重要突破，根据该条款的规定，允许发明人、设计人与所在单位通过订立合同来约定利用本单位的物质条件所完成的发明创造的归属，且只要合同有效（不存在违反其他法律法规的情况），国家就尊重合同双方的意思自治。

我国《专利法》在界定职务发明的范围时显然比较宽泛，仅给出两个判断标准：①合作当事人与单位合作的内容是否是执行单位的任务，即"任务标准"；②主要是利用单位的物质条件所完成的，即"物质技术条件标准"。

按照条款的字面含义，单位与发明人、设计人之间订立的合同应当限于利用本单位的物质条件所完成的发明创造，即在满足"物质技术条件标准"的前提下，无论职务发明还是非职务发明，雇员与本单位之间的合作技术成果（例如专利）的使用权、所有权、转让权等原则上可以在合同中加以具体约定。这项规定使得单位与雇员在处理发明创造权利归属问题时变得更加灵活，不仅能激发和鼓励雇员发明创造的积极性，而且能减少可能存在的权利纠纷，避免矛盾的激化。所产生的积极效果，一方面，在单位没有分配任务或完成已有任务的情况下，单位的雇员通过自己的主动努力，能够充分发挥单位拥有的物质技术条件应有的作用；另一方面，一些国有科研单位意欲充分发挥国家闲置不用或者利用不充分的物质技术条件，允许其员工利用该条件作出发明创造，为了能够有法可依地调动科研人员的积极性，对产生的发明创造属于谁进行适当的约定。

对于"任务标准"的发明创造，则不适用前述规定，且以往的司法实践中一般也不允许双方在满足"任务标准"的职务发明上，通过事先约定改变该职务发明专利申请权、专利权的归属。这是考虑到如果对这种类型的发明创造的权利归属也允许约定，则有可能扰乱单位内部的管理秩序，影响单位组织创新的积极性，特别是对于国有企业和高校有可能导致国有资产的流失。

值得注意的是，单位与发明人、设计人在约定时可以不局限于专利申请权和专利权的权利归属，还可以就与权利相关的其他内容作权利归属的补充说明，比如专利权的使用权、收益权、转让权等。这里列举一些主要的权利义务约定款项，对于此处假定非职务发明且发明人、设计人与单位不采用合作申请的方式进行申请。

（1）由发明人、设计人一方申请并获得专利权，单位可以主张包括但不限于：

1）单位可以无偿实施该专利。

2）单位为授权专利的共有权利人。

3）单位作为专利转让的优先受让人。

4）发明人、设计人不得将专利权许可、转让给单位的竞争对手。

5）发明人、设计人在进行专利权许可、转让时，应当事先征得单位的同意。

6）实施或者许可他人实施专利所获得的经济利益，单位与发明人、设计人可以分享。

（2）由单位申请并获得专利权，发明人、设计人可以主张包括但不限于：

1）单位应向发明人、设计人支付奖励和报酬，包括实施获益、许可收益等，且不应低于《专利法实施细则》第77条和第78条的相关规定。

2）单位免除发明人、设计人利用本单位物质技术条件作出发明创造应当支付的相关费用。

3）发明人、设计人保留在此专利基础上继续研究改造的权利。

4）延伸专利的申请权，应当另立合同进行相关约定。

5）单位应当积极组织实施专利权，或推动对外许可他人实施，以实现经济效益。

6）发明人、设计人作为专利转让的优先受让人。

实践中由于不同主体的发明创造属于不同技术领域，产生过程也是千差

万别，发明人、设计人与单位约定的内容，也要根据具体情况作出适应性调整。不过签订合同的初衷，是希望双方各有所长、各取所需，兼顾双方利益，实现共赢。

此外，《专利法》第7条中，特别强调"对发明人或者设计人的非职务发明创造专利申请，任何单位或者个人不得压制"。立法的初衷是因为那时我国的绝大多数企事业单位都是全民所有制，"组织"要管的事很多，而职工也习惯于有事找"组织"解决，发明人、设计人的非职务发明也需要得到本单位及领导的批准才能够申请。所以这是个历史性的顾虑，在当下基本很少见这种"压制"，因此就不再赘述。

90
当专利归单位时，我还能用吗

《专利法》《专利法实施细则》就专利权保护和行使的相关规定中，并没有就专利权人或利害关系人之外的人员作出可以差别对待的划分。也就是说，如果"我"不是专利权人，当专利权归属于单位时，"我"不能因为仅仅是单位的一份子就能随意行使该专利权，"用"本单位的专利技术。

首先，这个"用"也包含多层含义，如果仅仅是参考专利技术内容进行研发使用，那么这种形式的"用"显然是没有问题的。目前，世界范围内大概有1.3亿件公开的专利文献，本身就是一个科技文献库，其既可用于传播知识技术，也可作为情报资料辅助研发创新，这种类型的使用合法合理，且全世界范围的专利都可以为"我"所用。如果"用"涉及能够带来经济利益、强化竞争以及其他效益的专利权，那能"用"的主体只能是特定的专利权人或者利害关系人。常见的使用方式包括：

（1）实施专利，通过自己实施专利获得经济利益，包括制造、许诺销售、销售、使用和进口。对于发明或实用新型专利即为生产经营目的制造、使用、许诺销售、销售、进口其专利产品，或者使用其专利方法以及使用、许诺销售、销售、进口依照该专利方法直接获得的产品，即享受"独占权"或"排他权"；对于外观设计专利即为生产经营目的制造、许诺销售、销售、进口其外观设计专利产品。

（2）许可专利，即许可他人实施专利，典型的是与实施者订立专利实施许可合同，约定一定的许可使用费或者从他人的实施收益中获得经济利益，包括独占许可、排他许可、普通许可、强制许可、交叉许可等。

（3）署名名誉，即在其专利产品或者该产品的包装上标明专利标识，本质上是利益交换。

（4）其他方式的运营收益，比如技术入股、专利质押融资、专利证券化等。

其次，"我"的身份既可以是专利的发明人、设计人，也可以是专利的申请人、专利权人,在专利中的身份角色不同,决定了"我"能够使用的权利不同,需要分情况讨论。

在此假设的基础上,与"我"相关且归属于单位的专利,实际上就剩下两种情况,一种是职务发明专利,另一种是非职务发明专利。对于职务发明专利,根据相关规定包含三类合法的"用":

(1)用于经济收益,即获得奖励和报酬的权利,这个属于被动的收益,"单位应当对职务发明创造的发明人或者设计人给予奖励;发明创造专利实施后,根据其推广应用的范围和取得的经济效益,对发明人或者设计人给予合理的报酬"(《专利法》第16条)。

(2)用于精神荣誉,即在专利文件上署名的权利(《专利法》第17条)。

(3)用于评奖、职称晋升,即申报科研成果奖,作为技术职称晋升或者破格晋升的依据,还可以作为职务晋升的依据。

对于非职务发明专利且专利权归属于单位,通过前述分析可能有以下几种情况:

(1)专利的发明人或者设计人利用了本单位的物质技术条件,但不是执行本单位的任务,也没有达到"主要"程度,但与单位约定专利申请权、专利权归单位所有,那么在能不能使用、如何"用"该专利的事项上,完全可以通过订立合同的方式直接逐条约定,比如"发明人、设计人保留在此专利基础上继续研究改造的权利"。

(2)虽然发明人、设计人受雇于单位,但其所作出的发明创造,既不是执行本单位的任务,也没有利用本单位的物质技术条件,此时的发明人、设计人让渡给本单位的专利申请权、专利权类似于一般情况下的专利转移(转让、赠与、出资等)。专利法中并未规定转让专利权之后的让与人("我")还能保留何种权利,不过由于转让专利权时必须签订书面合同,根据《合同法》的规定,专利权转让合同属于技术转让合同的范围,因而通过技术转让合同的一般性规定可以确定"用法",其中特殊差异性的约定内容不在此讨论范畴。《合同法》第343条、第349~351条、第354、361条记载了专利权转让、专利申请权转让的相关权利和义务,且更多的是义务层面的规定,比如"承担保密义务""保证自己的专利权通过创造性劳动合法获得,或者通过委托开发合同获得,即保证自己是所提供的技术的合法拥有者""将合同约定的专利申请权移交受让人,并提供申请专利和实施发明创造所需要的技术情报和资料","用法"的权利也随着专利权的转让而转移;作为发明人、设计人基本只保留精神层面的权利,因为利益层面的价值已通过专利权转让而实现。

(3)归属于单位的专利,实际是发明人、设计人作为专利权人赋予单位完全独占许可的专利,归属的本质是"独家实施权"。独占许可合同涉及的内容广泛,不仅涉及此单独的专利,其实质是规定了单位与"我"的一种合作关系,需要全面约定合作双方的权利和义务。因此,参考前述技术许可合同相关内容,通过协商意思自治,保留相关"用"的权利。

此外在这三种情况下,"我"原则上仍是该专利的发明人、设计人,发明人的权利包括发明人署名权以及放弃署名权的权利。

第八章　风险管理

引　言

提到知识产权风险，大家可能首先会想到侵权诉讼，因为它往往"生死攸关"。可是提到风险管理，则往往谈得多，管得少。一方面感觉离"死"（侵权诉讼）很远，另一方面感觉无从下手，不知道为什么管、管什么、怎么管。

本章分别从企业运营可能会涉及的产品研发、技术引进、市场销售以及日常运营等场景进行了讨论，希望可以帮助大家了解风险，走近管理。

91
什么是专利风险管理

什么是专利风险管理呢？这涉及专利风险有哪些，为什么要进行管理，以及怎么进行管理。

所谓专利风险管理就是管理与专利相关的风险，风险是一种不确定性，可能会在未来发生并带来损失。专利风险管理就是通过识别、明确风险，进而采取相应的措施来进行管理以消除或者降低其可能带来的危害或者损失。

那么专利风险具体有哪些呢？我们可以从宏观和微观两个方面来看。比如政府部门进行相关产业发展规划时开展的产业专利导航往往就会更加关注宏观风险，专利申请总量、区域分布、相关创新主体的专利申请情况以及关键技术专利持有人分布等宏观信息分析都会提示整个产业发展情况及其未来可能面临的风险。宏观风险往往体现为对于规划、决策、制度制定的影响，并不一定会转化为具体的微观风险，这种风险往往容易被忽略，不太被关注。微观风险则是管理不好就会产生不利后果，损失看得见，对于个体影响较大，因此我们平时说的专利风险大多是微观风险。

以一个企业为例，它可能会面临的风险包括来自外源的和内源的两个方面，按照内容大致如表1所示。专利风险可能存在于企业的各个经营环节，和企业的运营息息相关，管理不好带来的不利后果不仅是被诉侵权、被要求赔偿损失，还可能是被判禁止销售以及面临无形资产流失等。

表1 企业专利风险

工作内容	专利风险	风险来源	可能后果（不限于）
项目研发	侵犯标准必要专利	外源	侵权损失/无法销售
	改进技术侵犯基础专利	外源	侵权损失/无法销售
	采用他人的专利技术	外源	侵权损失/无法销售
	合作开发相关专利风险	外源/内源	侵权损失/资产流失
	研发成果未形成专利等	内源	资产流失损失
产品制造	采购环节的专利风险等	外源/内源	侵权损失

续表

工作内容	专利风险	风险来源	可能后果（不限于）
产品销售	产品侵权 遭遇"337调查"等	外源 外源	侵权损失/无法销售 无法销售
企业运营	技术引进的专利风险 人才引进的专利风险 管理制度缺陷风险等	外源/内源 内源 内源	经营损失/侵权损失 经营损失/侵权损失 经营损失

那么，到底为什么要进行专利风险管理呢？最根本的还是支持企业运营。目前虽然大多数企业都有专门的知识产权工作人员，不过很多人员的工作职能还仅限于专利申请和维护，不能有效支撑和影响公司运营；但也有一些企业早有准备或者已作出及时调整，从而助力企业运营。

例如，知识产权诉讼在科创板不断发生，有的企业因无法有效、快速管理诉讼而导致延迟甚至撤销上市申请，但有的企业在涉诉后快速作出有效反应从而为企业管理市值表现提供支撑；在市场开拓中，有的企业因为自身专利储备不足而在海外市场受阻，但之后通过购入外部专利包和内部加大申请增强储备的方式来调控专利风险，重新"出海"。

随着企业风险意识的增强，越来越多的企业在项目引进或者进行重大项目立项时都会考虑开展知识产权风险评估，如果知识产权部门在企业有较大的影响力，甚至拥有一票否决权，或者在项目初始即进行介入，不仅可以帮助企业规避风险，也可以提供更多有价值的意见以增加谈判筹码，省钱也是赚钱。除了企业之外，目前各地政府开展的项目知识产权评议也是一种风险管理，目的是避免上马存在重大专利风险的项目、技术落后的项目、技术可能会被快速迭代的项目等。

既然专利风险会影响企业运营，那应该怎么管理呢？这个没有标准的方式，多数情况都是具体问题具体分析，根据企业特点、业务运营特点、面临的问题以及人员保障情况，优先识别重大风险，再应对其他风险。

开展专利风险管理即开展专利风险排查、评估以及制定应对措施，往往需要投入大量人力、财力。在资源紧张的情况下，应该优先考虑市场占有率增长快、市场销售额高以及企业作为重点战略发展的产品。资源有限的情况下，先抓重点再逐步展开。

具体管理上，首先企业的管理人员要正视专利风险，领导层重视才有可能从制度设计、人员保障、资源配给上给予支持，做到客观上有人管理，制度上允许管理、支持管理、有资源管理。

其次要从自身出发，提高工作能力，能够及时、准确识别专利风险并主动与各个部门互动，加强交流，献言献策，成为大家工作中的帮手。知识产权工作人员能够解决企业运营中的实际问题才能真正有影响力，进而才能实现企业的专利风险管理。

最后知识产权工作人员在风险管理中应梳理工作重点，因事而异进行针对性管理，制定针对性应对措施。如相关产品须符合行业技术标准才能销售，就关注标准必要专利；如相关产品是在引进技术的基础上进行改进后生产销售，就关注是否获得相关授权许可以及自我改进技术的专利保护；如果产品的销售主要是在美国市场，就重点关注是否存在被启动"337调查"的风险；如企业近期考虑引进重大项目，就考虑提前做好相关项目的专利尽调，帮助管理层了解专利风险以及输出方的专利技术壁垒，以更合理的对价开展合作等。

风险管理在于未雨绸缪，预防重于应对。公司平时应重视制度和人员团队建设，加强学习，从他人的教训中借鉴成长，保证企业在风险发生时能够有效应对，控制损失。

92
产品符合技术标准侵权吗

经常会遇到这样的提问，我们的产品是按照技术标准制造的，侵权吗？"这个不好说，要具体问题具体分析"，我们通常会给出这句"废话"回答，但是这是一句正确的"废话"。

符合技术标准和侵权其实是两回事，技术标准是技术范畴，而侵权是法律范畴。

先说产品为什么要符合技术标准。制定标准的目的在于让供应链的上下游以及其他产业之间能够依据共同的标准进行分工，以达到整个产业能够共荣共存并扩大整体经济规模的目标。例如，无论你买的是什么品牌的手机，SIM卡都可以放进去并正常使用。所有手机制造商都要保证他们的产品符合通信技术标准，不然就不能被通信系统兼容，也就没人购买。所以某些技术标准是具有强制性的，是进入特定市场的必备条件。

相关产业链环节的技术都要沿着技术标准的特定技术方向发展、迭代，以实现产品的互通性和规范化。这一点在通信行业尤其重要，因此标准制定时，不同技术路线的技术持有者都会积极提案，争夺主动权和主导权，以期自己的技术提案会被写进技术标准中。

那么既然这是个技术问题，为什么会涉及侵权呢？因为技术标准中的技术方案往往已经被不同的创新主体申请了专利。技术标准如果是高速公路，那么那些申请了专利保护的技术方案就好比是高速入口收费站。产品要想进入市场，就必须走高速才能到达预设目的地，也就必须从这些入口上高速，那么自然地就要在高速入口付费，不付费还走高速就会侵犯他人的专利权。标准必要专利就是这样的高速入口。

标准必要专利（Standards Essential Patents，SEP）是指经技术标准体系认定的是该技术标准体系所必不可少的一项技术，且该技术是一项专利技术而被专利权人所独占。即标准必要专利是指实施该项标准必不可少的技术专利。技术标准是由各种标准组织制定的，而其中所涉及的技术方案的专利申请则是由各个创新主体自行实施。各国际标准组织通常都有专利信息披露政策，但是具体要求各不相同，部分国际标准组织的专利信息披露政策如表1所示。

表1 部分国际标准组织的专利信息披露政策[1]

国际标准组织		信息披露态度	信息披露主体	披露内容和范围	披露时间	专利检索和调查政策
ITU/ISO/IEC		鼓励	标准组织成员或其他主体	标准中任何包含必要专利主张的已公开的专利和潜在公开的专利申请	尽早披露，没有具体规定时间	不必负担专利检索和调查义务
美国	ANSI	鼓励披露	标准制定中的所有参与者	以"知悉作为判断标准"来确定	推断包括标准制定整个过程	不必负担专利检索和调查义务
	IEEE	应当披露	所有标准制定的参与者	已经知道的或怀疑其是否确实存在的专利	没有具体规定	不必负担专利检索和调查义务
欧洲	ETSI	应当尽合理的努力	所有成员（特别是正在为某一标准提供技术性建议的成员）	在合理的范围内（相关专利权可能使用的情况和相关必要专利的所有人）	没有具体规定	一般由欧洲标准制定机关自行检索，特殊情况由专利权人检索
	CEN-ELEC/CEN	希望披露	与该标准存在利害关系的人	任何有可能被意识到具有专利冲突的	没有具体规定	不必负担专利检索和调查义务
日本	JISC	鼓励	利害关系人	范围不超出标准制定参加人所规范的专利权	没有具体规定	国家标准制定组织负有有限的调查和检索义务
韩国	KATS	鼓励	标准申请人	对已知的专利在专利许可范围内披露	没有具体规定	国家标准制定组织负有有限的调查和检索义务

---

[1] 国家知识产权局专利局专利审查协作江苏中心. 标准与标准必要专利研究 [M]. 北京：知识产权出版社，2019：44.

那么，怎么管理因为技术合规问题而引发的专利风险呢？首先应该关注标准的制定动态，根据标准技术路线及时调整技术研发方向，以避免相关产品不符合标准，无法进入市场或者因技术路线不同而错过发展机遇，这种风险可能会对企业的运营产生非常大的影响，因此知识产权部门应该保持敏感性并及时与技术部门进行沟通。

其次，在关注之外，应积极参与并争取影响标准的制定。近年来，人们常常能看到华为、中兴参与相关标准制定的新闻报道，这反映出这些企业对于标准制定工作非常重视。如果自己的技术能被写进标准，并且自己持有相关必要专利，那就会在未来的专利许可费洽谈中多一些主动，甚至可能会为其带来可观的许可收入。比如现在市场上很少能看到诺基亚手机，但是作为曾经的巨头，其持有相当数量的通信标准必要专利，这些专利至今仍可以源源不断地为其带来收入。

如果自身的产品进入市场必须符合相关技术标准，而有些专利权被他人持有，则应该积极寻求达成合理的许可授权条件。原因很简单，标准必要专利的持有方往往是技术实力和公司实力都很强的大公司，这些大公司的技术标准及法律保护强度都相对较高，且因为其持有的是进入市场所必须采用的必要技术的专利，其他公司很难规避。如不及时获得授权许可往往会被这些大公司起诉侵权，影响产品上市销售，给企业带来不利的影响，甚至影响企业的生存。

那么，获得许可授权的成本是多少呢？标准必要专利的许可费计算需遵循FRAND原则，即通常所说的公平、合理、无歧视。但是FRAND原则是个模糊不清的承诺，没有非常清晰的具体操作规定，所以在标准必要专利纠纷中，基于FRAND原则的许可费率常常是热点议题。FRAND的"公平"原是指专利权人需要对所有标准实施者公正和平等地分配利益，双方地位平等，需公平地分配权利、义务和风险。

"合理"主要是指专利的许可费合理。合理通常是相对的，而且更侧重结果合理。关于许可费率的计算一直是商业和司法难题，美国司法实践以采用著名的"Georgia-Pacific"因素来确定为共识，其提出的15项因素包括：①专利权人历史收到的权利金证据；②被许可人对于类似专利曾支付的许可费；③许可协议的性质（普通、独占、排他）以及许可范围；④专利权人的专利策略及销售策略；⑤专利权人和被许可人之间的关系，例如商业关系、竞争对手关系、发明者或者销售者的关系；⑥销售专利产品对于被许可人的促销效果，搭售产品的数量是否增加；⑦专利权的期限；⑧专利产品的获利，商业上的成就，受顾客欢迎的程度；⑨专利产品与现有产品的优势；⑩专利权人因专利商用获得的好处，使用专利获得的好处；⑪被许可人使用专利的程度，以及所获得的价值；⑫在特定产业领域中的惯例，以卖家或者利润的一部分作为许可费；⑬应归功于专利部分的获利，而不是非专利部分，制造、商业风险及其他附加特色或者改进所带来的利润；⑭合格的专家证人的证词和观点；⑮专利权人和被许可人在合理且自愿的情况下签订许可协议时，从侵权之日起算，所可能达成的许可费，一个精明的被许可人，为达到企业目标而获得目标专利所愿意支付的许可费，该许可费能够使被许可人有利可图，且也能让权利人所接受。关于许可费的计算，国际上或者国内都没有统一的计算方法。但是大的原则是专利权人不能因为专利被纳入标准而获得额外的收益，否则专利权人进行专利绑架，予取予求，不利于技术的推广和进步。

"无歧视"首先是专利权人不得拒绝许可，就是竞争对手也要许可。其次是关于交易条件的无歧视，主要是指交易条件基本相同的被许可人的许可条件应大致相同，不应对同一领域内的交易条件基本相同的标准实施者提出歧视性的许可条件。这里的条件基本相同主要是考虑专利实施者的生产规模、专利使用情况、交易环境等。这些因素本身都非常复杂，难以进行准确的横向比较以确定是否属于相同的交易条件，因此"最小可销售专利实施单元"通常作为费用计算的基础，再结合标准的价值以及标准必要专利对标准作出的贡献来确定。

FRAND 原则允许市场正当竞争单位内合理的许可费差别，但是许可费不能超过已使用该专利的产品利润的一定比例。在实际纠纷中，专利实施者常常会以专利权人违反反垄断法律和反不正当竞争法律作为理由要求救济，美国的反垄断法律主要是1890年的《谢尔曼反托拉斯法》、1914年的《联邦贸易委员会法》和《克莱顿法》；欧洲的《反不正当竞争指令》尤其强调对于市场垄断地位的滥用；我国的《反垄断法》于2008年8月1日起实施，国家发展和改革委员会曾经因高通收取不公平的高价许可费对其作出60.88亿元的处罚❶。

---

❶ 国家知识产权局专利局专利审查协作江苏中心. 标准与标准必要专利研究 [M]. 北京：知识产权出版社，2019：53.

93
申请专利有没有风险

申请专利有没有风险？这个题目乍看起来可能有点奇怪，其实这里说的风险是广义上的一种风险，更多的是关于该不该申请，什么时候申请，怎么申请。

那么，什么该申请专利，什么不该申请专利呢？一个技术方案值得保护首先是它有价值，要么对自己有价值，要么对他人有价值。采用什么方式保护通常需要考虑很多因素，粗暴一点的判断标准就是别人不容易或不能知道的技术方案可以用技术秘密保护，比如可口可乐的配方，只要不被破解就可以一直保密下去；反之则应该考虑申请专利，这样即使别人知道你的技术方案也不被允许实施，这就是以公开技术方案来换取一定期限内的垄断实施权利。

所以该不该申请专利，知识产权工作人员可以和研发人员一起讨论，如成果有什么价值、别人能不能仿制、一看就懂还是需要投入巨大的人力和时间来实施反向工程、公开后会不会暴露自己的技术路线、有没有授权前景等，综合考虑各种因素来确定合适的保护方式以避免给企业带来损失，这部分工作的风险管理就在于让成果得到有效保护。

如果考虑申请专利，接下来的问题就是什么时候申请，最根本的是公开前申请。什么叫公开呢？在实际工作中可能出现的因公开导致自己不能授权的情况，包括自己的论文在先发表、开发布会、网站宣传、参加展会等。现在有些期刊的在线发表从接收到在线公开非常快，所以研究人员在投稿之前要计划好时间，一定要在在线公开前递交专利申请文件，哪怕因为时差原因差一天也不行。企业对于取得的重大科研成果突破或者新产品上市可能会开新闻发布会进行宣传，通常这都需要计划一段时间，知识产权人员应该对这些活动计划保持敏感，尽早开展相关工作，因为准备技术交底书、撰写专利申请文件、提交申请都需要一定的时间。紧急情况下，则可以和专利代理人员沟通加快进程，极端情况下，也可采取优先保证核心技术方案被申请文件覆盖的方式，之后再利用优先权制度提交更完善的后续申请文本。

除了技术内容的公开可能给自己申请专利造成困难之外，还有其他的一些"商业内容公开"也可能会给自己"挖坑"。比如公司网站、产品宣传册、展会展板详细列举处于申请中甚至还没有公开的专利清单，甚至还会"归类"，如哪个产品申请了哪些专利，白白给竞争对手送去情报，收集这些信息其实也需要花费很大的精力，特别是处于保密期未公开的专利信息，公众根本检索不到。如果考虑宣传效果，可以公开一共多少项专利，确实需要罗列，也可以隐去部分申请号信息，如非必要尽量不要归类。

现在申请专利很方便，可以通过代理机构提交，也可以通过电子客户端由本人提交。申请表中有一些选项，比如是否要求提前公开，是否要求进入实质审查等，笔者在工作中询问过不同的申请主体，有一定比例的申请人都是直接勾选这些选项。专利申请后有 18 个月的保密期，也就是说如果申请人不申请提前公开，要等到申请提交 18 个月后，相关申请文件内容才会被公开，其他人才能查询到提交的申请，申请了什么内容。所以，是否提前公开可以根据想要达到什么目的来自主决定。因为，一旦公开不仅对别人提出了更高的创造性要求，对自己也会有同样的影响。如果不急于授权也不需要进行防御性公开，则不必申请提前公开。一方面可以避免竞争对手快速跟进并对自己的在研技术进行战略性布局，另一方面也有利于自己对在先研发的技术进行进一步的改进以及完善布局。提前公开是随时都可以提出的，如果客观情况发生了变化，申请人可以作出及时调整，所以申请后的动态监控非常有必要。一些信息迭代更新很快的领域通常选择提前公开，比如通信领域总体公开期限就会比医药领域要早。一方面是考虑发明专利公开后才能审查，早公开、早审查，自己才能早授权；另一方面公开后也会给竞争对手造成更高的授权难度。但是医药领域的产品周期非常长，一种新药的研发可能需要十几年才能上市，自然不希望太早被竞争对手跟进，所以就没有动力提前公开，甚至会合理利用程序让申请处于"悬而未决"的状态，因为保护范围的不确定性，使竞争对手在作研发决策时难度会更高，不知道自己的产品会不会落入别人的保护范围。

以上都属于技术层面的风险管理，主要是防止不当技术操作带来的保护方式不当、无意识"坑自己帮对手"这种"神助攻"。知识产权管理人员应选择合适的保护方式、恰当的申请时机对宣传通稿给出建议，对外出参会的技术人员和销售人员进行适当培训，防止无意识泄露技术和商业机密，给公司造成损失。

除了这些技术风控之外,还有一种情况需要注意。在一些初创企业,初始时申请专利可能会以创始人作为申请人提交申请,也不一定会委托专业的代理人员帮助处理,这其中有两个问题,一个问题涉及权利归属,在公司运营进入正轨后,应考虑及时变更权属便于统一管理,以免疏于维护,带来损失;另一个问题是术业有专攻,专利本身是技术内核、法律外衣,且不说审查意见通知书能不能看得懂,理解得对不对,就是答复期限监控、答复文件的格式也会很让人头疼,不小心错过了期限,又因为不熟悉规定不知道还有可能恢复就放弃了,那才是"省小钱遭大罪",得不偿失。

申请专利有没有风险大多取决于公司的运营管理情况,在风险管理中企业应考虑制定相关管理制度、流程,通过宣传、培训提高员工风险意识及风险管理能力,将功课做到前面,将执行落到细处。

94
技术引进有哪些专利风险

新闻报道中经常提到引进、消化吸收和再创新，因此人们对此比较熟悉。技术引进是企业日常经营中的一件大事，过程通常都比较复杂，涉及的交易金额也较大。那么技术引进具体涉及哪些专利风险？企业可以按照"引进—消化吸收—再创新"这三个阶段进行梳理和防控。

在技术的引进阶段，首先要确定引进技术的先进性，这部分主要涉及技术问题，可以由技术部门来进行分析，知识产权管理部门可以利用专利分析的手段提供信息支持。其次是针对引进的技术标的，明确是专利技术还是专有技术，再组织专业人员开展知识产权尽职调查。

如果是专利技术，在形式上应确定有多少专利、专利内容是什么、其法律状态如何、分布在哪些国家、保护期还剩多久、输出方是不是权利人等。具体可以先从复核开始，有时候简单的复核就能发现问题。比如输出方提供的专利可能已经失效或快到保护期限，还没有取得专利权且同族专利被驳回或者授权前景不乐观，没有中国专利或只在中国有专利，有些专利的保护区域不是目标市场国，输出方不是权利人等。对于已失效、非目标市场区域的专利当然不用付费，应该从清单中剔除；对于快到期或授权前景不乐观的专利则可以考虑重新确定价格；如果输出方根本不是专利权人或者在企业所在的市场区域根本没有专利，那就没有必要再进行合作了。对于这些形式上的问题复核，一般公司内的知识产权工作人员都可以承担，并不需要太高的检索技能。而且在企业购买的大多数专利数据库中都可以查到，如果没有购买数据库也可以登录图1所示的国家知识产权局的专利检索及分析公共服务平台(http://www.pss-system.cnipa.gov.cn)进行免费查询，如果没有专业人员也没有数据库，则可以考虑委托社会服务机构进行查询。很多企业因为上述问题花了冤枉钱其实很不值得，知识产权工作人员也应该积极行动起来，提示领导相关专利风险并进行防控，这也是工作岗位价值的体现。

图1　国家知识产权局专利检索及分析公共服务平台

通过对专利清单信息的复核可以证明输出方有没有撒谎，但不一定能证明输出方是否诚实，所以还需要进行独立调查，以对一些问题进行进一步确认，比如输出方在商务上有没有对外许可、是否存在法律纠纷、是否存在隐瞒/错报/漏报、关联技术情况、是否存在共同权利人等。关于这些问题，企业可以通过开展独立调查来确定。

对外许可、法律纠纷可以在一些专利数据库中的"法律事件"模块下尝试查询，如果相关许可有备案、纠纷有记录都可以通过查询确定，另外也可以了解到专利权是否存在转让历史。如果权利人已经将专利许可给他人，则应该进一步确认其许可对象、许可方式以评估已有许可对自己的影响并考虑是否需要对合作价格进行调整。如果专利存在共同权利人，则应该关注输出方是否对相关专利有控制权。有些主体虽然在法律上是专利权人，但是其与共有人之间可能对专利权的使用分配存在约定，引进方应该确定其权利边界。对于法律纠纷，如果相关专利经过无效依然维持，则可以说明其稳定性较高，但并不一定说明其技术先进。专利权的稳定性与技术的先进程度没有必然联系。经过无效的专利可能会存在保护范围的缩小，引进方应认真细致地确认和评估。

俗话说，"害人之心不可有，防人之心不可无"。有一些不诚实的输出方有时候会故意漏报一些专利信息，比如已经提交了改进技术的专利申请，但是因为处于保密期没有公开就不对技术引进方公开，造成引进方引进的技术先进性大打折扣，没办法只有再花成本引进改进技术。针对这样的情况，双方可以通过条款来进行约定，以避免"落后—引进—再落后—再引进"这样的恶性循环。18个月保密期不公开是比较专业的知识，一般管理者不会了解，因此知识产权工作人员应该对这一点作出提示，供管理者决策参考。

另外，除了以输出方为主体进行查询之外，还可视情况以主要技术发明人为线索开展检索。有时候引进技术的技术发明人供职于几个主体或者与其他主体之间存在合作，有可能把相关技术的部分研究成果在不同的主体申请专利，厘清这些情况可以帮助引进者判断所引进的技术是否存在关联技术，未来实施时是否会存在障碍或者侵权风险。

引进—消化吸收—再创新这三个阶段，引进阶段是基础，需要做好尽职调查，不花冤枉钱，争取以合理对价完成技术引进。消化吸收阶段相对来说要考虑的专利风险较少，主要注意对方技术的专利保护情况以及专利保护期。因为这一阶段主要是为再创新奠定基础，如果在对方还有非常强的保护壁垒、非常长的保护期的专利技术基础上再创新，再创新的技术未来实施过程中也很容易会有自由实施的问题。在消化吸收阶段，能够规避的技术方案可以考虑进行规避设计，消除基础问题。无法规避的则可以考虑尽早提示风险，做好防控预案。

再创新实际上是大部分引进方引进技术的终极目标，但在关于创新成果的权利归属、使用权利上常常会遇到一些问题。比如引进合同限定了引进方不能就相关创新成果申请专利，要无偿将改进创新的成果给输出方使用等。这些都是不合理的，有些是引进合同中的条款不合理，是历史遗留问题。专利技术是以公开换保护，引进方可以把在引进专利技术的基础上再创新的技术成果申请专利。关于再创新成果的专利是否要无偿许可给输出方使用，则要根据双方的合同，约定优先。反许可不是引进方的一个必然义务，但如果双方同意也是可以的，具体是无条件许可还是以一定的对价，双方可以具体洽谈约定。同样的，输出方在输出技术之后如果又取得了进一步的技术改进成果，原来的引进方是否可以优先、无偿还是以一定条件来获得技术的许可使用，也是双方约定优先。

知识产权管理人员应做好引进环节的知识产权尽调，帮助企业厘清技术标的的真实专利保护情况，规避不合理的合同条款，为未来消化吸收、再创新奠定基础。同时注意再创新成果的恰当保护，帮助企业积累议价资本。技术引进的专利风险规避和管理非常重要，因为它不仅关系到是否可以让企业不花冤枉钱、少花冤枉钱这个里子问题，也关系到企业管理人、知识产权管理者未来会不会被其他同行笑话这个面子问题。

95
专有技术引进有哪些风险

专有技术引进较之专利技术引进更加复杂,因为它的不确定性因素更多,更加"神秘"。专有技术就是技术秘密,也称 know how。既然是秘密,自然是不公开的,所以首先引进的这个秘密到底是什么,包括哪些内容,标的本身的界定就是个难题。其次,输出方主张的技术秘密引进方是否认可,认可哪些,双方能否达成一致,这也是个问题。最后,注意引进方之后的进一步技术创新,输出方能不能使用,引进方能不能申请专利保护。上述的三点是需要注意的主要风险点。

关于专有技术引进标的界定的问题,很多合同中并不明确,表述都比较笼统、上位。输出方通常更倾向于把它表述成一个整体技术,引进方想弄清楚却因为对技术不了解而无从下手。然而真理越辩越明,引进方虽然不了解具体的技术,但是对行业整体技术情况应该比较了解。首先可以要求输出方进一步明确其专有技术具体包含什么,列出清单;其次可以将技术进行分解,再进行技术比对,剔除那些自己有的、已公开的技术,逐步锁定专有技术模块,比如是在于设备、生产工序、参数设置还是在于安装调试等。这一点看起来好像和专利没什么关系,但通过对输出方专利以及行业技术专利进行分析至少可以帮我们排除一些秘密点或者完成专有技术的模块划分,不至于没有重点。通常人们难以非常清晰明确地界定专有技术标的到底有哪些,在这种情况下,引进方可以以专利信息公开的一些参数、产率、产量作为参考,通过对引进技术使用效果的描述约定来设置兜底条款,保证己方的利益。所以,知识产权人员应积极贡献力量,提供资料,帮助企业做好合同风险管理。

关于双方对专有技术的秘密点达成一致的问题,虽然比较难,但是至少可以排除两部分,一部分是输出方公开的,另一部分是引进方公开、自有的。输出方的部分除了要查引进方的目标市场区域的专利,还要查输出方其他区域的专利,甚至是其上一级输出方的专利。例如,引进方只想引进专有技术在中国市场使用,经确认美国输出方在中国没有专利,不能因此就确定它是专有技术,因为输出方可能在美国申请了专利,技术其实已经公开了。而且,如果美国公司曾经把技术许可给英国的其他公司,那么英国公司申请的专利也可以用来作为界定的参考坐标。

除了专利之外,科技文献、会议资料等公开信息也可以用来排除秘密点,确定专有技术边界。关于引进方自己已持有的技术部分,专利以及文献等公开资料可以公开查询,容易证明。关于自己持有的技术秘密,这一部分因为不能公开具体信息而存在一定的证明难度。在谈判中,引进方可以在不公开具体技术信息的前提下,出示相关内部文件目录、编号等予以证明。

那么,如果在合同中输出方能保证引进技术的使用效果而且也有配套的保证措施,比如限定具体的产量、产率、合格率等技术指标以及人员培训、带教等,是不是就不必纠结于具体的专有技术边界以及技术内容了呢?结果并非如此。在专有技术引进合同中,通常都会有相关技术的使用区域、使用期限、使用条件以及保密等要求条款,除此以外还会就改进技术的保护、回授等进行约定。专有技术不同于专利技术的一点就是它的不公开性,只要相关技术没有被公开,它就可以一直以秘密的形式保护下去,不同于专利会到期进入公知领域。如果不确定清楚,则可能为不是秘密的技术买单,而且是初始买单,终身买单。比如自己在此基础上进行了技术改进,想要申请专利,就可能因为"不能将在引进技术基础上进行改进的成果申请专利"这样的条款而无法申请专利及时固化自己的成果以阻碍竞争对手,提升自身市场竞争力;或因为"引进方在引进技术的基础上作出的相关改进技术成果,应无偿回授给输出方使用,并且输出方有权将其许可给其他市场主体"而不得不拱手奉上自己的成果却得不到应有的回报,甚至间接为自己制造竞争对手;或因为"引进方如在授权区域外使用其改进技术,则应该向输出方缴纳相关专有技术使用费用"而多次重复缴费。这些都是关系到引进方实际利益的风险,不能稀里糊涂,应明晰边界,明确内容,把钱花在明处,将风险关在合同条款的笼子里。

专有技术引进的风险管理较专利技术引进的最大不同在于其不透明性,无法像专利技术那样清楚地进行形式复核,自己调查也显得有点无处下手,这是它的管理比较困难的原因。解决方案在大的原则上可以通过合同条款约定,兜底保证引进技术的效果;在具体的风险管理防控上,则可以考虑让输出方确定什么是秘密点,自己通过专利信息、科技文献以及自身掌握的技术秘密来排除什么不是秘密点，尽最大可能把具体边界划清楚；最后针对改进技术的保护、使用、回授进行合理的约定，为未来技术改进再创新的保护清除法律障碍，为自己在更大范围内使用改进技术节约成本，进一步为自己取得合理回报、规避市场竞争创造条件。风险管理重在预防，早期介入、未雨绸缪才能掌握主动权。

96
什么是 FTO

　　FTO 是什么？有人说是自由实施（Freedom to Operate），也有人说是上市前风险预警，说法不一，但其实质内容和意思非常相近。从字面上来看，FTO 是指自由实施，是其英文表达 Freedom to Operate 的首字母缩写。从实质内容上来看，大多数人谈论的上市前风险预警的内容也是确定在目标市场区域上市销售会不会有风险，有多大风险及其风险来源等，换句话说也就是能不能自由实施、自由销售。

　　那 FTO（自由实施）到底是什么意思？一项技术的自由实施指的是实施人可在不侵犯他人专利权的前提下对该技术自由地进行使用和开发，并将通过该技术生产的产品投入市场。更广泛意义上的 FTO 还包括实施技术是否不违反其他法律法规，合乎市场规范等，有时也称为 FTO 尽职调查。本文讨论的 FTO 只限于专利范围，不作更广范围的延伸。

　　FTO 之所以被重视，首先是因为它关系到会不会被加倍惩罚。在美国，如果侵权人被认定为故意侵权，就有可能面临高额的惩罚性赔偿。因此，企业在侵权纠纷中会提交 FTO 分析报告，抗辩自己没有主观恶意，不是故意侵权，不应适用惩罚性赔偿。在中国，虽然目前的《专利法》暂时还没有关于惩罚性赔偿的规定，但是法院在判定赔偿额度时也会考虑侵权的性质和情节，是否故意侵权也是法院的考量因素之一。

　　除了侵权赔偿方面的风险考虑之外，企业有时候出于商业目的也会开展 FTO 分析。如果技术持有者准备进行融资或者启动 IPO，那么 FTO 报告就会增强投资者的购买信心，有利于提升股价。如果技术购买者，比如企业想要并购某个企业或者引进某项技术、某个团队，就需要考虑并购/引进后会不会有其他方面的风险或者有什么不利因素，如果可以自由实施不受限制，则其并购/引进的商业目的就能够实现；如果有其他风险，例如还需要额外取得其他人的许可，则显然会影响商业合作标的的定价。除了主动开展 FTO 分析之外，有时候也会应客户要求被动开展。假如客户是集成商，而企业是原材料/

部件供应商，如果企业生产的产品侵犯他人的知识产权，则客户也可能会因为使用了侵权产品而被第三方专利权人起诉侵权，进而影响市场销售和公司运营。因此，有企业合作时就要求供应商提供FTO分析报告，这样至少可以在未来遭遇诉讼时证明自己尽到了谨慎的注意义务，没有主观故意侵权。

那FTO具体分析什么呢？为什么它可以说明侵权人不是故意侵权呢？FTO分析的内容和对象主要是有效的授权专利和在审中（可能会获得授权）的专利，以及现有技术（失效的专利、科技文献等），分析的主要目的是证明实施的技术不在他人的受保护的专利范围之内，或者证明实施的技术是现有技术（不受保护，大家都能实施）。如果企业经过充分努力（专门做了检索、分析），发现所实施的技术是上述两种情况之一，那么企业在主观上就是谨慎的，尽到了注意的义务，因此不存在主观侵权的故意。

为了完成这个证明，就要进行比对。比对就好像照镜子，看看里面两个技术到底像不像，有多相似，所以需要确定自己长什么样，再根据自己寻找镜子里是否存在和自己相像的人。

首先在分析中要先明确被分析的技术标的，先弄清楚自己的产品或技术，给自己画个像。其次确定去哪找，即确定目标市场区域。这里强调在目标市场区域内检索是因为专利保护的地域性属性，如果风险专利不在目标市场地域内就不用考虑。比如产品只计划在中国销售，而相关风险专利是美国专利，并没有进入中国，则不用考虑，可以自由实施。而且不同国家和地区的专利法律制度会有所不同，因此在分析时还要把技术、风险专利和地域法律制度规定结合在一起进行综合分析。

确定了去哪找之后就需要具体检索，根据自己的技术画像在目标市场区域的地域范围内进行检索，查找确定是否存在侵权的专利风险。在检索时要注意查全率，也就是说全面排查风险，不能挂一漏万。竞争对手要重点关注，但是不能只关注竞争对手，因为其他的权利人也同样可能会发起诉讼，相关的风险专利也可能会流转到竞争对手手中。

经检索锁定一些风险专利后就要进行比对，一般分析人员可以在初筛中剔除一些明显不相干的专利，从而生成一个相关度更高的专利清单进行进一步分析。在进一步的分析中，可以请技术持有人的技术人员参与讨论，明确技术差异，建立细化的技术特征确定标准，从而得出更客观、可靠的分析结论，明确技术产品与专利权保护范围之间的风险相关度，为企业的产品上市销售提供依据。

所以拟销售的产品或拟实施的技术本身技术特征的确定非常重要，与分析结果息息相关，因此FTO分析开展的时机也常常被讨论。基于FTO分析的客观情形，可以说没有最好的时机，只能根据自身情况"量体裁衣"。有条件的情况下，可以在研发早期就跟进排查及提示风险，阶段性根据技术方案和专利变化情况更新分析结果，必要时实施技术方案规避，避免大量投入造成浪费，待产品技术确定后，再进一步根据定型的产品/技术最终确认风险。

FTO是什么，通过开展FTO分析明确自由实施的风险，体现了技术实施者对他人知识产权的尊重，既可以让自己免于惩罚性赔偿，也能让自己早日了解风险，管理风险。

97
"出海"风险有哪些

"出海"意味着更广阔的市场,其中参展是非常重要的一个手段。成功亮相境外展会意味着敲开新市场的大门,有更多的订单和销量增长。然而,我国企业在"走出去"的过程中,曾经有不少企业因为不熟悉规则以及自身实力积累不足,吃过亏、摔过跟头。前事不忘,后事之师,有计划"出海"的企业应提早准备,有备无患。

结合过去的案例,"出海"可能出现的风险大概会有以下几种情况:①在目标市场区域被诉侵权;②"337调查";③区域技术标准壁垒;④遭遇知识产权海关保护;⑤在展会被投诉知识产权侵权。

在海外市场被诉侵权大家很容易理解,和国内纠纷相比,变化的是知识产权的纠纷发生地域由国内变成国外,主要的挑战在于不熟悉国外的法律和相关程序,应诉成本高。

"337调查"是进入美国市场需要考虑的特定地域风险,在本书中有专门章节进行介绍。区域技术标准壁垒主要是指一些国家或地区的技术标准和我国标准不同,进而限制了我国企业在当地的市场竞争力。比如欧洲和美国对于打火机要求安装儿童安全锁,而相关专利又掌握在国外企业手中。我国企业没有掌握相关专利就只有选择退出其市场或者面临增加成本获得专利许可也因此失去竞争优势的境遇。甚至欧洲还对打火机的花色品种进行了标准规定,尽管我国企业的产品花色、样式设计繁多,让人爱不释手,市场竞争力强,也会因不符合相关技术标准而无法进入其市场参与竞争。

遭遇知识产权海关保护对于一般企业来说可能还相对比较陌生,非进出口企业一般不会遇到。知识产权海关保护是指海关可以依申请或职权对于涉嫌侵犯知识产权的进出口货物进行扣押以及调查、处罚。还有一种情况是过境转运查扣,比如之前曾发生过的欧洲国家对于在其海关过境转运的印度仿制药进行查扣就属于这种情况。印度的仿制药企业在印度生产药物并卖到拉丁美洲的一些国家,在出口地和进口地都是合法的。但是药物在运输途中要在欧洲进行转运,原研厂家对相关药物在欧洲有专利权,欧洲海关以印度仿制药企业未经许可生产涉嫌侵权为由查扣相关药物。虽然这种执法行为是否确实有依据值得商榷,但是企业在此过程中遭受损失是肯定的,我国出口企业应关注这种风险并合理规避。

海外参展侵权是指到国外参展被投诉侵犯知识产权,使得被要求遮盖相关展品,甚至展品被查抄,这些情形我国的一些出口企业曾经遭遇过。不仅使企业前期投入的参展费用打了水漂,还使客户的信心值下降,在国际上也为国家形象带来了不好的影响。为此,在2009年国家出台了《关于加强企业境外参展知识产权工作的通知》,帮助参展企业提高法律风险意识,加强指导和管理。

海外参展是为了吸引国外客户,进入外国市场,那么我们的出口企业就需要了解当地的法律法规政策,重视、尊重他人的知识产权。打铁还需自身硬,首先企业不能"裸奔出海"。企业自己应积极申请海外知识产权,注重积累。如果一时积累跟不上,也可以考虑购买知识产权或者获得他人的许可。我国曾有某个企业在海外参展时被一个国外竞争对手投诉导致被迫撤展,结果第二年在同一个展会上又被另一个国外竞争对手再次阻击的惨痛教训。"赤手空拳出海"很容易被当成目标,如果参展企业也"全副武装",对手也会认真衡量双方实力,不会轻易发难。

因此,在海外参展前,企业应积极做好知识产权预警准备,积极调查分析竞争对手的专利布局情况,摸底排查风险,整理出可能发难的竞争对手及其可能采用的专利清单,逐一进行分析。同时请企业的知识产权人员或者聘请外部专业人士对参展人员进行培训,规范员工的言行,不落人口实。心中有预案,才能从容面对纠纷,说不定还能转危为机,顺势做好宣传,给行业留下良好的印象。

一个企业的精力是有限的,参展企业应积极主动向组织(行业协会、组展单位)靠拢,了解参展当地的法律环境、展会执法政策。行业协会、组展单位相对参展企业来说肯定见多识广、经验丰富,组织协调能力和资源也都更强。行业协会还可以在应对知识产权诉讼中起组织作用,集中行业力量共同应对知识产权纠纷,降低风险、分摊成本;统筹利用国内企业、研究机构等有关方面的知识产权资源,增强集体谈判优势,提高企业应对涉外知识产权纠纷的能力。

如果企业在展前就嗅到了危险的味道,比如有同行之前被阻击了、自己和竞争对手有知识产权纠纷、曾收到过侵权警告函，甚至正在洽谈合作等，就更应该准备充分，做好危机应对预案。比如慎重选择展品，如果风险过大可以考虑暂不参展，以免被展会执法并且将其作为未来知识产权纠纷的进一步证据。对可能发生知识产权纠纷的展品，准备好有关知识产权权利证明文件、未侵犯知识产权鉴定报告等材料，必要时可以在参展前提交给展会主办方及其所在地法院，尽可能避免仅根据知识产权权利人单方面诉求而引发知识产权执法。

另外，要具体情况具体分析，如果对方可能发难，首先可以查看其是否存在同族专利及其在各国的授权情况，初步判断权利稳定情况。其次也可以考虑提前对其提起无效，扫除障碍。最后还可以考虑聘请当地专业法律人士作为自己的顾问，为自己提供咨询并处理当地相关法律事宜。除此之外，也可以和我国驻当地的政府机构加强联系，寻求支持和帮助。

随着我国企业知识产权保护意识的提高以及实力的积累，现在很多企业已经有了比较好的基础，也可以考虑利用参展的机会收集竞争对手的侵权证据、申请展会执法阻击竞争对手。比如展会正式开展前相关展商会进行展台布置、展品摆放，自己可以提前到相关展位参观了解情况，明确竞争对手是否有相关展品参展，留意其展位号、具体位置等，收集相关资料、证据以便之后提交相关部门申请执法或者留作日后的知识产权纠纷侵权证据。

为保障企业顺利"出海"，应尊重他人知识产权，了解海外知识产权政策，做好"出海"风险预警，加强自身实力储备，落实纠纷应对预案，知己知彼方能顺利到达目标市场彼岸。

98
什么是"337调查"

所谓"337调查"是美国依据《1930年关税法》的第337节针对进口贸易中的不公平行为采取的一种措施。这里的不公平行为主要是指知识产权侵权,具体包括多种形式,如专利、商标、著作权、集成电路布图设计、商业秘密、虚假广告涉及进口产品的反垄断问题等。尽管《1930年关税法》第337节明确规定,该条款针对的是不公平贸易行为,并非仅针对贸易(包括进口和在美国销售)中侵犯知识产权的行为,但在实践中,依据337条款启动的调查绝大部分涉及知识产权侵权问题。

"337调查"所依据的实体法主要包括美国专利法、商标法、著作权法和商业秘密等。

"337调查"是行政调查程序,但在调查程序、调查方式方面与美国民事诉讼有很多相似之处,是准司法程序,调查后可以发布惩罚措施。

那谁是"337调查"的调查当事方呢?调查当事方包括申请人、被申请人和第三人。申请人是向美国国际贸易委员会(United States International Trade Commission,ITC)提出申请发起"337调查"的当事方,其宣称一项或多项知识产权受到侵犯,或者受到其他不公平行为的影响。申请人可以是一个或者多个实体或自然人,也并不一定来自美国,可以来自其他国家,只要其能证明美国有涉案的知识产权相关的"国内产业"或者证明这种产业正处于设立过程中即可。被申请人相当于诉讼程序中的被告,申请人通常会将其认为的侵权产品的所有制造商和进口商列为被申请人,不同案件的被申请人数量不同,少的只有一个,多的高达50个。第三人是指还没有被列为被申请人而主动申请介入的"介入者",其可以是涉嫌侵权产品的生产商、进口商和消费者。

行政程序都是由具体的机构来开展执行的,"337调查"具体由谁来主管,又怎么开展调查呢?ITC是"337调查"的主管机构,其职责主要是对国际贸易行为进行调查和监督,执行国际贸易法律,防止和处罚国际贸易中的不公平贸易行为,如倾销、补贴、知识产权侵权等。ITC内与"337调查"程序相关的部门或者人员包括不公平进口调查办公室及其调查律师、行政法官、委员会、总法律顾问办公室等。

"337调查"由一名行政法官（Administrative Law Judge，ALJ）负责审理，参与方主要是ITC、申请人和被申请人，也可能涉及第三人。程序上依次是立案、开示程序、开庭、行政法官初裁、委员会复审和终裁、总统审查等。

"337调查"之所以影响很大，是因为它的处罚措施可能会给企业的经营带来重大影响。违反337条款，可能会涉及以下3种处罚措施：排除令、制止令和临时救济措施。

排除令分为有限排除令和普遍排除令，主要是为了禁止涉案产品进入美国，由美国海关执行。有限排除令禁止被申请人的涉案产品进入美国。普遍排除令则针对的是产品，不限于被申请人的产品，即来自不同国家和地区的涉案产品都会被不问来源地禁止进入美国。

制止令主要针对美国企业，尤其是被调查企业在美国的分支机构，由ITC自行实施。制止令主要是为了禁止继续销售已经进口到美国的产品。

临时救济措施包括临时的制止令和（或）排除令，由申请人提出，由ITC决定是否颁布，标准较为严格。

多长时间会出调查结果呢？"337调查"吸引专利权人向ITC寻求救济的原因之一就是它采用加速程序，通常12~15个月就可以走完完整的调查程序，作出裁决并发布救济措施，案件的复杂程度会影响审结时间，总体来说审结时间较短。图1以15个月为例列出了一个完整的"337调查"的大致进度时间表❶。

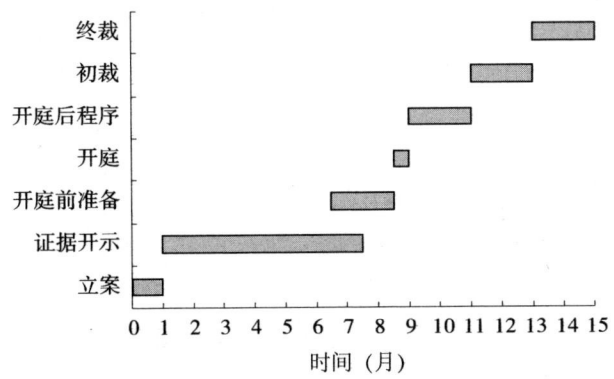

图1　"337调查"的进度

---

❶ 冉瑞雪. 337调查突围：写给中国企业的应诉指南 [M]. 北京：知识产权出版社，2015：55.

近年来，常有报道关于企业遭遇"337调查"，那如果自己的企业被调查，该怎么处理应对呢？根据"337调查"的有关法律规定，被申请人不参加应诉视为对申请人指控的承认，ITC可以据此作出裁决。所以，不管被申请人实质上有没有侵犯申请人的知识产权，不应诉就相当于放弃了美国市场。

"337调查"的应诉成本很高，可能达到几十万美元到几百万美元不等，所以对于涉案企业来说首先要考虑是否应诉。是否应诉主要考虑四个因素：美国市场对于企业的重要性，侵权可能性及侵权应对方案，诉讼费用及应诉能力，不应诉的后果。如果美国市场对企业非常重要，而且侵权可能性高，则企业可以考虑积极应诉并尽可能控制成本，如制定更科学的应诉策略、和解尽早结案、联合其他被申请人资源共享以及根据情况选择合适的律师并合理控制应诉过程中的其他费用等。

对于侵权可能性较大的产品，企业在应诉过程中还可以尽早开始进行规避设计并考虑无效对手的专利。ITC并不限制经过合理规避设计后的产品进入美国市场。在行政法官宣布初裁结果和委员会宣布终裁结果前，被申请人可以请求其对规避设计的产品是否侵权发表看法。此外，被申请人也可以在委员会颁布排除令后请求其进行咨询意见程序，由其对规避设计的产品是否侵权发表意见。

第八章　风险管理

99
日常工作中会涉及风险管理吗

　　专利风险管理听起来似乎只有那些大公司或者涉诉的企业才会涉及。大多数公司日常工作中一般不会涉及诉讼，知识产权管理部门的日常工作主要是为研发部门提供支持，助力创新和进行专利申请，似乎和风险管理没什么关系，其实不然。

　　风险管理的目的是降低或者消除潜在的风险可能带来的损失，本质上就是不产生或者少产生额外的支出。所以，如果知识产权部门通过做好助力创新和专利申请等日常事务，未雨绸缪，规避风险，就能加速创新、有效保护创新成果，实际上这也是在做风险管理。所以，公司也应该重视"日常工作"的价值，俗话说得好，"省钱就是赚钱"。

　　那么，研发工作中知识产权部门如何做好风险管理、加速创新呢？对于以研发业务为主的中小型企业来说，选择合理的研发路径可以避免技术成果因技术路线问题被快速淘汰，必要时还需要进行技术方案规避以免因涉嫌侵权而降低技术成果价值。如果能充分利用现有技术信息加速研发、缩短周期就等于变相降低成本并更快产生盈利。中小企业的知识产权工作人员往往隶属于研发部门，和研发人员沟通比较顺畅，也有机会参与研发部门的技术研讨会，这些都为知识产权助力创新、管理风险奠定了基础。

　　研发要解决的首要问题是，快速研发出成果。专利法的立法宗旨是以公开换保护，90%以上的技术文献都会在专利中公开，而研发人员通常因为专业的关系，不太熟悉专利数据库的使用规则而不会检索或者检索不到，那么知识产权工作人员的检索帮助就非常有意义了。专利数据库中有大量的失效专利技术信息，充分利用这些信息就等于站在巨人的肩膀上，可以有效避免重复研发，浪费人力、物力还有时间，以更少的成本更快速研发出成果，这是加速研发。

除此之外,做好知识产权工作还可以规避风险。如果研发路线中相关技术方案已经被其他创新主体特别是竞争对手申请了专利保护,则相关企业将无法自由实施其技术方案。这也是很多企业在产品上市前会开展风险预警、排查潜在侵权风险的原因。虽然临上市前排查出风险为时已晚,因为一切工作都已完成,此时基本不可能改变技术路线,但是能做到心中有数,提前做好预案也是风险管理。实际这部分预警工作可以前置到研发过程中,立项前如果发现不可规避的风险就能及时终止立项,甚至改研发为并购、合作。研发中发现风险也可以及时考虑进行规避技术设计,甚至改知识产权辅助研发为引导研发。因为全面的专利技术文献分析可以揭示相关技术领域的研发热点、空白点以及技术发展趋势,包括竞争对手在哪些方面进行了申请和布局,同领域技术人员更容易通过专利信息公开的"蛛丝马迹"嗅出竞争对手的战略部署从而调整自己的战术。

专利布局本身就是没有硝烟的战场,知己知彼才能每一步都走在点(热点、空白点)上,占领技术高地。知识产权部门的信息分析工作就好像研发部门的技术探测器,不仅要发挥它的功能,还要早用、用好。

以上的日常工作在内容上更多的是助力研发创新,在风险管理上是未雨绸缪,排查风险,降低风险。但是创新成果不保护就可能被别人白白利用,不能产生其应有的价值,不能为企业的运营作贡献,所以挖掘、梳理创新成果并实现完善的保护非常重要。

知识产权人员在日常的风险管理中,首先应进行专利申请。申请是为了固化研发成果,俗话说,"巧妇难为无米之炊",第一步是做好挖掘,有技术成果材料才能进一步提出专利申请来保护。虽然单独谈申请数量没有意义,但是大多数行业都不能脱离数量谈质量。道理很简单,双拳难敌四手,如果对手的专利数量数倍于你,即使你手握核心关键技术,且每一个都是"杀伤性武器",恐怕你也需要慎重考虑一下。毕竟要想评估对方有多少战斗力是需要花费时间、人力和财力的。即使是像医药这种"一夫"(核心专利)当关"万夫"莫开的行业,也会考虑进行一定数量的布局以便更好地保护,变相延长保护期,所以申请数量通常也有其战略意义。因此做好充分挖掘,不让公司成果流失也是一种风险管理。

不过光有数量也不行,还要把申请尽量布局在关键点上。对于公司的核心技术、重要产品、战略产品不仅要重点挖掘——找到"金子",还要进一步做好撰写和答复工作,以期获得更合理稳固的授权保护范围——保得了,保得好。这样既可以支持公司销售宣传,掌握核心技术,也可以拥有自主知识产权,提升公司价值。

综上,专利风险管理并非只限于诉讼应对,打赢官司。除了这些重要的、紧急的、"高大上"的风险管理,它还存在于我们的平凡的日常工作之中。

100
人是否也是风险

风险管理很容易让我们想到要查风险、管风险、控风险，除了管事之外，我们还要考虑人，人也是风险。上到公司领导，下到普通员工，甚至即将要成为同事的"外人"都要管。

公司领导一般不会涉及具体知识产权事务。在公司组织员工进行知识产权培训时，如果有机会，可以请领导出席。领导也许不关心具体的事务，但是他一定会关心知识产权工作对公司运营的影响。另外，领导们时常要参加行业会议、审核宣传通稿、公司年报以及接受媒体采访，也很有必要了解关键注意事项。对于领导的管理只要能够让领导在相关事务中想到征求一下知识产权人员的意见就是成功。

对于普通员工的管理主要体现在两个方面，一是员工的对外交流，二是员工的流动影响。关于员工的对外交流主要涉及研发人员和销售人员。在申请专利的过程中，研发人员要负责撰写技术交底书以及按需要与专利代理师、专利审查员交流。企业申请专利有其自身利益的长远规划考虑，对于帮其撰写申请材料的专利代理师也会根据需要分享披露相关技术信息、设计构思、未来计划，但并不会完全毫无保留地和盘托出，因为这关系到企业的商业运营机密，而专利代理师虽然是合作伙伴，毕竟是"外人"，而且未来也可能会服务其他同行，基于利益和保密风险的考虑，通常都是有限披露分享。专利代理师需要正确理解申请人的技术才能帮其撰写高质量的申请，所以专利代理师常常会与研发人员就技术问题进行交流探讨。这种交流非常必要，但是因为专利代理师通常看不到也无法理解技术全景，而在对话中会不经意地使用专业术语，比如"有益的技术效果""技术手段""容易想到的"等，这些术语从字面上大家都明白，其实技术人员和法律人员的理解和解读方式可能差别非常大。实际工作中，双方要想达成一致，在一个"频道"里沟通对话是非常不容易的。研发人员通常对这些文绉绉的交流都很抵触，感觉"说话和听话都很累",还浪费了宝贵的研发时间。"被逼无奈"下就可能会给出"简单的肯定确认或否定回答",从而影响专利代理师的撰写和答复。知识产权工作人员可以考虑为研发人员提供相关交流的培训,使研发人员听得懂,答到点子上,必要的时候参与交流,"监督"研发人员"慎言"。

有时,研发人员也会和市场、销售人员一起参加展会,提供技术支持。不少同行都会利用这个机会,找对方的技术人员交流,因为技术人员往往比较"老实",会详细地讲解其设计构思、作用机理、技术方案、技术效果等。对于参会的技术人员更是如此,因为会议本身就是学术交流的地方,大家都是"知无不言,言无不尽"的。针对这样的情况,知识产权工作人员可以给出一个"负面清单",即告诉参会人员哪些是不能讲的,减少无意间的泄密。

除了和专利代理师、展会人员交流之外,在专利审查过程中,技术人员也可能会参与到与审查员的交流中。审查员的审查思维决定其思考的方式、发问的问题以及使用的交流术语都有所不同。技术人员有时候明明听得懂对方的问题,就是不懂他什么意思,需要翻译一下才能明白。审查员通常会倾向于采信"淳朴"的技术人员的回答,所以如有相关情况,知识产权工作人员应该对研发人员进行指导,必要时进行问题推演,培训研发人员在讲清楚问题的前提下不多讲、不乱讲。毕竟专利是技术的本质,法律的外衣,而研发人员对于专利术语以及相关的逻辑判断思维不太了解,表达的并不一定是其"真实意思"。这种情况下,知识产权工作人员也可以和审查员沟通,把双方沟通交流的问题、反馈内容整理成交流纪要,以文字版确认的内容为准,既减轻研发人员的心理负担,也有利于提高和把控反馈及确认内容的准确性。

对于销售人员的管理,则主要考虑控制其"过度证明"。销售人员通常直面竞争压力,需要证明己方的优势从而获得订单。为了证明自己的技术实力,可能就会"提前公开"自己处于保密期的专利申请、产品的专利列表以及自己的研发规划等。这些都是企业宝贵的商业秘密,可以考虑为相关信息设定密级,限制其外流。同时应发挥销售人员在一线的便利条件,收集竞争对手的信息,比如宣传资料、产品名册、结构图、技术参数等,固化其侵权证据。

除了上述内容之外,对人的风险管理还应该考虑人员的流动。比如,人员离职时不能带走相关技术资料、应积极配合其在职期间申请的专利答复工作、配合签署相关国外申请的程序性文件(比如以发明人身份签署将申请权授予公司的文件)等。同时需要关注离职人员是否入职到行业竞争对手的公司,在离职一年时间内有没有提交与原来就职期间的研究内容相同或相似的成果，并判断其是否涉嫌盗用属于原来公司的技术成果等。

最后，引进人才对于企业来说是个大事，特别是连项目带人一起引进。一些拟引进的专家在业界非常有名望，但是企业其实心里也打鼓，其个人实力到底和自己的企业有多契合，该给什么待遇，有没有什么风险。对于引进人才，首先可以查看其相关专利申请所涉及的技术是否和其声明相符合，并明确其法律状态（失效、有效、申请中、未公开）以及相关专利权人。如果相关专利权属于其他的公司，则可以关注未来在使用相关技术时是否有侵权风险。

风险管理要管风险，更要管人，因为人是风险的最大变量，也是企业的核心竞争力。